Michael Henss · Tibet

Michael Henss

TIBET

Die Kulturdenkmäler

Atlantis

Atlantis Verlag Zürich und Freiburg im Breisgau

Gestaltung: Erich Alb, Zürich
Lithos: Bommes AG, Köniz, und Vontobel Repro AG, Feldmeilen
Druck: Graphische Betriebe Coop, Basel
Einband: Buchbinderei Grollimund AG, Reinach
ISBN 3 7611 0626 2

Printed in Switzerland

Inhalt

Vorwort

Nach mehrfachen Aufenthalten in Ländern des tibetischen Kulturkreises zwischen Ladakh und Bhutan hatte ich 1980 das erste Mal Gelegenheit, Tibet selber zu besuchen. Ausgerüstet mit alten Karten und Berichten, sah ich mich auf einer eigentlichen Entdeckungsreise nach Bauten und Namen, die man «wiederfand» oder vergeblich suchte. Was war seit Tuccis Zeiten noch erhalten geblieben? Bestätigung und Überraschung waren eng beieinander: Jokhang und Ramoche, Drepung und Nechung, Sera und Nethang, Gyantse und Nangkartse Dzong. Trotz erschwerter äußerer Bedingungen – kurze Aufenthaltsdauer und begrenzte Zugänglichkeit der Bauten, weitgehender Informationsmangel vor Ort und zum Teil erhebliche Einschränkungen beim Photographieren – war es nach der über dreißigjährigen Abgeschlossenheit des Schneelandes möglich, nun eine erste Bestandesaufnahme in Bild und Text über Tibets Kulturdenkmäler zu geben. Und mehr möchte und kann der vorliegende Band auch nicht sein. Die vielen Wissenslücken zu den meist überhaupt noch nie näher untersuchten Bau- und Kunstdenkmälern, die fehlende Übersicht über die abgelegeneren Regionen, die angesichts vorhandener, jedoch unzugänglicher Schätze alttibetischer Kunst nur partielle Kenntnis besuchter Stätten, Probleme beim Identifizieren geographischer Begriffe und einzelner Bauten machen derzeit noch kein «Handbuch» zu dem hier gesetzten Thema möglich. Immerhin dürfte mit der vorliegenden Übersicht über die heute noch in Tibet vorhandenen Kulturdenkmäler, bei der, so weit als möglich, das bisher dazu Gesagte berücksichtigt wird, ein erster Grundstein für weitere und vertieftere Studien gelegt sein. In begrenzter Zahl konnten auch tibetischsprachige Schriftquellen herangezogen werden. Einer umfassenderen Auswertung tibetischer Texte dürften für einzelne Denkmälergruppen aber noch beträchtliche Ergänzungen gelingen.
Mit einer Einführung zur historischen Geographie Tibets wurde erstmals der Versuch unternommen, im Sinne einer Kulturgeographie historische und ethnische Siedlungsräume aufzuzeigen, um die monographisch behandelten Denkmälergruppen in größere, nicht allein geschichtlich bedingte Abläufe zu stellen. Der heilige Berg Kailāsa, nach jahrhundertelanger Pilgerschaft zu einer kulturhistorisch bedeutsamen Landschaft und durch rituelle Verehrung gleichsam zum «Kultur-Denkmal» geworden, soll als Sitz des Göttlichen für den mythischen Anfang religiöser Erfahrung im Schneeland stehen. Der Weg

von diesem naturgeschaffenen «Kristall-Chörten», einst das hohe Ziel unzähliger, ihn kultisch umkreisender Tibeter, zum «Bilder-Berg Buddhas» des Großen Chörten in Gyantse und damit zu den religiösen Bauten und Bildwerken Tibets, unserem zentralen Thema, mag als eine Annäherung an das Bild der Welt und an die Welt der Bilder – auch das sakrale Bauwerk ist Bildträger und Bildschrein – im Land des Vajrayāna-Buddhismus verstanden werden.
Von Lhasa als Tibets Zentrum ausgehend, wurde bei der ganz überwiegend am heute noch Erhaltenen orientierten Auswahl der Orte versucht, gewisse übergreifende historische Entwicklungen sichtbar zu machen. So etwa in Nethang durch die Persönlichkeit Atishas oder in Shalu durch Bu ston. Auch schien es sinnvoll, aus kunst- und allgemein geistesgeschichtlichen Gründen etwa das Kapitel zu Gyantse denjenigen von Sakya und Shalu folgen zu lassen, bevor dann mit Tsongkhapa in Ganden das sich in Drepung und Sera und schließlich Tashilhunpo fortsetzende Zeitalter der dGe lugs pa beginnt.
Das abschließende Kapitel führt in das unbekannte Tibet, nach Amdo und Kham. Erst kürzlich erfuhr man, daß hier noch einzelne berühmte Klöster existieren, die bisher aber nur für einige Exiltibeter zugänglich waren. Da zudem mit Ausnahme von Kumbum auch nur sehr wenig über die Baudenkmäler Osttibets bekanntgeworden ist, kann das hier Gesagte nur eine knappe Einführung sein, die bei den in absehbarer Zukunft zu erwartenden neuen Reise- und Informationsmöglichkeiten noch wesentlich erweitert werden dürfte. Und mit zunehmender Kenntnis von den wieder möglich gewordenen religiösen Aktivitäten wird vielleicht auch die im Anhang dieses Buches gegebene Übersicht über die noch vorhandenen kultisch benützten Sakralbauten in Tibet ergänzt werden können. Diese schmale Liste erhaltener Kulturdenkmäler ist zugleich tragisches Zeugnis einer zerstörten Vergangenheit, deren verlorene Bauten und Bildwerke an anderer Stelle dokumentiert werden sollen.
Der außer in einen allgemeinen Teil auch nach geographischen und Denkmälerbezeichnungen sowie Personen-, Titel- und Götternamen dreifach gegliederte Index soll zugleich eine Konkordanz der verschiedenen Umschriften tibetischer Begriffe und ein Glossar wichtiger und erklärungsbedürftiger Bezeichnungen sein.
Es war für mich eine besondere Ehre und Freude, während einer Begegnung mit Seiner Heiligkeit dem 14. Dalai Lama im April 1981 über meine Kenntnisse und Forschungen zu den Bau- und Kunstdenkmälern Tibets berichten zu dürfen und auch von ihm einige wertvolle Hinweise erhalten zu haben. Danken möchte ich auch dem Information Office der Regierung Seiner Heiligkeit in Dharamsala (Mr. Tempa Tsering) für mehrere mir großzügig zur Verfügung

gestellte Photographien der dritten im Spätsommer 1980 nach Tibet entsandten offiziellen Delegation. Eine wesentliche Hilfe bei der Vorbereitung dieses Buches waren mir die Bibliotheken des Klosters Rikon (Schweiz) und des Völkerkundemuseums der Universität Zürich, dessen Vizedirektor Dr. Martin Brauen ich vor allem auch für das mir überlassene Bildmaterial des Photoarchivs Peter Aufschnaiter, Heinrich Harrer und Francesco Mele danke. Ferner halfen mir durch Übersetzungen, Auskünfte und Bildmaterial die Lamas von Kloster Rikon, Lodrö Rinpoche, Gönsar Rinpoche und Tulku Sherab Gyaltsen Amipa; Tsering Dorjee (Tibet Office, Winterthur), Dr. Peter Lindegger (Winterthur), Rosemarie Küng (Rikon), Joachim Baader (Stuttgart), Gerd Wolfgang Essen (Hamburg), Christian Lutz (Basel), Ulrich von Schroeder (Zürich) sowie tibetische Freunde in der Schweiz; ganz besonders auch Herr Peter Kessler (Wiesendangen) mit Karten und Informationen zur historischen Geographie Tibets. Ohne die unermüdliche Hilfe meiner Frau Ruth hätte dieses Buch jetzt nicht abgeschlossen werden können. Ihnen allen – wie auch den Mitarbeitern des Atlantis Verlags – gilt mein herzlicher Dank.

Zürich, im Juni 1981 Michael Henss

Hinweise zur Schreibung der Fachbegriffe

Die Transkription tibetischer Wörter folgt weitgehend dem von Turrell V. Wylie vorgeschlagenen System. Da dieses Buch nicht nur für die wenigen der tibetischen Schrift und Sprache Kundigen les- und benutzbar sein soll, wurden häufiger vorkommende Begriffe in der Regel phonetisch geschrieben, also zum Beispiel Chenresi statt sPyan ras gzigs, Songtsen Gampo statt Srong btsan sgam po oder Mönlam statt sMon lam. Davon sind auch besonders die oft genannten Ortsnamen betroffen, also zum Beispiel Sakya, während aber die entsprechende Schultradition tibetisch korrekt Sa skya pa geschrieben wurde. Mit Hinblick auf die nicht deutschsprachigen Leser wurden jedoch gewisse, stark eingebürgerte Bezeichnungen wie etwa Jokhang oder Jo bo Rinpoche in der anglisierten Umschrift belassen.

Neben Orts-, Eigen- und Titelnamen wurden insbesondere die speziellen Bezeichnungen bestimmter Denkmäler, einzelner Gebäude und gewisser einmaliger Objekte (im Sinne eines Eigennamens) im Tibetischen am Wort- und Satzanfang groß geschrieben, und zwar jeweils nach den wirklichen Radikalbuchstaben. Letztere zeigen auch die alphabetische Reihenfolge im *Index* an, während alle übrigen, klein geschriebenen Begriffe dort unter ihrem *ersten* Buchstaben eingereiht sind, also nicht unter ihren eigentlichen Radikalen. So ist zum Beispiel mchod pa unter m, nicht unter c zu finden, aber mKhan po unter k statt unter m. Diese von der üblichen, rein wissenschaftlichen Praxis abweichende Anordnung soll auch dem fachlich bzw. sprachlich nicht Vorgebildeten eine leichte Benutzung der Register ermöglichen.

Bei den *Sanskrit-Begriffen* mußte auf eine die Punktierung einschließende Schreibweise aus satztechnischen Gründen verzichtet werden. Gewisse häufiger verwendete Namen wurden phonetisch geschrieben (zum Beispiel Manjushri statt Mañjuśrī). Bei bestimmten, speziell im Sanskrit bekannten Bezeichnungen – vor allem bei den allgemein so verwendeten Namen von Gottheiten – wurde lediglich der tibetische Name in Klammer oder im Index hinzugefügt.

Bei den *chinesischen Begriffen* wurden mit sehr wenigen Ausnahmen häufig vorkommender und unter der herkömmlichen Schreibweise üblichen Namen (etwa Peking statt Beijing, Wen ch'eng statt Wen zheng) die nunmehr offiziell in China gültige Pinyin-Umschrift gebraucht. Für alle den tibetischen Kultur- und Siedlungsraum betreffenden geographischen Namen wurde allein oder zuerst der tibetische Begriff gewählt (zum Beispiel rMa chu statt bzw. vor Huang he), wobei für

Vairocana-Buddha in Iwang (südlich von Gyantse), ca. 13. Jahrhundert. Die wahrscheinlich von Künstlern aus Dunhuang geschaffenen, jedenfalls zentralasiatischen Stil zeigenden Skulpturen des Tempels gehören zu den empfindlichsten Verlusten unter Tibets Kunstdenkmälern nach 1950. (Aufnahme 1948.)

die tibetisch-chinesischen Grenzgebiete der entsprechende chinesische Name im Index erscheint, für das engere Tibet nur bei einigen geographischen Primärbegriffen (zum Beispiel Xizang = Tibet oder Xigaze = Shigatse).

I. Zur Erforschung der Bau- und Kunstdenkmäler in Tibet

Wohl in keiner anderen alten Kultur ist die Kenntnis ihrer kultischen und künstlerischen Denkmäler so sehr auf die außerhalb des Landes verbrachten Zeugnisse beschränkt geblieben wie in Tibet. Die naturräumlich und politisch bedingte Abgeschlossenheit dieses Landes ließ bisher mit wenigen Ausnahmen kaum eine archäologisch-kunsthistorische Erforschung der Denkmäler zu.

Wilhelm Filchners umfassende Monographie über das Kumbum-Kloster in Amdo (1933) ist ein Beispiel ohne Nachfolge geblieben. Neben zahlreichen Photodokumenten heute nicht mehr erhaltener Monumente verdanken wir Hugh E. Richardson, der sich 1936–1940 und 1944–1947 als Vertreter der britischen Regierung in Lhasa aufhielt, wertvolles Grundlagenmaterial zu den alten Inschriften-Stelen sowie Studien über die Königsgräber im Yarlung-Tal und den Tsug lag khang in Lhasa. Seine zusammen mit Luciano Petech verfaßten Ergänzungen zu dem von Alfonsa Ferrari herausgegebenen «mK'yen Brtse's Guide to the Holy Places of Central Tibet» (1958) liefern oft die einzigen historischen Daten und die für jede gründlichere Beschäftigung mit den Baudenkmälern Tibets unumgängliche Orientierung über Quellenmaterial und Forschungsstand. Und ähnlich hilfreich ist auch die von Turrell V. Wylie herausgegebene und nicht weniger ausführlich kommentierte «Geography of Tibet according to the 'Dzam-gling-rgyas-bshad» (1962), die, weit mehr als «nur eine Geographie», in oft enzyklopädischer Fülle historisch-geographische Kenntnisse bis zum Ende des alten Tibet verfügbar gemacht hat.

Undenkbar auch ist jede unser Thema betreffende Untersuchung ohne die Vorarbeiten des Altmeisters der neueren Tibetologie, Giuseppe Tucci, dessen Arbeiten jedoch im doppelten Sinne für den Leser zumeist nur schwer zugänglich sind. Im Gegensatz zu seinen viel zitierten «Tibetan Painted Scrolls» (1949) sind Tuccis sieben zwischen 1932–1941 erschienenen Bände der «Indo-Tibetica» bisher nur selten ausgewertet worden; für jede weitere Forschung, etwa zu den Bauten von Gyantse, wurde hierin das ikonographisch und ikonologisch Grundlegende geleistet. Doch Tucci, eher Religionswissenschaftler als Kunsthistoriker, widmete sich mehr den Bildinhalten und kultischen Zusammenhängen als den baugeschichtlichen und stilkritischen Problemen. Erst die in der Reihe «Archaeologia Mundi» (1973) zusammengefaßten Kenntnisse zu dem archäologisch so gut wie unerforschten Gebiet vermitteln eine erste Übersicht über die Bau-

und Kunstdenkmäler in Zentral- und Westtibet. Diese Darstellung basiert jedoch auf Tuccis Studien und Photographien vor 1950.
Kein Fachmann hatte nach Tucci noch die Gelegenheit, im Lande selber Studien zu treiben. Tibetforschung fand nur noch außerhalb Tibets statt. Fern von den Denkmälern am Ort konzentrierte sie sich notgedrungen auf die Objekte in öffentlichen und privaten Kunstsammlungen. Die dabei entstandenen Erkenntnisse haben der Tibetkunde auf historischem, religionswissenschaftlichem und ikonographischem Feld ein hohes Niveau gebracht. Auf kunsthistorischem Gebiet sind hier die vorwiegend in den 1950er Jahren erschienenen, vielseitigen Studien von Siegbert Hummel zu nennen, ferner Arbeiten von Pratapaditya Pal (1969), Pieter H. Pott (1963) oder der Katalog der Münchner Ausstellung 1977, «Tibet – Kunst des Buddhismus».
Von der einen weiteren Bogen spannenden kulturgeschichtlichen und religionswissenschaftlich-ikonographischen Literatur verdienen die Bücher von René de Nebesky-Wojkowitz (1956), Helmut Hoffmann (1956 und 1975), Günther Schulemann (1958), Giuseppe Tucci (mit W. Heissig, 1970), David Snellgrove und Hugh E. Richardson (1968), Rolf A. Stein (1972), Blanche Christine Olschak (1972) und Detlef Ingo Lauf (1972) erste Beachtung. Auch den monographischen Arbeiten über die Yarlung-Dynastie von Eric Haarh (1969) und über das Lama-Fürstentum der Sa skya pa von C. W. Cassinelli und Robert B. Ekvall (1969) verdankt der Verfasser wertvolle Kenntnisse.
Obwohl bei der für Tibet so wichtigen älteren Reiseliteratur geographische, volkskundliche und religiöse Fragen im Vordergrund stehen, bieten die anspruchsvolleren Titel darunter eine unentbehrliche Hilfe und oft einmalige Information zu den Kulturdenkmälern. Veröffentlichungen wie von Sarat Chandra Das (1902), Austine L. Waddell (1905), P. Landon (1905), Sven Hedin (1909/13), Alfred Tafel (1914), E. Teichmann (1922), Joseph F. Rock (1925 und 1928) und Sir Charles Bell (1925 und 1931) haben hier einen wesentlichen Quellenwert und wurden für die einzelnen Monumente hier auch entsprechend ausgewertet. Kaum mehr zu den Reisebüchern im üblichen Sinne gehören die ebenso tiefgründigen wie schönen Schriften von Alexandra David-Néel (1931 u. a.) und Lama Anagarika Govinda (1976), von dem seit kurzem auch eine vorzügliche Studie über den Stupa (1978) vorliegt. Überaus wertvoll sind die erst jetzt publizierten einmaligen Bilddokumente seiner Lebensgefährtin Li Gotami von süd- und vor allem westtibetischen Architekturen und Skulpturen (1979). Einmalige Photographien machen auch die zwei Bände der 1935–1955 in Tibet weilenden tschechischen Journalisten Vladimir Sis und Josef Vaniš (1956 und 1958) zu wichtigem Quellenmaterial.
Angesichts der seit der Gründung der Volksrepublik China so

umfangreichen archäologischen Forschung verwundert es, daß, soweit dem Verfasser bekannt, bis heute lediglich zweimal von chinesischer Seite kunstwissenschaftliche Arbeiten zu Tibet erschienen sind. Das schmale Bilderheft «Buddhistische Kunst Tibets» von Liu Yisi (1957) hat seinen Wert in einigen Reproduktionen heute nicht mehr erhaltener Skulpturen und Malereien. Die 1960–1961 in der archäologischen Zeitschrift «Wen wu» veröffentlichten und hier erstmals ausgewerteten Berichte einer 1959 vom Yarlung-Tal bis Sakya gereisten Archäologengruppe enthalten außer einigen Grundrissen und manchen erstmaligen, aber überaus schlechten Abbildungen nicht wenige neue und teilweise auf Schriftquellen basierende Beobachtungen, beruhen jedoch lediglich auf einer oft nur oberflächlichen Inspektion im Sinne eines «archäologischen Rundgangs».[1]
Systematische Ausgrabungen historischer Stätten hat es in Tibet bis heute nicht gegeben.[2] Was vor 1959 die Geister der Unterwelt gestört hätte, wurde nach Tibets völligem Einbezug in die Volksrepublik China offensichtlich aus ideologisch-politischen Gründen angesichts der sich ja auch nach 1959 nicht beruhigenden Tibet-Frage als einer besonderen Wertigkeit würdig negiert. Die Rekonstruktion der Vergangenheit und deren denkmalpflegerische Konservierung im Lande der Klöster und Mönche ließ sich kaum mit den gerade in Tibet so massiven Aktionen gegen «das Alte» verbinden. Zumal Fremde schließlich, Han-Chinesen, auf ihnen fremdem Boden gegraben hätten. Die historischen Baudenkmäler wurden nicht restauriert, sondern als Zeugnisse des nach dem neuen Verständnis reaktionären Tibet von einst zerstört oder dem Verfall preisgegeben. Wohl nirgends sonst ist die materielle und geistige Kultur eines Landes in so kurzer Zeit so weitgehend ausgelöscht worden wie in Tibet. Ganden, Sakya, Narthang, Yumbu Lhakhang, Kandze, die Medizinschule in Lhasa... Die Liste wäre tausendfach fortzusetzen. Unbekannt ist das Schicksal der so überragende Bildwerke enthaltenden Klöster in Densathil, Samada, Iwang, in Mangnang, Tholing oder Tsaparang, woher uns Lama-Govinda 1948 die letzte Kunde gab.[3]
Keine der archäologisch-kunsthistorischen Forschung angemessene Zeit also, die Jahre bis vor 1976. Die dann folgende Phase der Restaurierung einiger hervorragender Bauten in Lhasa, Sera, Drepung, Gyantse, Tashilhunpo, Kumbum und Labrang hält noch an. Derzeit versucht man in Ganden, aus Trümmern wieder Bauten zu machen; schon spricht man von Samye, Tibets ältestem Kloster, das bis auf das Dach noch erhalten ist.[4] Es ist zu hoffen, daß die für die Kenntnis und das Studium der tibetischen Kulturdenkmäler günstigen letzten Jahre auch in der Forschung auf chinesisch-tibetischer Seite ihren Niederschlag finden und zu Veröffentlichungen führen werden.

1
La-rtse-Schrein (la btsas) *auf dem 4794 Meter hohen Gam pa La, im Hintergrund das Tsangpo-Tal. Hinzugelegte Steine, Gebetsfähnchen und Stoffbänder an solchen von Göttern und Geistern besuchten Steinhaufen sollen dem Reisenden einen sicheren Weg über Berge und Pässe ermöglichen.*

2
Karo La (5045 Meter), der zweite und höchste Paß auf der Straße von Lhasa nach Shigatse. Die Schneegrenze liegt hier bei 5900 Meter. Gletscherzungen zwischen dem Nojinkangsang im Norden (7191 Meter) und dem Kaluxiong-Berg im Süden (6647 Meter) reichen bis auf die Paßhöhe herab.

3
Der Tsang po südlich von Lhasa zu Beginn der herbstlichen Trockenzeit. Nach 1700 Kilometern von der Quelle am heiligen Berg Kailāsa erreicht «Der Reine», wie der 2800 Kilometer lange Fluß auf tibetisch heißt, als Brahmaputra Indien.

4
Gerstenfeld-Terrassen der Nordflanke des Gam pa La, wo die Straße auch im Winter meist befahrbar bleibt. Berg-Gerste (chinko) *wird in Tibet bis maximal 4750 Meter über Meer angebaut.*

5
Landschaft am Ralung-Fluß zwischen dem Karo La und Gyantse in ca. 4400 Meter über Meer. Die obere Siedlungsgrenze liegt bei 5000 Metern; Weideland gibt es bis ca. 5500 Meter.

6
Blick vom Anstieg zum Gam pa La gegen Norden, hier aus 4100 Metern über Meer. Die in der Trockenzeit (Oktober–Mai) freiliegenden Sandbänke des dann nur 2 Meter (sonst 6 Meter) tiefen Tsang po bilden teilweise umfangreiche, zu Verwehungen führende Flugsanddünen.

1

2

3

7

II. Zur historischen Geographie Tibets

Grenzen und Ursprung

Mit der Gründung der «Autonomen Region Tibet» am 8. September 1965 wurde Tibet als eine Verwaltungseinheit der Volksrepublik China definiert, die den geschichtlichen kulturgeographischen Raum im Osten und Norden um über die Hälfte reduzierte. Während die Grenze im Süden von Birma bis über den Westen Nepals hinaus so gut wie unverändert blieb und im Westen die chinesische Eroberung des indisch-ladakhischen Aksai Chin 1962 der Autonomen Region Xinjiang (Sinkiang) zugeschlagen wurde, kam der gesamte Nordosten des einst bis zum Kuku-nor-See als historisches Tibet beanspruchten, de facto aber von Lhasa lediglich bis Jyekundo (sKye rgu mdo) verwalteten Staatsterritoriums zur Provinz Qinghai. Die im Osten durch den Changjiang (Yangtsekiang, tibetisch 'Bri chu) markierte, auf der Linie Derge (sDe dge)-Batang ('Ba thang) verlaufende Grenze der Autonomen Region Tibet hat administrativ festgeschrieben, was schon seit dem 18. Jahrhundert größtenteils von China beherrscht und nach 1912 vollends kontrolliert wurde: Die ethnisch und kulturhistorisch so unlösbar zu Tibet gehörende Region Kham (Khams) mit den bedeutenden monastischen Zentren Batang, Litang (Li thang), Dawu (rTa bo) und Kandze (dKar mdzes) gehört heute zur Provinz Sichuan. Alte ethnische, kulturelle, verkehrsgeographische und sogar in der Namensgebung begründete Grenzen[1] wie hier bei Tachienlu (Dar rtse mdo) mußten administrativ-künstlichen weichen.

Das kulturgeographische Tibet – im weiteren Sinne – mit seiner als Leitlinie und Definition anzusehenden Verbreitung des tibetischen Buddhismus stimmt weder mit den heute für Tibet verbindlichen noch mit den seit dem Simla-Vertrag von 1914 bis de facto 1950 angenommenen Grenzen überein. Die im wesentlichen unter diesem zentralen Aspekt verstandene tibetische Kultur war fast gleichzeitig mit der Staatswerdung des geschichtlichen Tibet in die unmittelbaren Grenzländer von Ladakh, Zanskar, Lahul, Spiti, Nepal und Bhutan, viel später erst nach Sikkim eingedrungen. Von kürzerer Dauer und meist ohne bleibende Spuren zu hinterlassen war der Einfluß Tibets in den weiter entfernten Nachbarregionen der heutigen Provinzen Gansu, Xinjiang, Hunza und Yunnan. Hier war Tibet gleich am Beginn seiner Geschichte, zwischen 648 und 763, zur zentralasiatischen Großmacht geworden, der nach Einfällen in Bihar und Benga-

7
Das fruchtbare Yarlung-Tal, die Wiege der tibetischen Kultur. Hier, in einem südlichen Quertal des Tsang po, herrschten vom 7. bis 9. Jahrhundert die ersten Könige Tibets, die Yarlung-Dynastie. Ihre riesigen Hügelgräber haben bis heute ihre Geheimnisse noch nicht preisgegeben.

8
Der Yamdrok-See (Yar 'brog mtsho, «Das hohe Weideland»), wegen seiner leuchtenden Farben auch «Türkis-See» (gYum mtsho) oder nach der Legende der «Lebenskraft-See» (bLa mtsho) Tibets genannt. Der hier im Bild eine Halbinsel einschließende 678 Quadratkilometer große und meist 20 bis 40 Meter tiefe See liegt 4441 Meter über Meer.

9
Das Tal des Nyang chu bei Shigatse (3836 Meter über Meer) während der Erntezeit im September. Nur 300 Millimeter Niederschlag fallen hier jährlich. Wie im Lhasa-Tal bilden auch hier Pappeln und Weiden spärlichen Baumbewuchs.

len (648),[2] der Eroberung von Kashgar (662), Khotan (665), Ost-Turkestan (670 bis 692 und 790 bis ca. 860), Nepal (702), Ferghana (715), Ladakh (um/vor 727), Gilgit (737), Nord-Yunnan (751) sogar für fünfzehn Tage die Besetzung der chinesischen Metropole Chang'an (763) gelang, der damals mit 2 Millionen Einwohnern größten Stadt der Welt.[3] Nie wieder hatte Tibet eine auch nur annähernd vergleichbare Ausdehnung erreicht.

Allein die verschiedenen Bezeichnungen für Tibet und deren Geschichte ergeben ein eigenes Kapitel historischer Geographie. Die Tibeter nennen ihr Land «Bod»[4] und sich selber «Bod pa». Heute noch erhaltene Wandmalereien in Dunhuang (Provinz Gansu, China) aus der Zeit um 800 bilden den damaligen tibetischen König mit dem Zusatz «Bod 'i btsan po», König von Tibet, ab.[5] Und als «Bod gyi rgyal po» des «großen Landes Bod» (Bod chen mo) wird er auch im tibetisch-chinesischen Grenzvertrag von 821 bezeichnet, der ein Jahr später auf dem rDo ring vor dem Jokhang in Lhasa eingraviert wurde.[6]

Das angeblich von den Einwohnern Zentraltibets stod Bod («Ober-Tibet») genannte und wie «Tö Pö» ausgesprochene Heimatland wurde von den Chinesen als T'u transkribiert. T'u fan war ihre Bezeichnung für Tibet bzw. später T'u po te. Daraus oder aus der gemeinsamen Wurzel könnte sich das «Tüpüt» oder «Töpüt» der damals im Nordosten des heutigen Tibet siedelnden turksprachigen Völker gebildet haben. Auch das gegen Ende des 6. Jahrhunderts auftauchende und dem mongolischen «Thu bad» gleichende «Tubbat» des Arabers Istakhri – die früheste Erwähnung dieser Namensversion überhaupt – dürfte hier seinen Ursprung haben. Die arabischen Geographen und Historiker meinten damit allerdings zunächst die Randgebiete Tibets im Norden und Westen, nämlich Khotan – das sie für Tibets Hauptstadt hielten –, Baltistan, Gilgit und Ladakh. Ob Claudius Ptolemäus mit «Bhautai» um 177 unserer Zeit Bhota bzw. Bod bezeichnen wollte, läßt sich nicht näher beweisen. «Tiboth» überliefert uns schließlich der erste Europäer, Oderich von Pordenone (um 1325/30), der das Schneeland so schilderte, als hätte er es selbst gesehen.

Für die Chinesen, denen wir im allgemeinen die verläßlichsten Chroniken über das erste Jahrtausend verdanken, waren besagte T'u-fan-Tibeter – offensichtlich diejenigen Zentraltibets – ein Stamm bzw. spätere Nachfahren des so häufig zitierten Ch'iang-Volkes (Jang), das sie mit den Tibetern schlechthin identifizierten. Bereits in der Shang-Dynastie vor 3400 Jahren ist in den ältesten chinesischen Schriftzeichen auf den berühmten Orakelknochen von ihnen die Rede. Exaktere Berichte über diese im Norden und Nordosten des späteren Tibets – zwischen Kuku nor und Sichuan – nomadisierenden, vermutlich matriarchalisch organisierten Ch'iang gibt es seit der Han-Dynastie,

Links:
Der rDo ring («langer Stein») mit dem tibetisch-chinesischen Vertrag von 821 vor dem Jokhang in Lhasa. Ein unter Kaiser Qianlong 1786 zwischen Xining und dem Kuku nor, 12 Kilometer westlich von Dankar gesetzter Grenzstein zeigt noch die gleiche Grenze an wie vor tausend Jahren. (Aufnahme 1981.)

Rechts:
Der Zhol rDo ring vor dem Potala von 763. Die Inschrift berichtet vom siegreichen tibetischen Feldzug in jenem Jahr nach der chinesischen Hauptstadt Chang'an. Tibets Ausdehnung nach Norden während der T'ang-Zeit wurde erst unlängst wieder durch in der südlichen Takli-makan-Wüste (bei Miran) gefundene tibetische Schriftzeugnisse bestätigt. (Aufnahme vor 1950.)

als zum Beispiel im Jahre 63 vor unserer Zeit einige dieser – nicht tibetisch sprechenden[7] – Gruppen die westlichen Grenzgebiete Chinas verunsicherten. Zu Beginn der tibetischen Gechichte sollen die wichtigsten Ch'iang-Stämme am Oberlauf des Gelben Flusses (Huang he, tibet. rMa chu) gesiedelt haben. Chinesische Quellen berichten von ihren großen Burgen und Turmbauten, von denen sich entsprechende Beispiele noch bis in unser Jahrhundert in Osttibet erhalten hatten und, wie Historien-Bilder im Jokhang oder Norbulingka zeigen, auch im Zentraltibet der Königszeit verbreitet waren. Noch bis in die jüngere Gegenwart konnte man die Ch'iang als Bewohner im tibetisch-chinesischen Grenzgebiet von Ost-Kham identifizieren.[8]
Zu den Ch'iang gehörte auch das legendäre «Königreich der Frauen» (Su pi oder Sum pa; chinesisch Nu kuo), das bis zur Eroberung durch Songtsen Gampos Armee im 7. Jahrhundert in Osttibet zwischen Chengdu und Tachienlu ansässig gewesen sein dürfte.[9] Möglicherweise war dieser Staat von Sum pa ursprünglich ein Teil (im Nordosten?) von Zhang zhung, das seinerseits schon mit dem legendären Reich der Ch'iang gleichgesetzt oder als Teil davon angesehen wurde.[10] Das

gewöhnlich mit dem westlichen Tibet identifizierte, vermutlich bis nach Khotan und zum nordtibetischen Seengebiet reichende[11] Territorium von Zhang zhung hätte sich weit bis zum heutigen Amdo erstreckt. Sein trotz aller Hypothesen allgemein akzeptiertes Zentrum müßte westlich vom Kailāsa am Oberlauf des Sutlej gelegen haben. Hierher, rund um die vermeintliche Zhang-zhung-Hauptstadt Khyunglung,[12] lokalisiert andererseits die Tradition das klassische Land der Bön-Religion und die Heimat ihres mythischen Stifters gShen rab mi bo, des «Vorzüglichsten der Schamanen». Dieses Zhang zhung der Bön war – wie es die zeitgenössischen Dunhuang-Texte bezeugen – zur Zeit des frühen tibetischen Yarlung-Staates ein unabhängiges nicht-tibetisches Reich. Achtzehn freilich nur legendäre und wie gShen rab mi bo in mythische Vorzeiten reichende Könige sollen hier regiert haben, die ersten drei in einem Schloß nahe dem heiligen Berg Kailāsa.[13]
War Zhang zhung, wie neuerdings vermutet wurde,[14] ein alter Name für Tibet, das Land Bod also letztlich die Heimat der Bön? Wie waren die Beziehungen zwischen Zhang zhung und Bod? Einiges spricht dafür, daß seit dem im Lande Kong po – nördlich des Tsang po – zur Erde gekommenen mythischen Ersten König (von Tibet), gNya khri btsan po, Tibet in zwei Reiche geteilt war: Zhang zhung und Bod. König Songtsen Gampo aus Yarlung, das die historische Nachfolge des halbmythischen Fürstentums Kong po angetreten zu haben scheint, gab seine Schwester Sadmarkar König Lig Myi rhya von Zhang zhung zur Gemahlin und war, wenn die Berichte nicht trügen, selber in erster Ehe mit der Zhang-zhung-Prinzessin Li thig dman verheiratet. Als Lig Myi rhya (um 653) auf dem Weg ins nordöstliche Sum pa getötet wurde, sei Zhang zhung von Bod annektiert worden.[15]
Auch die in ihrer Bedeutung möglicherweise analogen Begriffe *Bod* und *Bon* könnten unterstreichen, daß das Land Bod einst im wesentlichen auch das Reich Zhang zhung war. *Bon* wird in alten tibetischen Texten zuweilen auch als *Bond* geschrieben, und der entsprechende, häufiger vorkommende Austausch von «nd» und «d» hat möglicherweise zur späteren Schreibweise geführt.[16] Tibet, das Land Bod, wäre also ursprünglich Bon gyi yul, das «Land der Bön», gewesen.

Die mythischen Reiche

Die Verlegung des tibetischen Schöpfungsmythos, wonach das Menschengeschlecht von einem männlichen Affen und einem weiblichen Dämon abstammen soll, ins untere Yarlung-Tal bei Tsethang ist die

Landkarte Zentralasiens des Fra Mauro, 1459, noch lange bevor der erste Europäer das Schneeland erreichte. In der Mitte die «provincia tebet». Die erste etwas genauere Karte Tibets erschien nach vom chinesischen Kaiser veranlaßten Studien 1737 in den Niederlanden.

typische Konstruktion einer ihre lokale sakrale Abstammung legitimierenden Dynastie.[17] Ebenso wenig von dieser Welt waren die Reiche der ersten neun die Götter auf Erden verkörpernden Könige von Yarlung, die, ohne Spuren zurückzulassen, wieder in die den heiligen Berg Yar lha sham po überwölkenden himmlischen Sphären eingingen. Ein anderes Bild mythischer Geographie ist der buddhistischen Kosmologie vom Weltenberg Meru entnommen.[18] Danach hat man den südlichen der vier das runde Meru-Universum begrenzenden Kontinente, Jambudvīpa – die Welt der Menschen –, von Norden nach Süden in sechs Regionen eingeteilt: Schneeland, Shambhala, China, Khotan, Tibet und Indien. Dieses für die geographischen Vorstellungen der Tibeter durchaus aufschlußreiche Welt-Bild kennt «irgendwo im Norden» auch das mystisch-utopische Königreich Shambhala, wo man sich den gegenwärtigen Aufenthalt Buddhas vorstellte. Niemand hatte je die hinter unzugänglichen Schneebergen verborgene Stadt Ma la ya mit ihrem neun Stockwerke hohen, durch vier Tore zugänglichen Palast aus Gold und Edelsteinen gesehen. Und doch scheint es eine Art Shambhala gegeben zu haben, das man auf der Suche nach dem Kālacakra zu lokalisieren versuchte,[19] eine Art endzeitliches Paradies, wo alle Menschen glücklich und wohlhabend und wo Wörter wie «Krieg» oder «Feind» unbekannt waren. Am heiligen Berg Kailāsa vielleicht?[20]

Gleichsam am Übergang vom mythischen zum historischen Zeitalter in Tibet steht ein für die Epoche der «Religionskönige» rekonstruiertes geographisches Schema, wonach die Residenzen im südlichen Yarlung-Tal von drei weiteren «Hörnern» *(ru)*, das heißt Distrikten, im Westen (Nang po), Norden (Kong po) und Osten (Dvags po) umgeben sind, ein insgesamt etwa Zentraltibet entsprechendes Areal.[21] Dieses letztlich auf die Himmelsrichtungen bezogene Bild ließe sich in einen größeren, Tibet übergreifenden Rahmen stellen, dessen vier das – gleichzeitig kosmische – Quadrat bildende Seiten auf Tibets Grenzvölker weisen: Im Osten auf China, das Land der göttlichen Vorhersage und Berechnung, im Süden auf Indien, das Land der Religion, nach Westen gegen Persien, die Welt des Reichtums, des Handels und der Edelsteine, im Norden auf die Uighuren und Turkvölker (Dru gu) Zentralasiens, das Land der Pferde, Waffen und der Kriege.[22] Derart war auch die weltpolitische Karte des tibetischen Imperiums im 7. bis 9. Jahrhundert.

Von der Legende zur Frühgeschichte

Wo gibt es in Tibet jenseits von Legende und Mythos nun die realen Zeugnisse früher Siedlung? Wohl kaum in einem anderen Kulturraum von vergleichbarem Niveau ist bis heute so wenig archäologisch erforscht worden wie im Lande Bod. Außer einigen megalithischen Steinsetzungen[23] sind bisher keine Zeugnisse einer vorbuddhistischen Sakralarchitektur bekanntgeworden.

Vermutlich prähistorische Höhlen wurden mehrfach in Westtibet, Tsang, aber auch am Yamdrok tso (Yar 'brog mtsho) und in Yarlung gefunden. 1977 hat man in der Nähe der osttibetischen Stadt Chamdo bei Karub ein vollständiges, 10 000 Quadratmeter umfassendes Dorf aus dem Neolithikum (ca. 4700 bis 4400 vor unserer Zeit) mit gepflasterten Straßen und Steinhäusern ausgegraben.[24] 1956 im südtibetischen Kreis Tingri und Luling zu Tage gekommene Steinzeitwerkzeuge belegen eine Besiedlung schon vor 50 000 Jahren.

Seit dem Tertiär veränderte sich zwischen Tibet und Turkestan das Klima. In einem zunehmenden nacheiszeitlichen Austrocknungsprozeß während der rund 50 Millionen Jahre dauernden Hebung des Hochlandes wurden aus Meeren (Tethys) und tropischen Wäldern trockene Kältesteppen und Sandwüsten.[25] Viele verlassene Siedlungen in Zentral-, Süd- und Südwesttibet bezeugen eine immer geringere natürliche Wasserversorgung. Im Tsangpo-Tal überwiegt bereits die Austrocknung die Niederschläge. Bevor sich durch die Auffaltung des Himalaya die Klima-Barriere gegen die feucht-warmen Monsuneinflüsse aus dem Süden bildete, lag die tibetische Hochebene vor zwei Millionen Jahren nur ca. 1000 Meter über dem Meeresspiegel.[26] Der bis in die Gegenwart andauernde Prozeß bzw. die so entstandenen Landschaftsformen erklären die extrem geringe Besiedlung und die Abschließung Tibets gegen außen. Die siedlungsgünstigen geographischen Räume von Ü (dbUs), Tsang und Kham wurden die wichtigsten kulturhistorischen Zentren Tibets.

Die kulturgeographischen Religionen und Tibets Nachbarn

Ü, «Mitte», und Tsang, «Reinheit», bilden mit ihren Hauptstädten Lhasa bzw. Shigatse das historische Kernland Tibets – Zentraltibet als üblich gewordener Begriff. Beiderseits der verkehrsgeographisch dominierenden West–Ost-Linie des ab Lhatse beschiffbaren Tsang po sind in einem etwa 150 mal 500 Kilometer großen, die Seitentäler einschließenden Rechteck so gut wie alle bedeutenderen Kulturstätten von Zentraltibet enthalten. Nur geringfügig reichten sie nach Osten über das Yarlung-Tal, die Wiege tibetischer Kultur, hinaus. Nach Norden war man 100 Kilometer jenseits von Lhasa mit den berühmten Klöstern Drigung ('Bri gung thil) und Reting (Rva sgrengs) bereits an den Talenden des Kyi-Flusses und jenseits der Wasserscheide östlich des Tengri-nor-Sees (Nam tsho) schon in Nagchukha am nördlichen Außenposten der Lhasa-Verwaltung angelangt. Im übrigen bildete der Tsang po nach Norden zugleich die «Kulturgrenze», während die für Handel und Pilgerreise benutzten Pässe Nord–Süd-Verbindungen geschaffen hatten, an denen zwischen Gyantse und Gangtok, Shigatse

und Kathmandu so bedeutende kulturhistorische und nicht zuletzt wirtschaftliche Zentren wie Samada, Iwang, Phari und Sakya, Shekar- und Tingri-Dzong entstanden.
Historisch-geographisch mit Abstand bedeutendste Südverbindung war seit jeher das schon jenseits der Himalaya-Barriere gelegene Chumbi-Tal, dessen südliche, sich wie ein Keil zwischen Sikkim und Bhutan schiebende Spitze physiogeographisch gar nicht mehr zu Tibet gehört und ebenso durch seine «alpine» Architektur einen völlig fremden – darin bhutanesischen – Charakter besitzt. Hier war auch südlich vom Chomo Lhari der einzige bedeutendere Übergang nach Bhutan (Tremo La), das sich nicht zuletzt dank seiner natürlichen, einen auf dem Löwen einfliegenden Padmasambhava freilich nicht behindernden Grenzen mit Erfolg gegen tibetische Invasionen zu wehren vermochte. Mit den gegen 1200 aus Tsang gekommenen und heute eine gleichsam bhutanesische «Staatskirche» bildenden Mönchen der 'Brug pa bKa' brgyud pa hatte das nach ihnen benannte 'Brug yul («Drachen-Land») seinen folgenreichsten Kultureinfluß aus Tibet erhalten.
Nepal fiel als intensivstem Handelspartner Tibets auch die Rolle eines Kunst- und Künstlerexporteurs zu. Schon im Gefolge von Prinzessin Bhrikuti kamen außer Buddhafiguren auch (um 639) nepalesische Kunsthandwerker nach Lhasa,[27] deren Spuren wir im Jokhang-Tempel wiederfinden werden. 1261 machte hier der durch seine Einladung an den chinesischen Kaiserhof berühmt gewordene Metallbildner A ni ko Station, und in der Folge finden sich nepalesische Gastarbeiter zum Beispiel in den Klöstern Shalu und Ngor bei Shigatse, während Kaufleute aus dem Kathmandu-Tal häufig in der Malerschule von Tashilhunpo Thangkas bestellten.
Ein «nur» 4267 Meter hoher Paß verbindet Tibet mit der kulturhistorisch und ethnisch tibetischen Enklave Mustang im zu Nepal gehörenden Quellgebiet des Kali Gandaki. Bis vor wenigen Jahren war dieses im 14. Jahrhundert zu Tibet gehörende, an Sa-skya-pa-Klöstern und frühen, hervorragenden Architekturen reiche Tal noch ein fast unabhängiges Fürstentum, von dessen Territorium aus bis in die 1960er Jahre Khampa-Widerstandskämpfer Aktionen gegen Chinesisch-Tibet durchführten.
Durch weite Zwischenräume von Ü und Tsang isoliert liegen die anderen wichtigen Regionen Kham, Amdo und Ngari. Das von etwa einer Million Tibetern bewohnte Kham zwischen Salween (Nag chu) und Yalung (Nya chu) ist ein vager geographischer Begriff. Die von der Lhasa-Regierung unabhängigen kleinen Territorial-Fürsten lebten vor allem nach China zu innerhalb nie genau festgelegter und immer wieder veränderter Grenzen, die zwar jeweils vom chinesischen Kaiser anerkannt werden mußten, jedoch niemals – wie eine moderne

Karte vortäuschen könnte – gesamthaft im Sinne üblicher Staatsgrenzen festgeschrieben worden waren.
Durch Kham verläuft die südliche der beiden traditionellen Handelsstraßen nach China: von Lhasa über Chamdo, Batang, Litang, Tachienlu (heute Kangding) nach Chengdu.[28]
Die nördliche, gewöhnlich für Reisen in die Mongolei und nach Peking benutzte Route führte via Nagchukha quer durch Qinghai über Xining und Lanzhou ins Reich der Mitte. Anders als im Chumbi-Tal müssen in Kham immer wieder die quer zur Straße verlaufenden, bis auf 2000 Meter über Meer hinab tief eingeschnittenen Nord–Süd-Furchen des Salween, Mekong, Yangtse, Yalung usw. überwunden werden, durch die von Birma und Yunnan her feucht-warme Monsunwinde nach Tibet gelangen. Dank des milden und niederschlagsreichen Klimas, das Ackerbau und Weideland begünstigt, und reicher Bodenschätze – Kham ist bekannt für seine Goldfunde und Metallverarbeitung – haben sich in den engen Längstälern berühmte, Regionalfürsten unterstehende Kulturzentren entwickelt.
Kham ist die Heimat des sagenhaften, in der epischen Literatur Zentralasiens zu höchstem Ruhm gelangten Volkshelden Ge sar gLing. Zwischen Dichtung und Wahrheit hat man seine Herkunft aus dem Land gLing vermutet, das sich tatsächlich im Norden von Derge (sDe dge), wenige Kilometer westlich von Zogchen, lokalisieren läßt. Hier hatten sich im kleinen, vom 'Bri chu (Changjiang bzw. Yangtse) abzweigenden Flußtal von gLing noch bis vor 1950 Restterritorien des ehemaligen gleichnamigen Königreiches erhalten.[29] Der größere Teil war bereits während der Yarlung-Zeit von den Nachkommen eines ehemaligen Ministers unter Songtsen Gampo erworben worden – das Kerngebiet des späteren Fürstentums von Derge. In Kham bei Kandze begann auch das nie genauer überlieferte Reich von Hor («Norden»), das sich von hier nach Nordwesten, unterhalb von Dunhuang bis nach Turkestan erstreckte. Vor der tibetischen Eroberung des Kuku-nor-Gebietes im 7. Jahrhundert befand sich vermutlich südlich des gleichnamigen Sees seine Hauptstadt.[30] Und noch bis gegen 1950 gab es ca. 130 Kilometer nordwestlich von Chamdo in Nan Chen eine Art «Hauptstadt» der heute nördlich der Linie Nagchukha – Kandze lebenden Nachkommen dieser tibetisch-mongolisch-turkstämmigen Mischvölker von Hor.[31]
Weit im Süden von Kham hatte sich bis in die 1930er Jahre ein territoriales Kuriosum am Litang-Fluß[32] erhalten: die autonome Miniatur-Theokratie von Muli, in der ein erblicher Lama-Fürst der dGe lugs pa über 15 000 Quadratkilometer Gebiet und 22 000 Einwohner gebot, während der für ihn «zuständige», weit östlich residierende Präfekt des chinesischen Kaisers lediglich de jure existierte.[33]

Gegen die Abtrennung Khams von Tibet hatten sich die für ihren kriegerischen Geist bekannten Einwohner, die Khampas, mehrfach durch Aufstände zur Wehr gesetzt. So zum Beispiel 1936 als Reaktion auf die bereits 1928 erfolgte Bildung einer Provinz Xikang (mit Grenze zu Tibet am Changjiang) und vor allem in den Jahren ab 1956 nach dem chinesischen Einmarsch in Tibet.

Jenseits des Bayan-Karan-Gebirges schließt das im Norden vom Nanshan-Gebirge gegen die Gobi-Wüste, im Süden durch den Oberlauf des Huang he («Gelber Fluß») abgegrenzte, von rund einer viertel Million Tibetern bewohnte Amdo[34] an Kham an. Die großen Gelbmützenklöster von Kumbum, Labrang und Choni markieren hier beiderseits des Huang he und unweit der Chinesischen Mauer die nordöstlichste Grenze des kulturell-ethnischen Tibet, obgleich sie selber administrativ nie der Lhasa-Regierung unterstanden. Selbst die Mandschu-Kaiser übten in diesem traditionellen Durchgangsgebiet nach China, unweit der antiken Seidenstraße, lediglich eine nominelle Oberhoheit aus. Lokale Fürsten wie besonders diejenigen von Choni waren die tatsächlichen Herrscher in diesem Land der Wüsten, Sümpfe und Grassteppen rund um den Kuku nor, bis nach 1912 Militärmachthaber der seit dem 16. Jahrhundert hier lebenden Hui (islamisierte Han-Chinesen) als selbsternannte Repräsentanten der jungen chinesischen Republik die Kontrolle der städtischen Zentren um Xining übernahmen. In den wenigen Siedlungsoasen am Huang he und seinen Nebenflüßen leben die verschiedensten Grenzvölker eng beieinander: Tibeter, Mongolen, muslimische Hui, turkstämmige Salar und Han-Chinesen. Bis um 1950 hatten sich hier gleichsam im administrativen Niemandsland einzelne Volksgruppen dem tibetischen oder chinesischen Zugriff entziehen können: Östlich des Taring- und Noring tsho die wegen ihrer räuberischen Natur berüchtigten mGo log und weiter nach Osten noch, am großen Knick des Huang he, die Nga ba. Vermutlich aus einer ehemaligen, weit nach China vorgeschobenen Militärgründung der Frühzeit Tibets ging das in Ningxia, schon dicht an der mongolischen Grenze gelegene tibetische Königreich Mi nyag hervor, das sich nach der Eroberung von Dunhuang (1035) 1038 von der Song-Dynastie löste, 1068 Tsong kha – die Heimat Tsongkhapas – einnahm und durch Chinggis Khans Armeen 1227 endgültig zerstört wurde.[35] Als Tibet im Jahre 764 diese gesamte Region bis weit westlich nach Xinjiang eroberte, schnitt es China, mit dem es keine direkten Grenzen hatte, die Verbindung zu seinen Militärposten in Turkestan ab.[36]

Neben Ü, Tsang, Kham und Amdo ist Ngari (mNga' ris) mit dem Hauptort Gartok – das zwischen dem Berg Kailāsa und Ladakh gelegene Westtibet – diejenige Kulturlandschaft, die in ihrem schöpferi-

Die Ankunft der chinesischen Delegation unter Marschall Zhen Yi (Chen Yi) in Lhasa, April 1956, anläßlich der Vorbereitungen zur Bildung der «Autonomen Region Tibet». Links von Zhen Yi der 14. Dalai Lama und rechts der 7. Panchen Lama.

schen Anteil an der kulturgeschichtlichen Entwicklung Tibets auf eine relativ kurze Zeitspanne und auch auf einen geschloßenen Teilraum – das Königreich Gu ge – begrenzt blieb. Ein Urenkel des letzten Yarlung-Herrschers, Langdarma, hatte das im 7. Jahrhundert bereits von Tibet eroberte Ngari in die drei Regionen Purang, Gu ge und Ladakh[37] aufgeteilt. Durch die Anwesenheit so überragender Weiser wie Atisha, Rinchen Sangpo und Milarepa sowie durch die erstrangigen Kunstzentren in Mangnang, Tholing, Tsaparang und dem allein wegen seines buddhistischen Konzils von 1076 berühmt gewordenen Kloster Tabo (heute auf indischem Gebiet) erlangte das westtibetische Reich Gu ge im 11. und 12. Jahrhundert eine kulturell führende Stellung in Tibet. Die Pilgerroute zum heiligsten aller Berge, dem oberhalb von Nepals Nordwestzipfel gelegenen Kailāsa, und die von den indischen Tälern, von Kaschmir, Ladakh und Khotan[38] (Turkestan) nach Zentraltibet führenden Handelsstraßen machten Ngari zu einem wirtschaftlich begünstigten Durchgangsland, in dem Ideen und Güter vorteilhaften Umschlag fanden. Über vier Monate brauchten die Karawanen von Lhasa nach Leh, wo sie den begehrten Tee gegen

Kaschmirwolle eintauschten und gerade wieder rechtzeitig zurückkehrten, bevor das Hochwasser die Flüße unpassierbar machte.[39] Über Westtibet kamen Muslims aus Kaschmir, die ersten christlichen Missionare,[40] ladakhische Mönche für eine höhere Ausbildung in den Gründungsklöstern ihrer Schultraditionen, und immer wieder die Pilger zum heiligen Berg Ti se und zur heiligen Stadt Lhasa.

Die Wege der Klöster und Mönche

Ein unter dem 5. Dalai Lama im 17. Jahrhundert erfolgter Zensus nennt 1800 Klöster in Tibet mit rund 100 000 Mönchen und Nonnen.[41] Um 1700 gab es nach Angaben der Pekinger Behörden 302 000 Mönche in 3150 vom Dalai Lama kontrollierten Klöstern und 13 700 Lamas in 327 Gömpas, die dem Panchen Lama unterstanden. Entsprechende Daten lieferte auch die Volkszählung der Mandschu-Beamten im Jahre 1737: ca. 3477 Klöster mit 316 200 Mönchen, dazu weitere 852 172 Einwohner in Zentraltibet sowie 294 060 in «Chinesisch-Tibet».[42] Jene 1 462 432 Tibeter entsprechen ziemlich genau der Einwohnerzahl Tibets um 1900 und der offiziellen Zahl der um 1975 in der «Autonomen Region» lebenden Tibeter.[43] In ähnlicher Größenordnung werden gewöhnlich 2500 bis 3500 Klöster für die Zeit vor 1959 genannt.[44]

Wohl nicht allein durch seine aus der chinesischen T'ang-Hauptstadt Chang'an im Jahre 641 nach Lhasa gekommene neue Gemahlin Wen ch'eng wird Tibets erster «Religionskönig», Songtsen Gampo, zur neuen Lehre gekommen sein. Es ist fraglich, ob jene berühmte, noch heute im Jokhang hochverehrte Statue des Jo-bo-Buddha in betont missionarischer Absicht den Gastgeschenken für den «barbarischen» Herrscher in Yarlung beigegeben wurde, wie eine von der chinesischen Perspektive geprägte Überlieferung glauben machen möchte. Kaiser Tai zong (Tai tsung), der seine Dynastie als von Lao zi (Lao tse) abstammend erklärte, stand dem heimischen Taoismus näher als dem fremden Buddhismus, der aber insofern nützlich erschien, als dessen Mönche für das Wohl des Staates beten und die Tugenden des Himmelssohnes preisen konnten. Erst durch die Gespräche mit dem 645 – also mehrere Jahre nach besagter Hochzeitsmission – aus Indien zurückgekehrten Pilgerreisenden Xuan zang (Hsüan tsang) scheint Wen' chengs Vater an Buddhas Lehre größeres Interesse gefunden zu haben.[45] Songtsen Gampos Neugier an den aktuellen Ideen in Indien dürfte schon vor der Ankunft seiner beiden Ehefrauen geweckt worden sein, sonst hätte er kaum in den 630er Jahren seinen Minister

Thon mi Sam bhota zu gelehrten Erkundungen in den Süden gesandt, welche dann zur Ausbildung der tibetischen Schrift und damit recht eigentlich erst zum Studium und zur Verbreitung der Lehre Buddhas im Land der Bön führten. Während sich diese in den ersten hundert Jahren in Tibet nur zaghaft ausbreitete und entsprechende Sakralbauten außerhalb der Yarlung- und Lhasa-Region nicht sicher und auch bis ins 9. Jahrhundert nur höchst selten nachweisbar sind,[46] setzte erst über 200 Jahre nach dem Bau des tibetischen Gründungsklosters Samye (um 763/67) im Zeichen der buddhistischen Renaissance das eigentliche Zeitalter der Klöster in Tibet ein. Die von Westtibet ausgehenden Reformgedanken erreichten Ü und Tsang in der Mitte des 11. Jahrhunderts: Die Klöster Reting (Rva sgrengs, 1057) und Sakya (Sa skya, 1073) wurden die bis in unser Jahrhundert bedeutenden Zentren der bKa' gdams pa – bKa' brgyud pa und der Sa skya pa. Vier weitere Schulgründungen der bKa'-brgyud-pa-Rotmützen folgten einander in kurzen Abständen: 1147 in Karma gdan sa dgon (ab 1189 in Tsur phu) die Kar ma pa, 1178 in sTag lung thang die sTa lung pa, 1167 in 'Bri gung thil die 'Bri gung pa und 1180 in Rva lung die später in Bhutan so erfolgreich missionierenden 'Brug pa (Drukpa).

Keine der verschiedenen Schulen blieb auf eine bestimmte und geschlossene Region begrenzt. Am ehesten lassen sich noch die Saskya-pa-Klöster mit einzelnen zusammenhängenden Gebieten identifizieren, was durch ihre bei Sakya und um den 'Bri-chu (Yangtse)-Bogen zwischen Derge und Jyekundo (Kham) konzentrierten, insgesamt 11 Staatsterritorien mitbegründet sein dürfte.[47]

In Liangzhou (heute Wuwei, Provinz Gansu), genau an der engsten Stelle des China mit Turkestan verbindenden Korridors, hatte der Sa skya Pandita eine Art Residenz- und Missionskloster für die Vermittlung des Buddhismus in die Mongolei gegründet. Wenig südöstlich von hier hat sich bis in unsere Zeit noch eine tibetische Enklave erhalten.[48] Mit dem folgenreichen Besuch der Sa skya pa am mongolischen Hof 1244 begann der tibetische Klerus weit über seine Grenzen hinaus Außenpolitik zu betreiben. Solche spektakulären, staatspolitisch wirksamen Erfolge konnten die direkten Nachfolger der «Alten Lehre» des Padmasambhava, die traditionsverbundenen rNying ma pa, nicht vorweisen. Mit dem noch vor 1162 gegründeten Kloster Ka'thog rdo rje, dem neben sMin grol ling (Mindroling) und rDo rje brag (Dorjetra; beide am Tsang po südlich von Lhasa) bedeutendsten Zentrum ihrer Schule, waren sie in Osttibet vermutlich aber die ersten Mönche überhaupt.[49] In größerer Dichte siedelten die rNying ma pa außer in Kham (Derge) auch am großen Tsangpo-Knie und jenseits der Grenzen in Sikkim und Ost-Nepal.

Am wenigsten bekannt ist die Entwicklungsgeschichte der Bön-

Klöster. Als «Feinde» der Lehre und Vertreter des vorbuddhistischen Geister- und Dämonenglaubens bildeten sie eine oft im Verborgenen lebende, vom buddhistischen Tibet ausgeschlossene Minderheit, die besonders unter der dGe-lugs-pa-Theokratie seit dem 17. Jahrhundert häufigen Verfolgungen ausgesetzt war. In größerer Dichte siedelten die Schwarzmagier des tibetischen Klerus in Tsang nördlich von Gyantse, in der Region Nagchukha und am östlichsten Rande Tibets, zwischen Tachienlu und Choni.[50]

Der jüngste und gründlichste aller Reformorden, die dGe-lugs-pa-Gelbmützen, war zugleich der expansivste und politisch engagierteste. Seit 1409 und besonders während der «Mongolenzeit» im 16. bis 17. Jahrhundert gründeten die «Tugendhaften» zwischen Zanskar und Peking, Yunnan und der Mongolei[51] ein religiöses Imperium, unter dessen direktem oder indirektem Druck viele der nicht- oder halbreformierten Rotmützen über die Grenzen nach Ladakh, Nepal, Sikkim oder Bhutan abgedrängt wurden. Ihre geographische Verbreitung gibt anschaulichstes Zeugnis der geistigen Vitalität von über 1300 Jahren buddhistischer Kultur in Zentralasien.

III. Der heilige Berg Kailāsa

Die Verehrung heiliger Berge führt zurück zu den Anfängen kultischer Stätten, in die mythische Vorzeit, lange bevor das Göttliche figürliche Gestalt annahm oder einen eigenen Schrein erhielt.
Auch im vorbuddhistischen Tibet galten die das Leben des Menschen prägenden Naturmächte als von Göttern und Geistern beseelt, die in Gestirnen, Gewässern oder auf einzelnen herausragenden Bergen wohnend oder als mit ihnen identisch vorgestellt wurden. Sie konnte man durch Opfer und Gebete «bewegen», durch die eigene Bewegung heiliger Umkreisung.
Kaum ein Gipfel in Tibet, der nicht als Wohnstätte einer Berggottheit angesehen wurde. Heilige Berge sind die «Götter des Landes» *(yul lha)*, die «Herren des Ortes», *(gzhi bdag, sa bdag)* und «Himmelssäulen» *(gnam gyi ka ba)*, die die Erde mit dem Himmel verbinden und zwischen deren Kräften vermitteln. Als Sitz der Lebenskraft und der Himmelsgötter – den Schutzherren des Landes gleichsam – garantieren sie die Sicherheit der Weltordnung, sind Sinnbild überirdischer Kräfte und Ursprung des Seins und der Heiligkeit.
Berge waren in Tibet auch häufig der Ort frühgeschichtlicher Rundgräber. Tucci fand die größte megalithische kreisförmige Grabanlage auf einer Bergspitze bei Sengge Dzong.[1] Alte tibetische Geschlechter leiten sich von Berggöttern ab. So sei der legendäre erste Herrscher Tibets, selbst Sohn einer Berggottheit, vom Gipfel des Yar lha sham po herabgestiegen, dem vergöttlichten Berg der fortan an seinem Fuße siedelnden Könige, dessen Name den Gott wie den Berg bezeichnet. Hier im Yarlung-Tal, südöstlich von Lhasa, können wir die Anfänge des geschichtlichen Tibet nachweisen. Der heilige Berg, an dem sich Götter und Geister versammeln, ist also auch Ort der Ahnen und Ursprung eines Stammes.
Älter noch muß die Verehrung des heiligsten aller Himalaya-Gipfel sein, des 6714 m hohen Kailāsa oder Ti se im Südwesten des Landes, etwa 100 km nördlich der Grenze zu Indien. Von den Einheimischen Kang Rinpoche, «Juwel der Schneeberge», genannt, ist dieser bereits im altindischen Epos Mahābhārata erwähnte tibetische Olymp als Thron Shivas und seiner Gemahlin Parvati, der «Bergtochter», auch den Hindus heilig. Und schon bevor der Buddhismus Tibet erreichte, war er als Wohnsitz des Ti se lha btsan, einer dämonischen Lokalgottheit, ein Zentrum der Bön-Gläubigen.
Berühmt geworden ist das Gedicht des Yogis Milarepa (1083–1123),

das, zugleich ein Triumph der buddhistischen Renaissance im Schneelande, von seinem siegreichen Wettlauf zum Gipfel gegen den Bön-Magier Na ro bon chung kündet:

«... So habe auch ich durch des textübersetzenden Mar pa Gunst,
... Auf dem König der Berge von Jambudvīpa[2], dem Ti se hier,
Ein tibetischer Yogi, baumwollgekleidet,
Durch die Lehre besiegt einen Bön po.
... Da ich zum Ende geführt Ausdauer und auch Askese,
Ward meine eigene, des Yogi Kraft offenbar,
Hat offenbart sich die Kraft des Mi la ras pa.
Da ich durch diese Kräfte den falschen Glauben besiegt,
Ist mein der Ti se mit den weißen Gletschern,
Und daher mehrt an dieser Stätte sich die Lehre des Buddha.»

Nach dem missionarischen Disput der beiden Vertreter des alten und neuen Glaubens über die rechte Umwandelung des Ti se gelang es Milarepa, von dem wir das Schönste an tibetischer Dichtkunst überliefert haben, kraft seiner Heiligkeit den Rivalen, der sich «den Bön-Glauben des Swastika nicht aus dem Sinne schlagen konnte», auf buddhistische Art – im Uhrzeigersinne – mit sich um den heiligen Berg zu führen. Durch magischen Blick konnte der Dichter-Heilige den Aufstieg des Bön po verhindern, um selber, das Gewand als Flügel gebrauchend, zum Gipfel zu schweben.

Milarepa beruft sich dabei auf Buddhas Prophezeiung, wonach der Kailāsa ein Ort für seine Anhänger sein werde. Und nach alter Überlieferung ist der von Buddhas und Bodhisattvas bewohnte Berg auch mit der Buddhaschaft verbunden. Maya, die Mutter des Erleuchteten, träumte, mit ihrem Ruhelager im nahen heiligen See Mānasarowar gebadet zu werden, um für die Geburt des zukünftigen Buddha von aller irdischen Unreinheit und Unvollkommenheit befreit zu sein. Da erschien ihr der Erhabene in Gestalt eines weißen Elefanten, auf einer vom Kailāsa herabschwebenden Wolke.

Nach tantrisch-buddhistischer Vorstellung ist der «Juwelen-Berg» Sitz der viergesichtigen, zwölfarmigen Schutzgottheit bDe mchog (skr. Samvāra), der «Höchsten Glückseligkeit», und seiner geheimes Wissen vermittelnden Śakti, der roten Dākini Vajravarahi. Und dem «Mandala höchster Glückseligkeit» widmet hier auch der tantrisch Eingeweihte seine rituelle Verehrung. In diesem Sinne nennt Lama Govinda die vier am Kailāsa entspringenden und in die Kardinalrichtungen abfließenden Ströme Brahmaputra (Tsang po), Indus, Sutlej und Karnali, die aus dem Munde eines Pferdes, Löwen, Elefanten und Pfauen (den Thronattributen der vier Tathāgata-Buddhas) fließen sollen, «Teile eines universellen Mandala», dessen Zentrum der Kailāsa ist.[3]

Diese kosmologisch beziehungsreiche Topographie mag miterklären,

Der Kailāsa auf einem Thangka des Tragyam-Klosters in Dolpo, Nepal. Auf dem Gipfel in einer Aureole Milarepa, unter ihm der abstürzende Bön-Magier Na ro bon chung, beide auf dem Rundweg rechts hinten im Disput um die richtige Richtung. Links mißt ein Pilger den von acht Klöstern gesäumten Verehrungsweg mit dem eigenen Körper aus. Zwischen zweien der vier hier entspringenden Flüsse vorne der Mānasarowar-See.

warum seit jeher der Ti se – keineswegs der höchste Berg im Himalaya – mit dem kosmischen Weltenberg Meru gleichgesetzt worden ist. Seine Spitze bezeichnet die Achse des geistigen Universums: Mittelpunkt und Nabel der Welt.

Über einem Grund aus reinem Gold inmitten des grenzenlosen Weltenozeans erhebt sich, von sieben goldenen Gebirgen und, alternierend, sieben unterschiedlich tiefen Meeren konzentrisch umgeben, der Berg Meru als fünffach gestufte Achse des Kosmos. Darüber wölben sich die achtundzwanzig himmlischen Sphären wie eine auf die Spitze

gestellte, chörtenartige Stufenpyramide, deren einzelne Etagen – von den gewöhnlichen, niederen Göttern bis zum Adi-Buddha Vajradhāra, dem Urbuddha der Weltmitte, bewohnt – immer umfassender den Weltberg überragen. Jenseits der sieben Bergketten liegen als Inseln im Urozean die je von zwei kleineren flankierten vier Kontinente der Himmelsrichtungen: Jambudvīpa nach Süden (blau), Godaniya nach Westen (rot), Uttarakuru nach Norden (grün oder gelb) und Videha nach Osten (weiß). Ihre dreieckige, runde, quadratische bzw. halbmondförmige Gestalt symbolisiert offensichtlich die Elemente.
Bis auf den südlichen Erdteil Jambudvīpa, die später mit dem indischen Subkontinent gleichgesetzte Menschenwelt, sind die übrigen Weltregionen mythischer Natur. Umgrenzt wird der gesamte kreisförmige Kosmos, im Bild gleichsam der Sockel des Meruberges, von einem Eisenwall (Cakravāla), dem Rund des Universums, der vollkommensten Form ohne Anfang und Ende, dem Kreis sich ständig wiederholenden Werdens und Vergehens. Jenseits des Weltenmandala ist alles Leere und ständige Finsternis, bis hin zu einem anderen Universum. Auf Schichten von leerem Raum (Äther), bewegter Luft (Wind) und Wasser ruhend, bildet sich das ganze Universum nach tibetisch-buddhistischer Auffassung über dem gleichsam unsichtbaren, im Mandalabild erkennbaren gekreuzten Diamantszepter (dessen vier Spitzen die Himmelsrichtungen bzw. die Weltentore angeben), dem geradezu programmatischen Symbol der unzerstörbaren und kristallklaren Erkenntnis und Lehre.
Bilden die Achse des stufenförmigen Meru nach einer vereinfachten tibetischen Vorstellung buddhistischer Kosmologie das Erdreich und die Sinnenwelt der Menschen *(bar btsan)* und die darüber liegenden Himmel die transzendente Region der Götter *(stong lha),* so die unterirdische achtfache Höllenzone das Reich der Nāgaschlangen, Wasserdämonen und Erdgeister, der Teufel und Titanen *('og yul* = Unterwelt, *yog klu* = unterirdische Geister).
Wie zum Beispiel von dem als sehr heilig geltenden Kanchenjönga jenseits der Grenze zu Sikkim bekannt ist, bildet man für gewisse Riten das heilige Gebirgsmassiv in Form eines Lha mtho mandalaartig nach, um mittels Opfer die Segenskraft des Berges magisch zu aktivieren. Ähnliche quadratische Schreine *(sku mkhar)* auf Berggipfeln sind den Erdgöttern geweiht.
Im Meruberg sieht man den himmlischen Götterpalast, an dessen vier Toren die Welt nach allen Himmelsrichtungen bewacht wird. Wie ein riesiger Stupa aus weißem Kristall – heißt es in der Überlieferung[4] –, dessen Basis in die Tiefen der Erde hinabreicht, wo *yi-dwag-* und *dud-'gros-*Geister in Höllen *(dmyal ba)* hausen, und dessen Spitze Sonne und Mond erreicht.

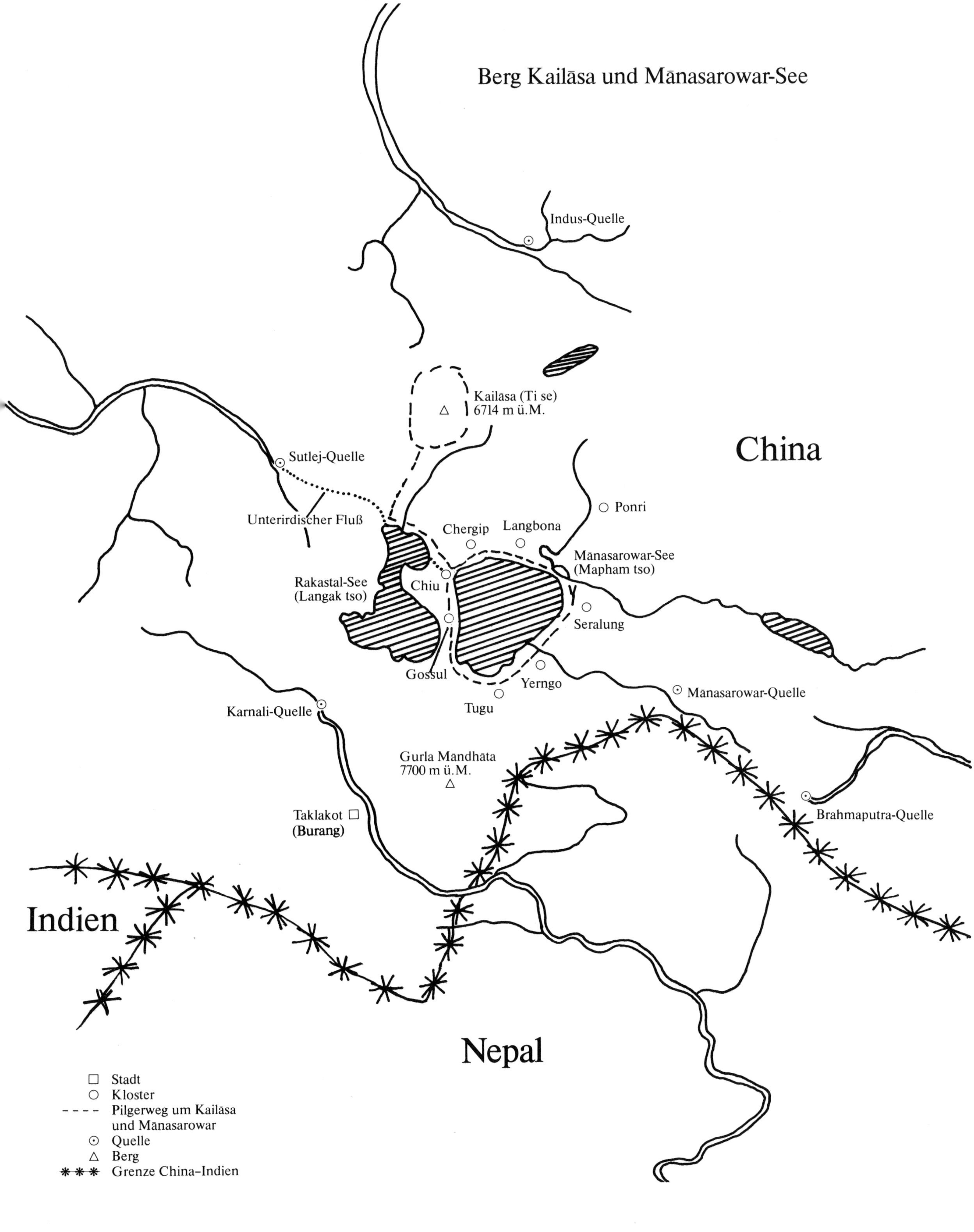
Berg Kailāsa und Mānasarowar-See
Indus-Quelle
Kailāsa (Ti se)
6714 m ü.M.
China
Sutlej-Quelle
Unterirdischer Fluß
Ponri
Chergip
Langbona
Mānasarowar-See
(Mapham tso)
Rakastal-See
(Langak tso)
Chiu
Seralung
Gossul
Yerngo
Tugu
Mānasarowar-Quelle
Karnali-Quelle
Gurla Māndhāta
7700 m ü.M.
Taklakot
(Burang)
Brahmaputra-Quelle
Indien
Nepal
Stadt
Kloster
Pilgerweg um Kailāsa
und Mānasarowar
Quelle
Berg
Grenze China–Indien

Mit der Form des Stupa und des Mandala verbindet sich das vertikale und horizontale Bild der Welt gleichermaßen. Für letztere Vorstellung gibt es auch noch andere Bezugspunkte an den zentralen Stätten tibetischer Kulturwerdung. Geschichte ist in Tibet Entwicklung der Religion. Die Anlage der heiligen Stadt Lhasa und die Bauten der von den Göttern abstammenden frühen Könige im Yarlung-Tal werden uns noch weitere Hinweise zum tibetischen Weltbild geben.
Wie einen Chörten umkreisen die oft wochenlang angereisten Pilger den Götterthron des Kailāsa in heiliger Verehrung. Manche schaffen es zwischen Sonnenaufgang und Sonnenuntergang, die meisten benötigen zwei bis drei Tage, andere über zwei Wochen, mittels der besonders verdienstvollen Prostration *(chag salwa)*, den 45 Kilometer weiten Weg dabei mit der eigenen Körperlänge ausmessend. So, wie nach ihrer Auffassung das Leben selbst Teil eines ewigen Kreislaufes ist und der Kreis ein Sinnbild der Zeit, in der alles sich wandelnd wiederkehrt. Eine Kailāsa-Umrundung wäscht die Sünden eines Menschenlebens hinweg, 108 Parikramas (die Neun der Meditations- und Erkenntnisstufen mal die Zwölf der Monate des Zodiakus, also Raum mal Zeit) sichern das Nirwana in diesem Leben.

Der heilige Berg Kailāsa von Norden. «Die Acht Großen Schneeberge» umgeben Tibet als Schutzherren des Landes, außer dem Ti se (Kailāsa) auch der Yar lha sham po im Süden des Yarlung-Tals, der gNyan chen thang lha nordwestlich von Lhasa, der rMa chen spom ra im Amdo-Qinghai und der Jo mo gangs dkar (Mount Everest). Diese und die folgende Aufnahme 1936.

Das Jitkot-Kloster in der Kailāsa-Region, westlich des Gurla Mandata. Die Ruinen stammen vom ursprünglichen, viel größeren Bau.

Nach dem Wegbeginn im westlichen «Tal des Amitābha», des Buddhas des unendlichen Lichtes, sieht der Fromme weiter im Norden das «Schneejuwel» in überirdischem Kristallglanz frei sich über der Ebene erheben, passiert die rahmenden Nebengipfel, die Throne der ihm Unzerstörbarkeit der Lehre, Mitleid und letzte Erkenntnis vermittelnden Bodhisattvas Vajrapani, Avalokiteshvara und Manjushri, und überquert dann am 5600 Meter hohen Dölma La, dem Paß der Barmherzigen Erlöserin, die höchste Stelle seiner mühevollen Wanderung.
Zuvor mußte er das Reich Yamas, des Herrschers im Totenreich, durchziehen, wo ihm der Spiegel seiner vergangenen Taten vorgehalten wurde und wo er die Zeichen der vor ihm Gestorbenen, Asche oder Kleidungsreste vielleicht, niederlegte. Am kleinen «See des Großen Erbarmens» empfängt er nach den Prüfungen der bisherigen Pilgerschaft die erste Taufe als Wiedergeborener und besucht im östlichen Teil Milarepas Meditationshöhle bei der kleinen Einsiedelei Tsumtulphu-Gömpa.
Auch für die anderen Weltenseiten wurde im Sinne der Meruberg- und Mandala-Vorstellung je ein Kloster gebaut.[5] Auf die acht Himmelsrichtungen sind ebenfalls die acht Klöster[6] des zur Kailāsa-Pilger-

schaft unlösbar dazugehörigen Mānasarowar bezogen, des «Sees der unbesiegbaren Kräfte der Buddhas» *(Mapham tso)*. Rund drei Tage braucht hier der Pilger für die 75 Kilometer lange Umkreisung, vier Wochen beim Ausmessen mit dem eigenen Leibe.[7] Zermahlene Kiesel aus dem Wasser des Mapham dienen dem Pilger als Medizin, Heilkräuter von dessen Ufern als *prasad*, geheiligte Gabe.

Wie eine Mondsichel um die Sonne legt sich nach Lama Govinda der Rakastal-See um den Mānasarowar *(mānas* = Geist, Bewußtsein), in den 1948 ein Teil von Gandhis Asche gestreut wurde. Dieser «See der dunklen Gottheiten» *(lha nag tso)* gilt als Ort der Dämonen *(rakas)*, wo die verborgenen Kräfte der Nacht und der Finsternis ruhen. Er ergänzt die Kräfte des Lichtes und der Erkenntnis im tantrischen Sinne zur Ganzheit kosmischer Polarität: Sonne und Mond als die zwei Felder psychischer Energie.[8] Im Westen werden beide Seen durch das wie ein Hakenkreuz geformte «Swastika-Gebirge» überragt, das als glückverheißendes Schutzzeichen ewige Schöpferkraft vermittelt.

Durch das chinesisch-indische Abkommen über Handel und Verkehr vom 29. April 1954 war Pilgern aus Indien noch der Besuch im «Land des Goldes und der Juwelen» – wie es in einer tibetischen Beschreibung heißt – erlaubt worden, an der «Quelle der vier großen Flüsse, die von der Kristallpagode des Kailāsa gekrönt und mit dem magischen Türkisspiegel des Mānasarowar geschmückt ist». Seit der Flucht des 14. Dalai Lama 1959 ist keine Kunde mehr vom heiligsten aller Götterthrone, den noch keines Menschen Fuß entweihte, zu uns gelangt. Wenn seit kurzem wieder tibetische Pilger die heiligen Stätten des Buddhismus in Nepal und Indien besuchen dürfen, werden sich vielleicht auch die Grenzen zum Kailāsa und Mānasarowar öffnen, wo Sven Hedin im Jahre 1908 notierte:

«Einmal, bei ruhigem, klarem Wetter, weilte ich 12 Stunden auf dem Dach des kleinen Gosul-Gompa am Westufer. Die Aussicht von dieser hohen Warte kann nicht mit Worten beschrieben werden. Südlich des Sees erhebt sich das mächtige Massiv des von ewigem Schnee und Eis bedeckten Gurla Mandata und im Norden, auf dem riesigen Gebirgssystem des Transhimalaya, der herrliche Gipfel Kailas, Kang Rinpoche, der den Tibetern ebenso heilig ist wie der berühmte Tai Shan den Chinesen und der Fujiyama den Japanern. Zwischen diesen beiden Gebirgen, deren Schneefelder blendend weiß hervortreten, breitet sich der zumeist türkisblaue Spiegel des Sees aus, der in den Mittagsstunden himmelblau, am Abend bei Sonnenuntergang rötlich gefärbt erscheint. Es gibt zahllose unbeschreiblich schöne Landschaftsbilder im Himalaya, im Transhimalaya und in den anderen Gegenden von Hochasien, aber die Aussicht von Gosul-Gompa über den See und die umgebenden Berge übertrifft doch alles andere, was ich sah.»

IV. Lhasa und seine Bauten

1. Stadtbild und Stadtentwicklung

In seiner «Geschichte des Buddhismus in Tibet» nennt der Lama-Historiker Bu ston Rin chen grub pa (1290–1364) als die ersten Bauten von Lhasa die «vier Klöster der vier Seiten», die auf den Schultern und Beinen eines weiblichen Dämons errichtet worden waren, dessen Gestalt «das Land Tibet hatte».[1] Zweimal vier weitere Klostertempel habe dann König Songtsen Gampo über den Ellbogen, Knien, Händen und den nach Westen gerichteten Füßen des bedrohlich um sich schlagenden Dämons erbaut, um die bösen Kräfte der Umgebung zu bannen und «die Grenzen zu sichern» *(mtha dul)* sowie auch die «Gebiete jenseits der Grenzen zu unterwerfen» *(yang dul)*.[2]
Insgesamt zwölf «Paläste des dharma» soll Songtsen Gampo also zur Erhaltung der Lebenskraft *(srog)* der Lehre und zur Bezwingung der bösen, Buddhas Lehre feindlichen Kräfte in ganz Tibet errichtet haben, und zwar – mehr der Idee als der Ausführung nach – in einem mandala-artigen Schema um den ältesten, heute noch in Tibet erhaltenen und kultisch bedeutendsten Sakralbau, den Jokhang (oder Tsug lag khang).[3] «Er errichtete Tempel in allen Gebieten, im Zentrum wie an den Grenzen», heißt es in den ungefähr zeitgenössischen Chroniken aus dem weit entfernten Dunhuang an der antiken Seidenstraße.[4]
Bu ston berichtet an gleicher Stelle auch von einer Festung, die ein Sohn des Urenkels von König Songtsen Gampo im 8. Jahrhundert errichtet habe. Die nach 1713 errichtete neuntorige *Stadtmauer* wurde bereits 1721 von den Chinesen abgerissen.[5] Wahrscheinlich waren die bis 1959 erhaltenen Stadttore wie zum Beispiel der bekannte, 1721 von Ippolito Desideri beschriebene westliche Tor-Chörten am Fuße des Potala erst um jene Zeit gebaut worden, als man auch das etwa parallel zum nordwestlichen Lingkhor verlaufende Aquädukt (ka ling chu, 1721) konstruierte, einen aus Richtung Sera kommenden und sich unterhalb des Klosters Drepung mit dem Kyi chu vereinigenden Entwässerungslauf, der die allsommerlichen Überschwemmungen im Norden und Westen der Stadt ableiten und offenbar zugleich als Deich von den Wohnvierteln abhalten sollte.[6]
Ra sa, «Ziegen-Erde» oder auch«Umfriedeter Ort», so überliefern uns die unentbehrlichen, um 1476 von 'Gos lo tsā ba verfaßten «Blauen Annalen» *(Deb ther sngon po)*, hieß ursprünglich das heutige Lha sa, der

«Götter-Grund». In der Königszeit des 8. Jahrhunderts, als Tibet vom Yarlung-Tal aus regiert wurde, war es offenbar eine von mehreren Sommerresidenzen. Auch im Zusammenhang mit dem zuweilen irrig als «Lhasa-Konzil» bezeichneten berühmten theologischen Disput von Samye wird die Stadt nicht erwähnt.[7]
Die erste Nachricht eines Europäers stammt vom Italiener Oderich von Pordenone um 1325/30, der entgegen eigenen Behauptungen vermutlich nie selber dort gewesen ist: «Ihre Hauptstadt ist sehr schön, ganz aus weißem Stein gebaut, und ihre Straßen sind gut gepflastert. Sie heißt Gota (Lhasa).» Erfolgreicher in der Beobachtung des Fremden als mit der Missionierung war im Winter 1846 der französische Abbé Huc, der zusammen mit seinem Lazaristen-Bruder Joseph Gabet vom tibetischen Regenten in Lhasa wohlwollend und tolerant empfangen worden war[8] und sogar eine christliche Kapelle errichten durfte, um «öffentlich am Fuße des Kreuzes zu beten, mitten in der Hauptstadt des Buddhismus, in welchem wohl schwerlich je zuvor das Zeichen der Erlösung gestrahlt hatte. Ganz Lhasa wollte die Kapelle der französischen Lamas sehen ...»
Père Huc gibt uns auch eine anschauliche Stadtreportage:
«Lha Ssa ist nicht eben eine große Stadt; sie hat nur etwa zwei Wegstunden im Umfang und keine Ringmauer. Früher soll eine solche vorhanden gewesen, aber in einem Kriege der Thibetaner gegen die Bewohner von Bhutan zerstört worden sein; jetzt ist von ihr keine Spur mehr vorhanden. Außerhalb der Vorstädte liegen viele Gärten mit prächtigen Bäumen, so daß die Stadt von grünem Laub umgeben ist. Die Hauptstraßen sind gerade, breit und ziemlich reinlich, aber die Vorstädte über alle Beschreibung schmutzig. Die Häuser hat man aus Bruchsteinen, Backsteinen, oder auch wohl aus Erde aufgeführt, alle werden geweißt. In einer Vorstadt liegt ein Viertel, in welchem alle Häuser aus Ochsen- und Schöpsenhörnern gebaut sind, wunderliche aber sehr dauerhafte Gebäude, die recht angenehm ins Auge fallen. Die Ochsenhörner sind glatt und weißlich, die Hammelhörner schwarz und rauh. Mit diesem seltsamen Baumaterial bildet man an den Wänden eine unendliche Menge verschiedener Figuren. Die Lücken zwischen den Hörnern sind mit Mörtel ausgefüllt; diese Häuser werden nicht geweißt, und behalten so ihr phantastisches Aussehen ...
Die Häuser der Stadt sind fast alle groß, haben mehrere Geschosse und ein flaches, sanft abgeneigtes Dach, damit der Regen abfließen kann. Das Mauerwerk ist weiß angestrichen, nur Fenster oder Thüreinfassungen werden roth oder gelb gemalt. Diese beiden Farben sind bei den reformierten Buddhisten sehr beliebt und heißen Lamafarben. Die Häuser sehen immer wie neu aus, da sie alle Jahre neu angestri-

Ehemaliger Gerichtshof (Nangtsheshar) am nördlichen Barkhor in Lhasa, in dessen Keller sich das Gefängnis befand. Heute leerstehend.

chen werden, aber im Innern sind sie unsauber, verräuchert, übelriechend, und alle Geräthschaften liegen unordentlich durcheinander. Diese Häuser möchten wir übertünchten Gräbern vergleichen.»

Eine Kirche mit Malereien aus dem Neuen Testament hatte es erstmals im westtibetischen Tsaparang während der portugiesischen Mission des Antonio de Andrade zwischen 1625–1631 gegeben.[9]

Solche christlichen Erfolge gelangen den ersten europäischen Besuchern in Lhasa noch nicht. Von Peking über Gansu, Amdo, Kuku nor und das Kloster Reting erreichten am 8. Oktober 1661 der Jesuitenpater Johannes Grueber aus Linz und sein belgischer Kollege Albert d'Orville das Land «Barantola, das man aber auch Lhasa nach der Hauptstadt nennt». Das für uns wertvollste Dokument ihres zweimonatigen Aufenthaltes ist der in Athanasius Kirchers «China illustrata» 1667 erschienene Kupferstich des noch unvollendeten Potala (s. Abb. S. 87).

1707 gründeten die Patres d'Ascoli und de Tours eine Kapuziner-Mission in Lhasa, die mit Unterbrechungen bis 1733 existierte. Damals, vom 18 . März 1716 bis 25. April 1721, hielt sich der bis in die Zeit der britischen Gesandten an Tibet interessierteste Europäer und

bis weit ins 19. Jahrhundert verläßlichste Berichterstatter in Lhasa auf: der Missionar Ippolito Desideri aus Pistoia. Auf seiner neunmonatigen Reise von Delhi über Kashmir, Baltistan und Ladakh sah er als erster Fremder auch den heiligen Berg Kailāsa. In Lhasa konnte er mit Genehmigung des Regenten das Evangelium verkünden, zwei Monate lang den 108bändigen Kanjur (bKa' 'gyur) im Ramoche-Kloster studieren und eine italienische Übersetzung seines Inhaltsverzeichnisses anfertigen. 1717 wurde Desideri sogar ins Sera-Kloster aufgenommen, wo er «Erlaubnis erhielt, eine Kapelle zu errichten und eine heilige Messe zu feiern». Hier studierte der ungewöhnliche Gast den Tanjur (bsTan 'gyur) und die Sprache seiner Gastgeber, diskutierte mit den Lamas, «besonders mit den Gelehrten und Doktoren» religiöse Fragen und wohnte ihren öffentlichen Disputationen bei. Dies allerdings durchaus in der frommen Absicht, mit der er gekommen war, nämlich die Mönche zu bekehren. Hier jedoch schien dem ersten europäischen

Der heute nicht mehr erhaltene Königspalast dGa ldan khang gsar aus dem frühen 17. Jahrhundert (auch «Kangda Khangsar») am Nordausgang von Lhasa, unweit des Ramoche. Eine Rarität unter den Profanbauten der Stadt allein durch seine vier bzw. fünf Stockwerke.
(Nach einer Zeichnung um 1900.)

Gelehrten tibetisch-buddhistischer Geistigkeit der Erfolg versagt zu sein. Als einziges Relikt christlicher Frömmigkeit in Tibet hat sich bis in unsere Zeit die mit der Inschrift «Te Deum laudamus» versehene Glocke aus der 1745 abgerissenen Kapuzinerkirche im Tsug lag khang erhalten.[10]

Vom ehemals südlich des Ramoche-Tempels gelegenen Palast des «letzten tibetischen Königs» Gyur med rnam gyal (1747–1750), dem *dGa ldan khang gsar,* ist schon seit ungefähr 50 Jahren nichts mehr erhalten. Vermutlich unter Guśri Khan zwischen 1642–1655 als dessen Winterresidenz in Lhasa errichtet, diente der vierstöckige, stark geböschte Bau den ihm folgenden Titularkönigen hundert Jahre lang als Amtssitz, bis die «Verantwortung für die allgemeine Oberaufsicht über die tibetische Regierung» (Richardson) 1750 an die zwei chinesischen Ambans überging, die den im eigenen Volke unbeliebten Namgyal selber beseitigt hatten.[11]

Lhasas Stadtbild ist wesentlich von den zwei eng mit dem täglichen Leben der Einwohner verbundenen heiligen Umwandlungswegen geprägt: dem rund um den Tsug-lag-khang-Komplex führenden inneren *Barkhor* und dem acht Kilometer langen äußeren *Lingkhor.*[12]

Der früher zum Neujahrsfest prächtig geschmückte Barkhor ist heute noch die belebteste, Märkte und Kleinhandel einschließende Hauptstraße der Stadt. Seit über zwei Jahren gehen ihn wieder im Uhrzeigersinne täglich unzählige Fromme, meist Pilger von auswärts, deren Verehrung letztlich dem Jo bo Rinpoche des Jokhang gilt, der heiligsten Buddhafigur Tibets. Ehemals standen an den vier Ecken dieses eher quadratischen *khor lam* «mächtige, von Streben gehaltene Flaggenbäume *(dar chog),* mit schwarzen Yakhaaren drapierte Glückszeichen, Siegesbanner und lustig knatternde Windgebetsmühlen, über denen ein endloses Meer bunter, im Winde flatternder Gebetswimpel auf und nieder wallt»[13] (Ernst Schäfer, 1938).

Vom Eingang des Jokhang im Westen führt der Pilgerweg vorbei an der von weißen und roten Gebetsfähnchen umwehten «Pockenstele» und dem Steinobelisk des tibetisch-chinesischen Vertrages zum ehemaligen Ladenviertel der nepalesischen Gold- und Silberschmiede am nördlichen Barkhor, wo der heute leerstehende alte *Gerichtshof* der Stadt *(Mi dpon)* erhalten ist, der früher den Platz dominierende große Chörten aber nach 1959 abgerissen wurde. Im Nordosten hatten die muslimischen Kaschmiri ihre Geschäfte, im Süden die Chinesen, von denen in den 1930er Jahren kaum mehr als 500 in der Stadt lebten. Bemalte, in die Hauswände eingelassene Votivreliefs im östlichen Abschnitt sind – heute wieder – weitere Wegstationen gläubiger Devotion. Zum südlichen Barkhor öffnet sich neben den früheren Regierungsgebäuden des Kashag ein Vorplatz des Tsug lag khang, wo während des Mönlam-Festes der Dalai Lama unter einem Baldachin Lehrpredigten hielt *(Gsung chos ra ba)*. Die Häuser am inneren Straßenlauf im Südosten sowie an der äußeren, zur Stadt gerichteten Partie der Südwestecke des Barkhor gehörten Adelsfamilien.

Am größten Festtag des Jahres, dem 15. Tag der 25tägigen Neujahrsfeierlichkeiten, wurden an den frisch geweißten Häuserfronten dieser Ringstraße gegen 120 über 15 Meter hohe und fast doppelt so viele kleinere Holzgerüste für die Butterornamente und -lampen errichtet, weitere in Abständen von zehn Metern über der Straße selber. Das Herstellen und Anbringen solcher Butteropfer *(mchod pa)* galt als Pflichtsteuer, die von den einzelnen Fakultäten der drei Staatsklöster, den vier Kabinettsministern und den angesehensten Familien, vom Dalai Lama und Regenten entrichtet werden mußte. Die Ikonographie dieser von den Mönchen gefertigten überaus kunstvollen und oft sehr realistischen farbigen Darstellungen war sehr mannigfaltig: buddhistische Glückszeichen, Gottheiten, Bodhisattvas, Garudas, Kraniche und Elefanten, Kloster- und Alltagsszenen, Lama-Prozessionen, Yak-Karawanen usw.[14]

Nach den vorangehenden Examina der Mönchskandidaten im Jokhang erstrahlte der Barkhor am Abend zum «Großen Butterfest» oder Vollmondfest im Lichte unzähliger Butterlampen. «Es ist das Fest der Empfängnis der heiligen Lehre und der Verehrung der gegenwärtigen Buddhaschaft. Aller göttlicher Segen, der am Großen Opfer des Fünfzehnten erbeten wird, kommt auf die Erde nieder.»[15]

Aber nicht nur göttlicher Segen kam in jenen fast karnevalartige Züge annehmenden Feiertagen über Lhasas Bürger, sondern auch eine recht aufdringliche Invasion mehrerer tausend Mönche aus Ganden, Sera und Drepung. Einmal im Jahr waren sonst geltende soziale Spielregeln außer Kraft gesetzt und die Lamas der drei Staatsklöster Herren der Stadt; vor ihren drastischen Heischezügen suchten stets zahlreiche Bürger das Weite.[16]

Die schon erwähnte, mit einem Drachen im Stil der Qianlong-Zeit bekrönte *«Pockenstele»* vor dem Eingang des Jokhang hatte der den chinesischen Hof in Tibet vertretende Amban 1764 mit der erzieherischen Absicht aufstellen lassen, durch Beachtung gewisser Gesundheits- und Hygieneregeln seitens der Bevölkerung die Pockenkrankheit zu bekämpfen. Aber anstatt die heute verlorene, übrigens auch die Sitte der Leichenzerstückelung mißbilligende und geschlossene Friedhöfe empfehlende Inschrift zu befolgen, bohrten sich die Einheimischen nur zahllose Mulden hinterlassende Steinpartikel heraus, um mit solcher wunderwirkenden Medizin das Rezept auf ihre Art einzulösen.[17]

Ein historisch überaus wertvolles Denkmal ist der benachbarte *rDo ring* («Langer Stein») aus dem Jahre 821/22 vor dem Tsug lag khang. Die betont freundschaftlich gehaltene Inschrift an allen vier Seiten gibt auf tibetisch und chinesisch den Friedensvertrag zwischen König Ral pa can (Khri gtsug lde btsan) und T'ang-Kaiser Mu Tsung wieder, nicht ohne eine historische Erläuterung der Umstände, unter denen der Vertrag geschlossen wurde: «China und Tibet sollen die Grenzen behalten, so wie sie jetzt bestehen. Alles nach Osten ist Territorium von Groß-China. Alles nach Westen gehört Groß-Tibet. Fortan soll auf beiden Seiten keine Feindschaft mehr sein, kein Krieg gegeneinander geführt und kein Gebiet dem anderen weggenommen werden ... Nicht einmal der Begriff „Feind" soll ausgesprochen werden ... Sie sollen in Frieden leben und Glückssegen für zehntausend Jahre erhalten. ... Die Drei Kostbarkeiten, Buddhas und Bodhisattvas, Sonne und Mond, Planeten und Sterne sind als Zeugen eingeladen ... Und um alle Nachfahren über das Geschehene zu unterrichten, ist ein Resümee des Vertrages auf eine Steinsäule graviert worden.»[18] Den heute recht verkümmerten Weidenbaum dahinter soll Wen ch'eng bei der Gründung des Jokhang gepflanzt haben. Da er das Glück von Lhasa beschirmte, durfte nie ein Zweig abgebrochen werden, und wenn ihm ein Unwetter Schaden zufügte, hielt man Pujas zu seiner Heilung ab.[19]

Eine historisch-politisch weniger anspruchsvolle Inschrift als die «Stele des Ewigen Glücks» am Jokhang enthält der durch alte Potala-Ansichten viel bekanntere *Zhol rDo ring*.[20] Die dreiseitige tibetische Inschrift des etwa 8 Meter hohen, um 764 geschaffenen Obelisken berichtet vom Sieg der tibetischen Armee unter König Khri srong lde btsan über die Chinesen und enthält eine Würdigung der Fähigkeiten, Leistungen und Verfügungen des «Großministers» sTag sgra klu khong, der wohl selber diesen Ediktpfeiler hat errichten lassen. Nach 1959 hat man ihn im Zuge der Abbrucharbeiten des unterhalb des Potala gelegenen Zhol-Quartiers etwas nach Osten versetzt.

Der modernen Durchgangsstraße weichen mußten auch die beiden den rDo ring ehemals flankierenden chinesischen *Stelen-Pavillons,* die heute auf dem freien Gelände nordöstlich hinter dem Potala stehen. Der eine enthält das für die sino-tibetischen Beziehungen äußerst aufschlußreiche *Dzungaren-Edikt* von 1721 über die, so der Anfang, «Befriedung Tibets durch Kaiser Kangxi».[21] Der chinesische Kaiser rühmt sich hier angesichts der Bedrohung Tibets durch die 1717 in Lhasa eingefallenen mongolischen Dzungarenstämme, die Religion in Tibet wieder zum Blühen und den 7. Dalai Lama auf den Thron der Gottkönige gebracht zu haben. In geschickter politischer Propaganda wird hierin dem Mandschu-Kaiser eine bereits vor 1721 bestehende, anerkannte und seine eigene Invasion von 1720 rechtfertigende Ober-

hoheit in Tibet zugesprochen. Rückwirkend sollte damit der chinesische Machtanspruch auf Lhasa legitimiert werden. Indem Kangxi so Tibet vor der Dzungarenherrschaft bewahrte und als Bringer der so lang erwarteten Reinkarnation erschien, gelang ihm die Kontrolle über Tibet, dessen geistig-religiöser Einfluß auf die Mongolei eine dort die Kräfte einigende und für die Mandschu gefährliche Auswirkung zu erhalten drohte. Daß 1720 das bis anhin unabhängige Tibet unter chinesische Herrschaft geriet, ist nicht erst die Ansicht neuzeitlicher Geschichtsschreibung, sondern bereits diejenige von Ippolito Desideri, eines kritisch beobachtenden Augenzeugen.
Die gleichfalls auf einer Schildkröte – Symbol für langes Leben, Stärke und Dauer – ruhende *Gorkha-Ediktstele* des benachbarten Pavillons von 1792 memoriert auf chinesisch, tibetisch, mongolisch und mandschu den chinesischen Sieg über die 1789 in Tibet eingedrungenen, 1769 in Nepal zur Macht gekommenen Gorkhas. Der damalige Kaiser Qianlong wird auf anderen zeitgenössischen Stelen als «wahrer Buddha» und «Inkarnation des Bodhisattva Manjushri» bezeichnet, der «die Lehre Buddhas verteidigt».
Der Umwandlungsweg auf dem *Lingkhor* gilt Lhasa, dem «Ort der Götter», in seiner Ganzheit und in der Summe seiner einzelnen Bauten. Gesäumt von Mani-Mauern, Lha-rtse-Schreinen, Chörten und alten, mit Gebetsfahnen geschmückten, den Ortsgeistern als Wohnort dienenden Götterbäumen, verläuft der zwei bis drei Meter breite heilige Pfad im Süden nahe dem Kyi-Fluß bis zu den Felsreliefs an der Rückseite des Chagpori, biegt hier scharf nach Norden, die westliche Zufahrtsstraße der Stadt kreuzend, führt hinter dem Potala und Drachenkönigssee wieder nach Osten, schneidet im Norden am Ramoche-Tempel die Straße nach Sera, biegt bei der Mintol-Brücke nach Süden ab, passiert im Südosten die bereits außerhalb liegende Kaschmiri-Moschee, um dicht bei der ehemaligen Residenz des chinesischen Amban wieder die – imaginäre – nordsüdliche Symmetrieachse zu erreichen.
Etwa sechs Tage braucht es hier für das *chag salwa,* das besonders verdienstvolle Ausmessen des Weges mit dem eigenen Leibe. Schäfer berichtet 1938/39 von einem Tibeter, der seit fünfzehn Jahren ununterbrochen auf diese Art die Lingkhor-Runde in knapp zwei Tagen machte. Der hl. Padmasambhava soll bei der Weihe des Klosters Samye gesagt haben, daß, wer die rituelle Umkreisung vollziehe, selbst als Metzger in einem himmlischen Bereich wiedergeboren werde. Die Ursprünge des schon zu Buddhas Lebzeiten bekannten *pradakśina* (skr.: kultische Umwandlung) bringt man mit der Sonnenverehrung in Zusammenhang.
Die vier sogenannten «Königsklöster» von Lhasa sollen einem tibeti-

schen Text von ca. 1820 zufolge nach 1642 gegründet worden sein und die vier mythischen Erdteile repräsentieren. Eine mandala-artige Anlage innerhalb der Stadt ist freilich nicht erkennbar, und so dürfte hier lediglich die Zahl einen symbolischen Bezug haben. Nach einer anderen Überlieferung soll bereits König Ral pa can im 9. Jahrhundert vier Klöster in den vier den Himmelsrichtungen entsprechenden Stadtteilen errichtet haben, wozu auch das bis 1959 existierende Meru-Kloster gehört habe. Zusammen mit diesem Meru-Kloster (rMe ru) in Lhasa und der Reting-Gömpa hatten diese ehemals je über 200 Mönche beherbergenden vier Klöster[22] das Privileg, den tibetischen Regenten während der Minderjährigkeit des Dalai Lama zu stellen, der jeweils auch in seinem Mutterkloster residierte.

Erhalten ist nur noch das angeblich mit einigen Lamas besetzte *Chomoling-Kloster* (Tsho smon gling) südlich des Ramoche.[23] Das früher nördlich des Chagpori nahe dem ehemaligen großen Tor-Chörten gelegene *Kundeling-Kloster* (Kun bde gling) beherbergte bis in die 1950er Jahre einen Gegenkandidaten zu dem von den Lhasa-Tibetern in seiner Legitimität angezweifelten Panchen Lama, der nach seiner Erziehung im Kumbum-Kloster (Amdo) von den Chinesen protegiert und nach Lhasa bzw. Shigatse geschickt wurde.[24] Im Frühjahr 1959 war Kundeling ein Hauptquartier der tibetischen Widerstandskämpfer. Heute befindet sich an seiner Stelle in einem Neubau das tibetische Verkehrsamt.

Das ehemals am Südufer des Kyi chu gelegene *Tsecholing-Kloster* (rTse mchog gling) hatte nie einen Regenten gestellt und war bereits in den 1940er Jahren verlassen.

Tengyeling (bsTan rgyas gling), südlich des Ramoche, war das bedeutendste der vier Regentenklöster. Von hier kam der während der Jugendzeit des 13. Dalai Lama amtierende Regent, den man 1895 bei Amtsantritt des neuen Gottkönigs verdächtigte, jenem durch Zauber nach dem Leben getrachtet zu haben. Die Familie des Regenten und einige Mönche wurden daraufhin schwer bestraft, weshalb das Kloster 1910 bei den tibetisch-chinesischen Kämpfen in Lhasa für die Chinesen Partei ergriff, worauf es die tibetische Regierung 1912 zerstören ließ.[25]

1948 trat das *Meru-Kloster*[26], ein altes, auf die Zeit von König Songtsen Gampo zurückgehendes Zentrum der Rotmützen *(bKa' brgyud pa)* im Nordosten der Stadt, als «Königskloster» an die Stelle von Tengyeling. Nach Bu ston soll hier im 7. Jahrhundert der Minister und Gelehrte Thon mi Sam bhota das bis heute kaum veränderte Alphabet entwickelt haben. Unter dem buddhistenfeindlichen König Langdarma zerstört, wurde Meru am heutigen Ort wiederaufgebaut und war bis in die 1950er Jahre mit einem der zwei bedeutenden tantrischen Kolle-

Die Medizin-Schule (sMan rtsis khang) auf dem Eisenberg (lCags po ri); 1959 zerstört. Schon Tsongkhapa soll hier Heilkunde gelehrt haben. (Aufnahme vor 1950.)

gien in Lhasa verbunden, der Unteren Tantra-Schule *(rGyud smad)*. Bis nach 1966 waren hier die «Gesar-Dramengruppe» und zwei weitere Schauspielvereinigungen untergebracht.
Längst verschwunden ist der 1792/93 auf dem kleinen Bar-ma-ri-Hügel nördlich vom Chagpori errichtete *Gesar-Lhakhang*[27] oder chinesisch Kuan ti miao, da dieser durch chinesische Offizielle finanzierte Bau auch im Stil der Architektur und Skulptur ein «Chinesen-Tempel» war. Zum Gedenken an den Sieg über die Gorkhas gegründet, wurde er dem «Kriegsgott des Großen China», Kuan-ti, geweiht, der wohl von Kaiser Qianlong mit dem mythischen tibetischen Volkshelden Gesar gleichgesetzt worden war.[28]
Zu den dominierenden Einrichtungen des alten Lhasa gehörten das *Medizinkolleg auf dem Eisenberg,* Chagpori *(lCags po ri),* dem «Erhabenen Berg des ruhmreichen Vajrapani» gegenüber dem Potala.[29] Diese bei den Kampfhandlungen im Frühjahr 1959 zerstörte Lehranstalt für traditionelle tibetische Heilkunde, sMan rtsis khang, war Inschriften zufolge vermutlich schon unter dem 1. Dalai Lama im 15. Jahrhundert gegründet worden.[30] Im 1647 vom 5. Dalai Lama verfaßten Verzeichnis der Tempel von Lhasa werden «Darstellungen ... des Eisenberges»

Die kleine Brag-lha-klu-phug-Gömpa (wörtlich: «Fels-Gott-Nāga-Höhle») am Eisenberg geht auf die Zeit der ersten tibetischen Könige zurück. Die innen aus dem Fels gehauenen Buddhafiguren sollen sich von selber gebildet haben. Seit 1979 ist der traditionsreiche Ort («Jugendkloster») wieder Ziel vieler Tibeter.

auf Wandmalereien im Jokhang erwähnt. Solche Medizinschulen gehörten als eigene Tempelbauten zu den größeren tibetischen Klöstern wie zum Beispiel in Kumbum (Amdo) und waren den Medizingottheiten geweiht.[31] Alle Lamas bekamen hier, wo Religiös-Theologisches und Naturwissenschaftliches unlösbar zusammenhing, eine medizinische Ausbildung. Der Abt war zugleich Leibarzt des jeweiligen Dalai Lama.

Die auf der Südseite der «Lapislazulimauer» in den Fels gehauenen Buddhareliefs, die der 5. Dalai Lama schaffen oder erneuern ließ, die-

nen den Lingkhor-Pilgern zur frommen Verehrung. Am Fuße des Chagpori sah man 1980 zahllose heilige Manisteine zu einem Lager aufgestapelt; auch auf diese Art blieben die Spuren von zwei Jahrzehnten atheistischer Politik erhalten.
Nicht weit davon bauten vorwiegend jugendliche Tibeter aus eigener Initiative die kleine *Brag-lha-klu-phug*-Gömpa wieder auf. Der heute auch «Jugendkloster» genannte Bau war in der Kulturrevolution zerstört worden, jetzt wird er wieder von zwei Lamas betreut.[32]
Ruine und Neubau, Vergangenheit und Gegenwart – beides in einem tieferen Sinne noch austauschbar – liegen 1980 in Lhasa dicht beieinander. Bauwerke konnte man zerstören, Religion bekämpfen, Lebensformen unterdrücken. Glaube, geistige Tradition und kulturelle Identität ließen sich nur in den Untergrund, ins verborgen Private abdrängen. Zwanzig Jahre nach dem Exodus des Dalai Lama und 100 000 seiner Landsleute gibt es wieder sichtbare Zeichen einer vitalen kulturellen Tradition, deren jüngste Vergangenheit noch lange nicht bewältigt sein wird.
Der Verbindungsweg zwischen Altstadt und Potala führte früher – und damit ist hier gewöhnlich die Zeit vor 1950–1959 gemeint – über die *«Türkisbrücke» (Yu thog zam pa)* am Nya-mo-Flüßchen, von der heute nur noch ein Photo Heinrich Harrers erhalten ist. Wegen ihres Daches aus grünen Ziegeln wurde sie schon in einem chinesischen Text von 1792 «Glasurziegel-Brücke» genannt.[33]
Von den Bauten der Königszeit, dem Lhasa des 7. bis 9. Jahrhunderts, haben sich Jokhang, Ramoche-Tempel, Meru-Kloster, Brag-lha-klu-phug-Gömpa und, durch eine weite, ehemals meist sumpfige Ebene getrennt, der Potala bis ins 20. Jahrhundert erhalten. Der Mangel an historischen und baulichen Daten erlaubt uns nicht, von der Stadtentwicklung der folgenden Jahrhunderte ein genaueres Bild zu zeichnen. Selbst über die Zeit Tsongkhapas und die Gründung der drei großen Gelbmützenklöster bei Lhasa hinaus dürfte sich, abgesehen vom Ausbau des Chagpori, die Stadt kaum jenseits des Viertels zwischen Jokhang und Ramoche vergrößert oder wesentlich verändert haben. Das Antlitz des alten Lhasa, wie wir es von den Berichten, Plänen und Ansichten neuzeitlicher Besucher kennen, ist im wesentlichen während des 17. und 18. Jahrhunderts geformt worden. Der Neubau des Potala und seiner Umgebung, die Erweiterung des Jokhang, die Errichtung der vier Regentenklöster, der Ausbau der Medizinschule sowie des Barkhor und Lingkhor waren unter der Regierung des 5. Dalai Lama (1642–1682) – des Großen Fünften – die neuen städtebaulichen Akzente. 1642 war erstmals die religiöse und politische Autorität über Tibet in einer Hand vereint. Lhasa wurde Hauptstadt des Schneelandes.

Über die «Türkisbrücke» (gYu thog zam pa) führte der Weg vom Potala zur Altstadt. Mit dem nach 1959 veränderten Straßensystem hat sie ihre Funktion verloren und wird heute – ein trostloser Anblick – als Lagerraum benutzt. Ein einziges Photo von Heinrich Harrer (vor 1950) überliefert die frühere Gestalt dieses städtebaulichen Kleinods.

Als Folge der teilweise militärischen Expeditionen nach Westtibet und Ladakh kamen auch muslimische Kaschmiris und Ladakhis nach Lhasa, deren im 17. Jahrhundert gegründete, heute noch von den Muslims benutzte *Moschee* am östlichen Lingkhor damals die Ausdehnung der Stadt nach Osten begrenzte. Diese Gegend um die « Kaschmiri-Moschee » ist das alte Viertel der Metzger, da viele der – heute 1800 – Muslimbürger außer dem Handel diesen von den Buddhisten verschmähten Beruf ausübten.[34] Früher hatte diese Minderheit wie die 3000 Nepalis (1948) einen eigenen, auf Lebenszeit gewählten Konsul, der zugleich Chef der ladakhischen Kaufleute war.

Außerhalb des bis ins 18. Jahrhundert als «Stadtgrenze» geltenden Lingkhor hat man im Westen erstmals um 1755 den Sommerpalast des Dalai Lama, den Norbulingka, errichtet.[35] Im 19. Jahrhundert wurde das südliche Stadtgebiet beiderseits des Lingkhor mit der neuen *Residenz des chinesischen Amban*[36] und verschiedenen bis an den Kyi chu heranreichenden Gartenresidenzen hoher Adliger und Staatsbeamter bebaut. Aus derselben Zeit stammt auch das bekannte traditionelle tibetische *Haus des Adligen Lha lu*, das noch gegen 1900 nordwestlich vom Potala völlig isoliert außerhalb der bebauten Stadtfläche lag.[37]

Nach einem Zensus von 1854 gab es damals in Lhasa 15 000 Einwohner und, vorwiegend in den drei umliegenden Staatsklöstern, 27 000 Mönche. Um 1904 waren es gegen 30 000, davon zwei Drittel Mönche[38], und in den 1940er Jahren dürften es etwa 25–30 000 ständige Stadtbewohner und weitere 20–25 000 Klosterinsassen außerhalb der Stadt gewesen sein. Von den 120 000 Einwohnern im Jahre 1980 sind nur rund 50 000 Tibeter.[39]

10
Thangka mit Ansicht von Lhasa, wie es als orientierende Pilger-Karte in den Klöstern aufgehängt wurde. Rechts die Altstadt mit Tsug lag khang, Barkhor und Ramoche (links), nach links der über die «Türkisbrücke» führende Weg zum Potala.
(Smlg. G. W. Essen, Hamburg.)

11
Thangka mit zentraler Ansicht des Potala. Rechts unten der Tsug lag khang mit dem von vier Golddächern bedeckten Jokhang in der Mitte, darüber – nicht lagegetreu – das Ramoche-Kloster, darüber die nach 1959/66 abgerissenen drei Chörten am Westeingang von Lhasa; oben die drei «Staatsklöster», von links nach rechts: Drepung, Sera, Ganden.
(Musée Guimet, Paris, MG. 212 48.)

12
Lhasa, Votivreliefs an einer Häuserwand des östlichen Barkhor in Lhasa. Dieser «mittlere» Ringweg, auf dem täglich unzählige Pilger den Tsug lag khang verehrend umkreisen, ist auch heute noch die durch Händler und Fremde belebteste Hauptstraße der Stadt.

13
Die von Gebetsfahnen umhängte «Pocken-Stele» des 18. Jahrhunderts vor dem Haupttempel in Lhasa, dem Tsug lag khang bzw. Jokhang.

14
Gebetsfahnen (dar chog = *«Seide oder Fahne am Stab») vor dem Eingang des Tsug lag khang in Lhasa. Seit 1979 sind die heiligen Stätten für die Tibeter wieder zugänglich. Auch die frommen Wünsche können heute wieder auf bedruckten Papier- und Stoffwimpeln dem himmlischen Winde anvertraut werden.*

11

12

13

Das höchst verehrte Heiligtum Tibets bildet die bauliche und geistige Mitte der Stadt, die vielleicht sogar ihren Namen von diesem ältesten Sakralbau des tibetischen Buddhismus erhalten hat, dem Ra sa 'Phrul snang Tsug lag khang, wie er ursprünglich genannt wurde: «Umfriedete Versammlungsstätte der wunderbaren göttlichen Erleuchtung» oder später auch einfach nur *Jo khang,* das «Haus des Meisters».[40]
Über den Nutzen und Verdienst eines Jokhang-Besuchs gibt uns der 5. Dalai Lama Auskunft: «Nach des Religionskönigs Srong btsan sgam po eigenem Ausspruch bestehen die Vorteile, wenn man dieses Tempelkloster mit all den Kultobjekten darin einmal sieht, darin, daß die Gefahr einer schlimmen Wiedergeburt beseitigt ist, wenn man es zweimal sieht, daß man die Verkörperung als Deva oder Mensch erlangt und dann die Erlösung erreichen kann, wenn man es dreimal sieht, daß man die drei schlimmen Gifte aus der Seele austilgt und so sich den Drei Körpern anschließt.»[41]
Die Gründungslegende führt uns in zentrale Mythen des tibetischen Weltbildes, zugleich aber auch auf noch ungelöste archäologische Rätsel. Bhrikuti, der nepalesischen Gemahlin des Königs Songtsen Gampo, wurde von dessen zweiter Frau, der chinesischen T'ang-Prinzessin Wen ch'eng, als Bauplatz für den späteren Jokhang ein See in der «Milch-Ebene» 'O thang empfohlen. Böse Mächte verhinderten immer wieder dessen Trockenlegung, da zunächst weder Bhrikuti noch Songtsen Gampo diesem eigentümlichen Vorschlag Glauben schenken mochten. Erst als dem König der Sinn dieser mittels geomantischer Kenntnisse getroffenen Ortswahl Wen ch'engs klar wurde, gelang es ihm schließlich, durch besondere Bannungen den Gründungsbau des neuen buddhistischen Glaubens zu sichern. Und zwar an jener Stelle, wo bei der Ankunft der aus der chinesischen Hauptstadt Chang'an herbeigereisten Braut deren Wagen mit der kostbaren Statue des Jo-bo-Buddha im Sand steckengeblieben und nicht mehr fortzubewegen gewesen war.
Wen ch'eng hatte 641 aus China eine Art «Handbuch der Geomantik» mitgebracht und den Tibetern offenbar auch die Kenntnis und Anwendung bestimmter, die topographischen sowie geistigen Zusammenhänge und Bedingtheiten berücksichtigenden Regeln beim Bau eines Tempels vermittelt. Durch sie dürfte Songtsen Gampo von der in China hoch bewerteten Kunst des feng-shui («Wind und Wasser») Kenntnis erhalten haben. Ende des 8. Jahrhunderts war sogar ein offizieller Geomant *(sam mkhan)* für diese Pseudowissenschaft geomorphologischer und klimatischer Bedingtheit eines als «günstig» anzusehenden Bauplatzes am tibetischen Hof angestellt worden.

Der hier referierte, aus dem 12. Jahrhundert stammende Text des Ma ni bka' 'bum[42] läßt Wen ch'engs geomantische Berechnungen zunächst nicht viel Erfreuliches in Tibet feststellen: Das – aus chinesischer Perspektive – unkultivierte und weit vom Reich der Mitte abgelegene Schneeland gleiche einem auf dem Rücken liegenden weiblichen Dämon *(srin mo),* aus dessen Herzblut der See 'O thang gi mtsho in der mit dem Palast des Königs der *klu* gleichgesetzten «Milch-Ebene» von Lhasa bestehe; die Brüste und die Ader seiner Lebenskraft entsprächen den drei Hügeln von Lhasa. In solcherart unvorteilhaften Topographie sei auch «das schlechte Verhalten» der als unzivilisiert angesehenen Tibeter begründet, deren durchaus vorhandene gute Anlagen sich aber entwickeln würden, wenn man an dieser Stelle einen Tempel errichte.

Ziegen, die dank ihrer Schlankheit die Wälder (!) besser hätten durchqueren können, schafften nach dieser Gründungslegende die für das Zuschütten des Sees benötigte Erde heran. Mit Holz und «unvergänglichem Schlamm aus dem Reich der *klu*» als Baumaterial wurde der Jokhang an der Stelle errichtet, wo Songtsen Gampo zuvor einen Ring ins Wasser geworfen hatte.[43] Der Bau erfolgte nach Art «eines großen chinesischen Villenhauses» von mittlerer Höhe.

> «Über einem quadratischen Grundriß im Einklang mit den Menschen,
> in Schachbrettmuster-Aufteilung im Einklang mit den Mönchen,
> an einem swastika-artigen Bauplatz im Einklang mit den Bön-Gläubigen,
> als Mandala in Einklang mit den Tantrikern.»[44]

Bis auf das Swastika-Muster – vielleicht ein nur verbales Zugeständnis an die immer noch mächtigen Bön-Anhänger – läßt sich diese Anlage des «Ur-Jokhang» noch im heute vorhandenen Bau erkennen. Die Kapellen und der Joch-Raster der einzelnen Schiffe des zentralen Baus mögen dem «Schachbrettmuster» entsprechen, der gesamte annähernd quadratische Plan dem Mandala.

Wie bald darauf beim Kloster Samye soll der für eine Grundsteinlegung ja nicht gerade günstige See die chaotischen, von Wasserdämonen bevölkerten Urgewässer repräsentieren, an denen für den Bau der neuen Lehre erst die jeder Ordnung feindlichen Kräfte der Unterwelt gebannt und vernichtet werden müssen. Auch die Stadt Lhasa soll im 7. Jahrhundert über einem See errichtet worden sein, mit dem der Drachenkönigssee («See des Nāga-Königs») hinter dem Potala in Verbindung stehen soll. Der Tempel erhält hier eine gleichsam heilsgeschichtliche Funktion (S. Hummel): Das Neue wird – nicht ohne Konflikte – über dem Alten gegründet.

In kosmologischer Deutung wäre dieses von den Wassergottheiten *klu*

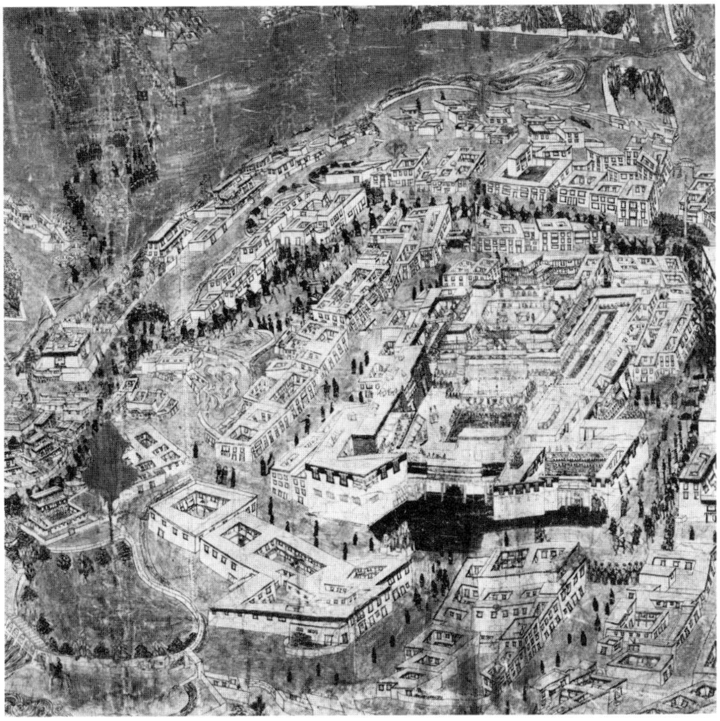

Links:
Der Barkhor, die «mittlere» Ringstraße, führt um den «Stadttempel von Lhasa», den Tsug lag khang. Links am Rand der Ramoche-Tempel, der quadratische Bau darüber ist die Obere Tantra-Schule. Detail eines Thangka der Lhasa-Bauten. (Sammlung G. W. Essen, Hamburg.)

Rechts:
Die drei heiligsten Kultfiguren des Jokhang: der thronende Jo bo Rinpoche, dessen Haltung und Mudras die heutige reale Statue kaum erkennen läßt, links der elfgesichtige Chenresi, rechts der von Bhrikuti aus Nepal mitgebrachte Akshobhyavajra. Ganz vorne rDo ring und Weidenbaum vor dem Jokhang. (Detail eines Tsongkhapa-Thangka. Privatbesitz.)

bewohnte Gewässer der Boden bzw. Sockel, auf dem das Heiligtum als Abbild der Weltordnung errichtet wird. Ein *klu* wird auch im unterirdischen Zentrum des Jokhang vorgestellt. Und tatsächlich gibt es in der nordöstlichen Ecke des zentralen Baus eine noch heute 'O thang tso ('O-thang-See) genannte Kapelle, die zu dem Rest des Sees führen soll, der für den Bau des Jokhang aufgefüllt wurde. Einmal im Jahr wurde hier der mit einer Steinplatte verschlossene Zugang zum unterirdischen Wasser für hohe Regierungsbeamte geöffnet, die die Wassergottheiten beschwichtigende Opfergaben hinabwarfen, da sonst, wie man glaubte, die heilige Stadt durch Überschwemmungen bedroht worden wäre.[45]

Eine genauere Baugeschichte des Jokhang wird erst nach einer noch immer ausstehenden archäologischen Untersuchung möglich sein. Die vorhandenen Schriftquellen erlauben nur ein recht fragmentarisches Bild seiner Entstehung. Danach wurde der Jokhang zwischen 642 und 653 gegründet.[46] Während der Buddhistenverfolgung unter König Langdarma um 842 wurde er entweiht und vermutlich auch beschädigt; die bedeutendsten Statuen konnte man verstecken.[47] Nach Erweiterungen im 11. Jahrhundert und einem für die Zeit um 1150/60 bezeugten Verfallszustand[48] kam es im frühen 14. Jahrhundert zu offenbar umfangreicheren baulichen Veränderungen, wobei wahrscheinlich auch die vier chinesisch inspirierten Dächer *(rgya phibs)* über den Kapellen des Jo bo Rinpoche im Osten und des Chenresi im Norden, des Songtsen Gampo im Westen und des Maitreya im Süden[49] errichtet worden sind. Damals wurde vermutlich auch die gegenwärtige Geschoßhöhe erreicht. In ihrer heutigen Gestalt dürften die vier mit prächtigen Treibreliefs geschmückten vergoldeten Kupferdächer wohl erst dem 17. Jahrhundert angehören.[50]

Die wesentliche Erweiterung des Jokhang nach Westen um die große Versammlungshalle ('du khang) bringt man allgemein mit Tsongkhapas Einsetzung des Mönlam-Festes 1409 in Zusammenhang, als für das «Große Gebet» der zahlreichen Mönche des neuen Ordens neuer Raum benötigt wurde. Tsongkhapa ließ die Dächer reparieren und das Innere erneuern:

«... Der Glanz aller Buddhabilder und Gemälde in den beiden Jo-bo-Klöstern war hinfällig geworden und verblaßt, ja, bei einigen Buddhafiguren war es schwer festzustellen, welche Farben sie überhaupt hatten. Da ließ er sie mit Duftwasser und dergleichen ordentlich abwaschen und reinigen, so daß kein Flecken mehr an ihnen blieb. Dann ließ er sie mit kostbaren Farben streichen, mit Blattgold und Goldstaub u. a. ausstatten und aufs neue wieder so ausstatten, wie sie (früher) errichtet worden waren. Viele Künstler wurden dann berufen und richteten alles her, wie es erforderlich war: Verschiedene Arten von Ziergegenständen, womit das Gotteshaus innen und außen geschmückt wurde, wie aus der Menge von Gläubigen geopferter Seide hergestellte Buddhagewänder, Flaggenbänder, Fahnen, Schirme, verschiedene Opfergaben ...»[51]

Unter dem 5. Dalai Lama wurde nach 1642 das Neujahrsfest in seiner späteren Form organisiert, und der nun immer mächtiger und größer werdenden Gelben Kirche genügte in der neuen Hauptstadt ganz Tibets der Jokhang aus den Anfängen nicht mehr. Jetzt erst erhielt die Kathedrale Lhasas ihr heutiges Aussehen: die bis zum Barkhor reichenden Anbauten ringsum, eine neue Eingangsfront und offensichtlich weitgehende Rekonstruktionen, die sich außer auf die Dächer vor allem auch auf das Innere erstreckt haben.[52] Die im einzelnen nicht bekannten Zerstörungen durch die mongolischen Dzungaren 1717 machten im 18. Jahrhundert größere Renovationen notwendig. 1927 soll der mongolische Ta Lama aus Sera anläßlich des Mönlam-Festes das vergoldete Rad der Lehre mit den zwei Hirschen und die seitlichen Dschaltsan-Zylinder *(rgyal mtshan,* buddhist. Siegesemblem) gestiftet haben.[53]

Nach 1959 gab es im Jokhang offenbar keine religiösen Zeremonien mehr, dennoch seien täglich etwa 300 Gläubige gekommen. Nach der Einführung des elektrischen Lichtes (1962) gingen im Herbst 1966 für dreizehn Jahre alle Lampen aus. Das bedeutendste tibetische Heiligtum diente fortan als staatliches Gästehaus und als Kino.[54] Von den eindeutig belegbaren Verwüstungen der Kulturrevolution soll an späterer Stelle die Rede sein. 1972–1975 hat man gemäß chinesischen

Oben:
Jokhang, Türsturzreliefs der 'Od-dpag-med-Kapelle (siehe Plan Nr. 20).
Unten: Mayas Traum, der sich das Haar abschneidende Buddha (oder eine angreifende Gestalt Māras?), ein gekrönter Buddha, ein Verehrender.
Oben: ein sitzender Maitreya (?), über den zwei Devatās das Amrita-Wasser auszugießen scheinen, ferner weibliche Gottheiten und fliegende Gandharvas.

Unten:
Reliefs über dem Eingang zur Maitreya-Kapelle (siehe Plan Nr. 23): ein von zwei Nāga-Wesen angebeteter Buddha und Darstellungen des lehrenden bzw. diskutierenden Buddha.

Beide Reliefs: Holz, ungefaßt, wahrscheinlich von nepalesischen Künstlern im 7. Jahrhundert geschaffen, während die Konstruktion und Dekoration der Holzdecke vor dem Eingang zur Jo-bo-Kapelle auf ostturkestanische Vorbilder (Dunhuang!) hinweist.

Angaben ein Drittel der Anlage restauriert, darunter 121 Statuen und 2600 Quadratmeter Wandmalerei. Im März 1979 öffneten sich wieder die Tore zum «Haus des Herrn», dessen Diener – statt der ehemals 300 noch 9 Lamas aus Drepung – nunmehr dem Denkmalamt unterstehen; staatliche Mönchsbeamte, dem Namen nach fast wie in alten Zeiten.

Die Frage, ob aus der Gründungszeit des Jokhang noch Bausubstanz erhalten ist, wurde bislang noch nicht an konkreten Beispielen erörtert. Hierfür kommt dem Dekor der hinteren, heute teilweise unbemalten Holzpfeiler und den Türrahmenreliefs der rückwärtigen

Kapellen entscheidende Bedeutung zu. Stil und Motive der Pfeilerornamentik finden sich auffallend verwandt bei nepalesischen Steinskulpturen des 6. bis 8. Jahrhunderts wieder. Ebenso die kleinen Trennungspfeiler im oberen Buddhafries (Abb. S. 67 oben), der räumliche Blattdekor, das felsige Terrain und der Figurenstil der Türrahmungen. Als Vergleich könnte aus dem 7. Jahrhundert der Licchavi-Votivstupa vom Dhoka Bahal in Kathmandu gelten. Auch ein Holzrelief des 7./8. Jahrhunderts aus Tsaparang (Westtibet) scheint uns durch Blattwerk und Figurenstil eine Datierung dieser Bauteile des Jokhang ins mittlere 7. Jahrhundert weiter zu stützen.[55] Eindeutig tibetisch (Richardson 1977) ist der Stil dieser Holzskulpturen sicher nicht, und mit Recht schreibt Tucci (1948) Pfeiler und Kapitelle auch nepalesischen Handwerkern zu. Die untersetzt wirkenden Pfeiler und die niedrigen Kapelleneingänge stecken inzwischen tiefer im Boden, da sich der ursprüngliche Boden mit der Zeit gesenkt zu haben scheint und dann durch neue Lagen aufgestockt werden mußte.

Der Bautyp des zentralen Jokhang, ein rings von Zellen umgebener, durch eine axiale Altarkapelle orientierter und zum Teil mit Säulen besetzter Haupthof, schließt sowohl an westindische Höhlentempel als auch an nordindische Klosteranlagen an.[56] Und bei letzteren Vorbildern wie etwa dem für den Jokhang mitunter genannten Kloster Vikramaśīla wäre auch die für den Urbau in Lhasa wahrscheinliche Dreigeschossigkeit einer kosmologisch orientierten Architektur zu suchen. Diese letztlich mit der Vorstellung vom Weltberg Meru als Mitte der Welt und als Stufenweg zu Erkenntnis und Erlösung verbundene Baustruktur muß zusammen mit dem rituellen Umwandlungsweg gesehen werden, der sehr wahrscheinlich ehemals ganz im Freien lag und heute eine nach oben offene Passage bildet. Wie eine Miniatur- oder Urform des Barkhor gab er dem Gläubigen die Möglichkeit zum *khor lam,* zur Verehrung des im inneren Sanktuarium aufbewahrten Jo bo Rinpoche.

Vom Vorhof am Barkhor, wo links von einem Fenster aus der Dalai Lama, darunter die Aufsichtsbeamten und vom Balkon über dem Eingang die Kabinettsminister den Zeremonien beiwohnten, betritt man die Vorhalle und von hier über einen Treppenaufgang den großen Dukhang. Hier versammelten sich zu Füßen des links thronenden Dalai Lama während des Mönlam und anderen Feierlichkeiten Hunderte von Lamas aus den drei Staatsklöstern: Sera an der Nordseite, Drepung in der Mitte und Ganden rechts im Süden, deren in der Hierarchie hochgestellter Abt bei gewissen Anlässen sogar den Dalai Lama vertreten konnte. Hier fanden auch einmal im Jahr die staatlichen Examina der Mönche unter Leitung des Lehrers des Dalai Lama statt. Von den aus ganz Tibet nur 22 zugelassenen Kandidaten erreich-

Lhasa, Jokhang. Durch Bodenabsenkung heute schief stehende Holzpfeiler im östlichen Umgang. In der Ornamentik nepalesisch-indischer Einfluß; 7. Jahrhundert.

Lhasa, Eingang des Tsug lag khang am westlichen Barkhor. Rechts vorne einer der zwei großen Gußmetall-Kessel für den während großer Festlichkeiten ausgeteilten Buttertee.

ten die fünf besten höchste geistliche Ränge und damit auch die Chance, später etwa Regent zu werden. Auch der Dalai Lama hatte sich während seiner Prüfungen vor der Erklärung der Mündigkeit im Tsug lag khang den anspruchsvollen Disputationen mit der höchsten Geistlichkeit zu stellen.

Ein atriumartiger Hof *(dkyil 'khor mthil* bzw. *khyams ra)* läßt von oben Tageslicht einfallen. Der mittlere Altar mit den Butterlampen und Opfergaben diente vornehmlich Pujas *(mchod)* privater Gönner. Von der Säulenhalle des Dukhang betritt man durch das «Sandelholztor» den *Jo khang,* das «Haus des Herrn ». Auch hier ist der vordere Teil wie ein Hof nach oben offen, und Tageslicht fällt durch den sonst nur von Butterlampen erhellten Dämmer auf große vergoldete Bronzefiguren des Chenresi und Buddha Maitreya, den mitleidvollen, gütig-barmherzigen Bodhisattva in dieser Welt, den Großen Liebenden und zukünftigen Erlöser.

Diese nicht sehr alten, aus Metall getriebenen Meisterwerke der Goldschmiedekunst verehrt der Gläubige auf seinem Weg zum Allerheiligsten, wo in der zentralen Kapelle hinter einem Gittervorhang *Jo bo Rin po che,* der «Kostbare Lehrer», die Buddhaschaft verheißt. Vor diesem Raum stehen beiderseits die vier Schutz bietenden Weltenkönige

(Lokapāla). Der thronende «Große Jo bo von Lhasa» stellt ikonographisch den gekrönten Śakyamuni als zwölfjährigen Prinzen dar.
Der Überlieferung nach wurde dieses heiligste Kultbild Tibets zu Buddhas Lebzeiten im nordindischen Reich Māgadha von Viśvakarman geschaffen, dem göttlichen Architekten des Universums und der altindischen Personifikation der Erde und Himmel zusammenhaltenden schöpferischen Kraft; und zwar unter Indras Anleitung aus Gold, Silber, Kupfer, Eisen, Zink und den «Fünf kostbaren himmlischen Substanzen».[57] Von hier soll es der Māgadha-König in die chinesische Hauptstadt Chang'an gesandt haben, als Dank für die ihm vom Kaiser geleistete Hilfe gegen die aus Westen eingefallenen Yavanas. Im 7. Jahrhundert hat angeblich Kaiser Tai tsung die Statue seiner Tochter Wen ch'eng als Gast- und Hochzeitsgeschenk für Songtsen Gampo nach Lhasa mitgegeben, «welche die Figur des Buddhas mitbrachte, die dann im sPhrul-snang aufgestellt wurde».[58] Zuerst wurde aber die Figur im Ramoche-Tempel aufgestellt und nach Songtsen Gampos Tod, als man einen chinesischen Angriff auf Lhasa befürchtete, erst zur sicheren Aufbewahrung in den Jokhang gebracht. Damals soll sie in einer zugemauerten Kapelle der Südseite versteckt worden sein, deren Name noch heute auf dieses Geschehnis bezogen ist.[59] Nach überstandener Gefahr sei dann die von Buddha selber geweihte Kultstatue des «Körpers der wunderbaren Veränderung» in der zentralen Kapelle aufgestellt worden. Später hätten buddhistenfeindliche Minister den Jo bo wieder zurück nach China senden wollen, «aber da 300 Männer sie nicht wegbewegen konnten, begruben sie die Figur im Sand und machten aus dem Tempel ein Schlachthaus» (Bu ston). Als daraufhin Unglück eintrat, brachte man sie auf zwei Eseln nach Kyi rong in Mang yul. Auch der Erzfeind alles Buddhistischen, König Langdarma, war im 9. Jahrhundert nicht fähig, das Symbol der neuen Religion wegzuschaffen, und «befahl, sie zu verbergen, ließ sie im Sand vergraben, die Tore des Tempels schließen und mit Gips zumauern und ordnete an, darauf das Bild eines weintrinkenden Mönchs zu malen».[60]
Zweifellos ist der ursprüngliche Jo bo Rinpoche seither ersetzt und wohl auch nicht nur einmal erneuert worden. Nach Tucci sei die heutige, vermutlich von den Dzungaren 1717 beschädigte Figur nicht älter als aus dem 12. Jahrhundert. Von den Bilderstürmern der Kulturrevolution 1966 ist sie verschont geblieben; zumindest den Kopf hat man seither neu gefaßt.[61] Zur rituellen Umwandlung nimmt der Jo bo die Mitte des Sanktuariums ein, in dem ein weiterer Buddha, an den Seiten je sechs brokatgekleidete Bodhisattvas, ferner Schutzgottheiten und die bedeutendsten Dalai Lamas, der Fünfte und Dreizehnte, aufgestellt sind. Ein Leerraum im Geschoß über der Kapelle gibt an, daß

Grundriß des Tsug lag khang (Jo khang) in Lhasa.

1. Vorhalle
2. Durchgang mit den vier Weltwächtern (Lokapālas)
3. Treppe zum Obergeschoß
4. Versammlungshalle ('du khang)
5. Lichthof des 'du khang (Khyams ra)
6. Thron des Dalai Lama
7. Eingangstor zum Jokhang («Sandelholz-Tor»)
8. Kapellen der Nāgas und Gandharvas
9. Heiliger Stein. Über diesem Durchgang befindet sich im Obergeschoß die große Songtsen-Gampo-Kapelle.
10. Tsongkhapa und acht Schüler (rJe Rinpoche)
11. Treppe zum Obergeschoß
12. Amitābha-Kapelle
13. Chörten des Sa skya Pandita
14. Kapelle der acht Medizinbuddhas
15. Kapelle des elfgesichtigen Avalokiteshvara
16. Kapelle des Maitreya Byams pa khrus mdzad
17. Tsongkhapa-Kapelle
18. Treppe zur Tsongkhapa-Kapelle
19. Kapelle des 'O-thang-Sees
20. unten: 'Od dpag med (Amitābha)-Kapelle
21. Vorraum mit den vier Lokapālas zur Jo-bo-Kapelle
22. Kapelle des Jo-bo-Rinpoche-Buddha
23. Maitreya-Kapelle (Byams pa mgon po)
24. Kapelle des (Chenresi) sPyan ras gzigs seng ge sgra
25. Treppe zum Oberstock (und zum dPal-ldan-lha-mo-Schrein)
26. Padmasambhava-Kapelle
27. sMan-bla-mched-brgyad-Kapelle
28. Kapelle des (Maitreya) Byams pa mched bzhi
29. Jo bo sbas pa'i lha khang («Kapelle, wo der Jo bo versteckt wurde»)
30. Sangs-rgyas-rab-bdun-Kapelle
31. Tshe-dpag-lha-dzu-Kapelle («der neun Figuren des Amitāyus»)
32. Kapelle des Thon mi Sam bhota und Songtsen Gampo
33. Lichthof des Jokhang
34. Brunnen
35. Bod kyi yig phud ma ni (Steinplatte des 7. Jahrhunderts mit der Inschrift «Om mani padme hum»)
36. Statue des elfgesichtigen Avalokiteshvara (Chenresi)
37. Maitreya-Statue des Stifters Barzhi (Bar zhi Byams pa)
38. Maitreya-Statue des Stifters Midbang Pholha
39. Maitreya-Statue des Stifters Lhasang
40. Nang khor («Innerer Kreisweg») um den Jokhang

41. Haupteingang zum Kashag (Sitz des Staatsrats)
42. Baldachin-Thron des Dalai Lama für die Lehrreden während des Mönlam-Festes
43. Hauptküche für die Mönche
44. Räume für die Aufsichtführenden («Mönchspolizei»)
45. weitere Kapellen bzw. Sakralräume (lha khang)
46. Lagerräume
47. Küche
48. Toiletten
49. Hof (Shingra)
50. Pocken-Stele
51. Heiliger Weidenbaum
52. rDo ring: Steinobelisk mit der Inschrift des tibetisch-chinesischen Vertrages von 821 (aufgestellt 822)

Hinweis:
Diese Karte erhebt keinen Anspruch auf völlige Genauigkeit. Sie basiert auf Richardson 1977 und Taring 1979 sowie auf Beobachtungen des Verfassers. Deutlich wird, wie der Jokhang – der älteste, in Mandala-Gestalt gebaute Tempel des 7. Jahrhunderts (Eingang: Plan Nr. 7) – später, im 15. und 17. Jahrhundert, von zahlreichen Anbauten umgeben worden ist. Die vergoldeten Metalldächer befinden sich über Nr. 2, 9, 10, 15, 22, 28, 32.
Zur Verdeutlichung: Die im Text gleichermaßen gebrauchten Begriffe «Tsug lag khang» und «Jokhang» beziehen sich einerseits auf den gesamten Baukomplex (Tsug lag khang), andererseits auf den ältesten Kernbau, den zentralen Tempel (Jokhang) im oberen Teil des Plans.

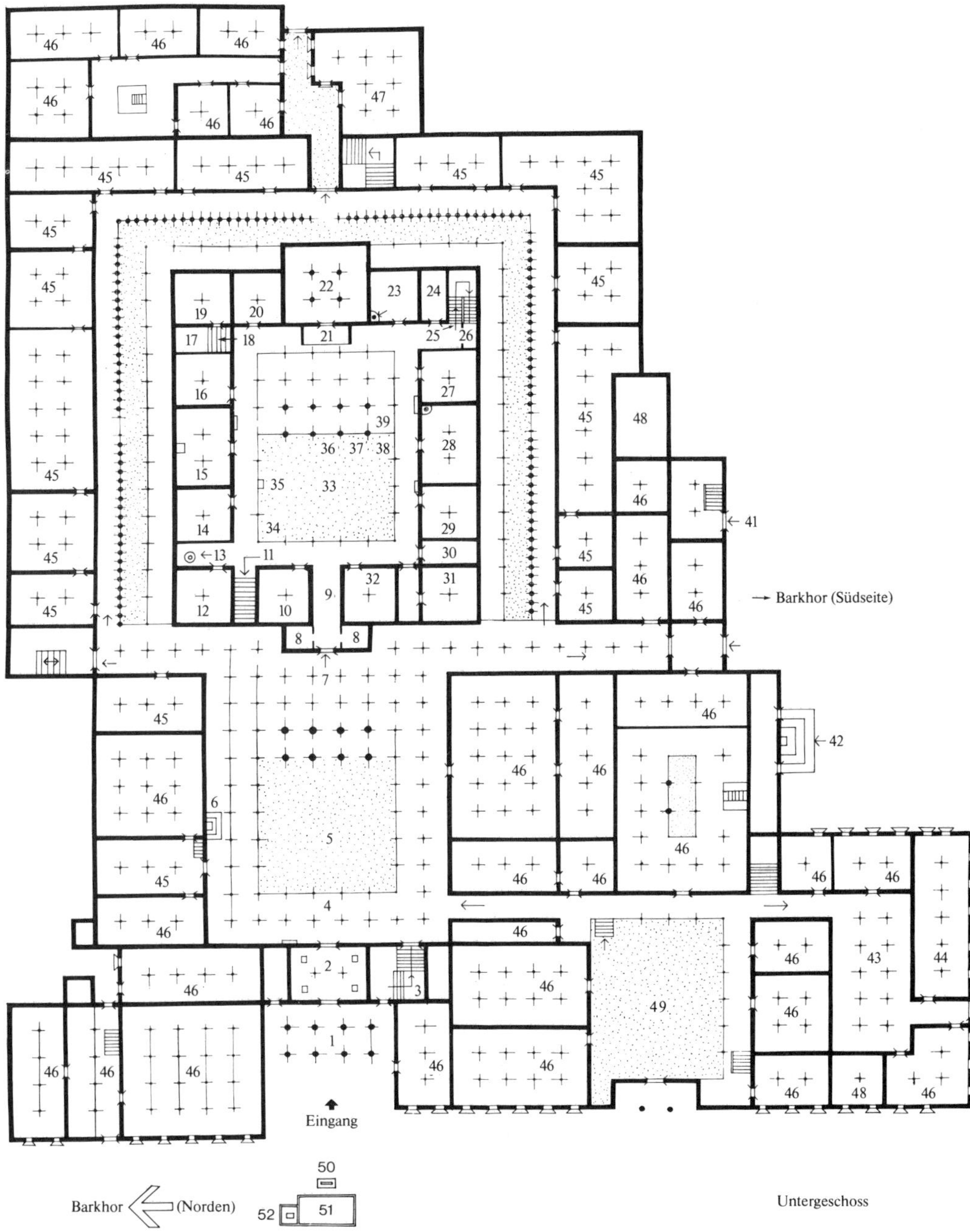

nichts höher als das Höchste reichen darf. Nur noch das goldene Dach überwölbt als monumentaler Baldachin das sakrale Zentrum von Lhasa.
Die Entstehungslegende lenkt den Blick auf die alte, aber immer wieder diskutierte Frage nach dem Aufkommen der ersten Buddhabilder. Nach einer Legende aus dem Divyāvadāna hatte sich König Bimbisāra von Māgadha für ein ihm durch Rudrāyana, den König von Roruka, geschenktes Panzerkleid mit einem – unter ausdrücklicher Zustimmung des Erleuchteten gemalten – Buddhabild bedankt. Dieses war verschiedenen Überlieferungen zufolge nach der Wasserspiegelung Buddhas bzw. nach dessen Schattenbild (*'od zer ma* = «von den Strah-

len genommen») angefertigt worden, da man vor lauter glückseliger Ergriffenheit den Erhabenen nicht von Angesicht ins Bild zu bringen vermochte.

Wie auch für jene zu Buddhas Lebzeiten geschaffene Sandelholzstatue überliefern die alten Texte Legenden und keine historischen Tatsachen.[62] Die archäologischen Befunde sprechen zu eindeutig gegen ein Buddhabildnis in den Jahrhunderten vor unserer Zeitrechnung.

Mit der Darstellung des gekrönten Buddha wird dessen königliche und geistige Souveränität über das Universum demonstriert, seine himmlische Manifestation und seine Glorifizierung im Sambhogakāya-Aspekt, dem «Erscheinungsleib in strahlender Verklärung», denn der Erleuchtete ist mehr als ein Mensch. Die Krone, die wir bereits an den Türsturzreliefs der links anschließenden Kapelle (7. Jh.) – eines der frühesten Beispiele dafür überhaupt – finden, symbolisiert seine Allmacht und universale Allgegenwart. Das erstmalige Auftreten dieses ikonographischen Typus zur Zeit der Jokhang-Gründung im Bereich von Bihar würde mit der legendären Herkunft des Jo bo aus dem Māgadha-Reich übereinstimmen und konkret auf frühe nepalesisch-nordindische Vorbilder hinweisen. Der «Buddha im Fürstenschmuck» (D. Seckel) erscheint zugleich als der weltumfassende königliche Herrscher *(Cakravartin)*, dem solcher Dekor zusteht.

Die hier überaus reiche fünfteilige Krone *(chod pan)* ist auf die fünf «unveränderlichen» Buddhas der Weltparadiese bezogen, Emanationen des Ur-Buddha (Adi-Buddha), der hier als das Prinzip des Absoluten dem «Herrn» *(Jo bo)* in Lhasa einen weiteren zentralen Aspekt verleiht. Über der Krone breitet der schlangenfressende mythische Himmelsvogel Khyung seine goldenen Schwingen aus, der, im späteren Vajrayāna mit Buddha selber identifiziert, das Streben nach geistiger Wahrheit der überirdischen Sphären und die gute Schöpfung symbolisiert. Schon im vorbuddhistischen Tibet des Bön-Glaubens findet man dieses an den tibetischen Buddhathronen so häufige Motiv als Bronzedekor, und es scheint später mit dem altindischen Garuda gleichgesetzt worden zu sein.

Die in einem Schlangenleib endenden zwei Nāgavatsa-Wesen zu seinen Seiten stehen für moralisches Verhalten.[63] Diese das Cintāmani-Glücksjuwel haltenden «Nixen» beschützen wie ihre während der Gründungsepoche des Jokhang besonders in Kashmir verehrten, zum Buddhismus bekehrten zahllosen Nāga-Verwandten den Dharma, Lehre und Gesetz. Menschliche Nāgas assistierten bei der Geburt des Erhabenen, hörten seine erste Predigt, schützten den Meditierenden gegen Unwetter und Māras Versuchungen. Die rüsselgestaltigen Makaras *(chu sring)* darunter symbolisieren geduldige Ausdauer, die auf das Löwengeschlecht des Śakya-Geschlechts bezogenen Löwen am

Fragment der ursprünglichen, nach 1966 durch eine Replik ersetzten Statue des elfgesichtigen Avalokiteshvara im Jokhang.Mit drei anderen Kopffragmenten wurde es 1967 heimlich nach Dharamsala gebracht. Heute sind diese vier Köpfe im Tsug lag khang von Dharamsala zum Teil einer neuen Chenresi-Statue als Reliquie eingefügt, zum Teil neben diese plaziert.

Obere Kopfpartie des elfgesichtigen Avalokiteshvara im Jokhang, nach 1966 völlig erneuert (siehe Grundriß Tsug lag khang, Kapelle Nr. 15).

Thron transzendente Weisheit, die mit Buddhas Geburt zusammenhängenden Elefanten die Tugend der Meditation und die zwergenhaften Vāmanas die Kraft des Durchaltens.

Die nach der Tradition erste im Tsug lag khang geweihte und seither kultisch nach dem Jo bo Rinpoche bedeutendste Statue ist der Chenresi in der mittleren Kapelle der Nordseite.[64] Bekannt als die «Selbstgeschaffene Fünfheit» *(Rang byon lnga)*, steht auch für diesen angeblich von einem nepalesischen Künstler geschaffenen tausendarmigen Avalokiteshvara eine Legende am Anfang. Danach hat Songtsen Gampo die Figur anläßlich einer Meditation über diesen Bodhisattva errichtet,[65] nach anderer Überlieferung sei sie damals von Südindien nach Tibet gebracht worden (Bu ston[66]). Für den 5. Dalai Lama garantierte die verdienstschaffende Errichtung der Figur den Bau des Tsug lag khang: «... dieser elfköpfige Allerbarmer hat, als ein Gebet an ihn, den Schutzgott, gerichtet worden war, um ein Mittel, die Vorwände wegzuschaffen, welche dem Bau des Tempelklosters im Wege standen, eine Stimme hören lassen: Wenn in der gleichen Größe, die der König hat, eine Statue des Allerbarmers hergestellt wird, so wird das gewünschte Ziel erreicht werden» (d. h. den Tempel zu bauen; Übersetzung nach Grünwedel). Die in der Kulturrevolution zerstörte Statue dürfte heute zum größten Teil eine moderne Replik sein. Vier 1967 nach Indien geschmuggelte Kopffragmente des Elfgesichtigen befinden sich heute im Tsug lag khang von Dharamsala.[67]

Schöner zur Wirkung kommt der freistehende Chenresi in der Mitte der Jokhang-Halle. Weiße Khatag-Schleifen und die pyramidale Seidendraperie um die Aureole der 1000 Hände geben dem Gütig Herabblickenden einen betont feierlichen Charakter. An der nebenan unter einem Baldachin thronenden, etwa 8 Meter hohen Großen Maitreya-Statue in der «europäischen» Sitzhaltung *(byams zugs* = «Maitreyas Sitz» hat man in jüngster Zeit zumindest Aureolenrückwand und Kronenschmuck vollständig erneuert.[68] Auch die beiden kleineren Maitreya-Buddhas *(Byams pa)* aus vergoldeter Bronze in der südlichen Hofhalle lassen sich nicht mehr auf jenen legendären, von der nepalesischen Prinzessin Bhrikuti im 7. Jahrhundert mitgebrachten Maitreya zurückführen (s. Bus ton).

Völlig zerstört wurde gegen 1966 die bis anhin wohl älteste und kunsthistorisch wertvollste der Maitreya-Skulpturen, der *Byams pa khrus mdzad* mit der kleinen *Jam-dbyangs*-Statuette auf dem Schoß. Allein die wohl ins 11. Jahrhundert weisende goldgetriebene Aureolenrückwand mit den Reliefs zum Leben Buddhas stellt einen unersetzlichen Verlust dar.[69]

Die Tonskulpturen der Songtsen-Gampo-Kapelle im ersten Stock über dem Eingang des zentralen Jokhang sind – wie die Wandmalereien hier – moderne Repliken ihrer 1966 zerstörten, dem 15. Jahrhundert angehörenden Vorgänger. Daß es sich hierbei nicht nur um erneuerte Bemalungen handelt, lehrt der Vergleich mit vor 1959 gemachten Photographien.[70] Die Dreiergruppe des auf einem dekorativ vergoldeten Thron ruhenden Gesetzeskönigs und seiner in prächtige Seidengewänder gekleideten Frauen chinesischer und nepalesischer Herkunft gehört heute zu den vorrangig gezeigten Sehenswürdigkeiten im Tsug lag khang.

Größere Rätsel geben noch die Wandmalereien des Jokhang auf. Die ältesten sichtbaren Teile dürften aus dem 17. Jahrhundert stammen, während weite Partien neuzeitliche Übermalungen aufweisen oder völlig neu bemalt wurden. An den meisten Stellen soll es vier bis fünf Malereischichten geben.[71] Außer diesen archäologisch-kunstgeschichtlichen Fragen fehlt uns auch noch eine Ikonologie des Bildprogramms. Gerade unsere im Verhältnis zur Bedeutung des Baus vergleichsweise geringe Kenntnis der Kathedrale von Lhasa zeigt, wie sehr die Denkmalforschung in Tibet noch in den Anfängen steckt. Nichts ist zum Beispiel über die Existenz gelegentlich erwähnter unterirdischer Kapellen bekanntgeworden.[72]

15
König Songtsen Gampo (ca. 609–649) galt als eine Inkarnation des Bodhisattva Avalokiteshvara, den, eine Emanation des Amitābha-Buddha (Kopf zuoberst!), man sich seinerseits als eine Art Schutzgott des königlichen Burgberges Potala vorstellte. Jokhang, axiale Kapelle des Westflügels im Oberstock. Im Bild nicht sichtbar seine beiden Frauen, links Bhrikuti, rechts Wen ch'eng, die Wiederverkörperungen der Grünen bzw. Weißen Tārā (sGrol ma).

16
Die vier vergoldeten Kupferdächer des Jokhang – hier dasjenige über der Songtsen-Gampo-Kapelle – sollen ursprünglich von Ril pu mal, dem Herrscher des westlichen Königreiches, um 1312 gestiftet worden sein. Drei mit Gebetstexten gefüllte Ganjiras (skr.; tibetisch md sod bdang *= «Schätze enthaltend») schmücken den Dachfirst.*

17
Detail aus Bild 16. Der getriebene Metalldekor zeigt am Fries eine der 108 Formen Chenresis, den Simhanāda Avalokiteshvara, den auf einem Löwen thronenden Heiler der Krankheiten mit seinen Symbolen des von einer Schlange umwundenen Dreizacks und des Schwertes der Erkenntnis über einer Lotosblüte.

18
Die nach dem Jo-bo-Buddha am höchsten verehrte Kultstatue des Jokhang, der tausendarmige Chenresi, in einer seltenen ikonographischen Form mit sieben (von elf) schreckenerregenden Köpfen (Stuck; moderne Replik). In der kleinen Kapelle drängen sich heute die in langer Reihe wartenden Gläubigen.

19
Thronender Maitreya im Jokhang mit der charakteristischen Geste des Lehrens und dem Rad der Lehre (links vom Kopf auf einer Lotosblüte). Bronze vergoldet, ca. 17. Jahrhundert.

20
Elfgesichtiger Chenresi im Jokhang (Bronze vergoldet). Mit tausend Augen des Mitleids auf seinen tausend Händen sieht der Allerbarmer das Leid der Menschen. Lotosblüte, Pfeil und Bogen, Gefäß mit dem Nektar der Unsterblichkeit, Rad der Lehre, Mani-Juwel, Gebetskranz, Geste des Schenkens (vara mudrā) und eine von den mittleren Händen gehaltene Lotosblüte aus Gold und Türkis sind seine weiteren Merkmale.

21
Maitreya-Statue im Jokhang (Bronze vergoldet). Die «europäische» Sitzhaltung zeigt die Bereitschaft des Bodhisattva und zukünftigen Buddha an, vom Tushita-Himmel als Erlöser auf die Erde herabzusteigen. Die weiße Khatag-Schleife ist Zeichen der Reinheit und Ehrerbietung.

17

18

19

20

21

23

24

3. Der Ramoche-Tempel

Am nördlichen Rand der Altstadt nahe dem Lingkhor liegt Lhasas zweitwichtigster Sakralbau, der nach der Tradition von Wen ch'eng, der chinesischen Frau des Königs Songtsen Gampo, im 7. Jahrhundert gegründete Ramoche-Tempel («Große Umfriedung»).[73] Der Baugrund soll mit der Höllenregion und namentlich mit einem von Nāgas bewohnten Kristallpalast in Verbindung gestanden haben. Eine auf Ausgleich und Eintracht unter den beiden königlichen Gemahlinnen bedachte Legende ließ Bhrikuti den Akshobya-Buddha als Mitgift aus Nepal nach Lhasa bringen; dieser wurde vorerst im Jokhang aufgestellt und fand nach des Herrschers Tod im Ramoche als «Kleiner Jo bo» *(Jo bo chung ba)* seinen endgültigen Platz. Hier wurde er von den Gläubigen ebenso umkreist wie sein größeres Gegenstück im Tsug lag khang. Entsprechend sei im Austausch der zunächst hier plazierte Jo bo Rinpoche in seine fortan Jokhang genannte göttliche Wohnstatt gekommen.[74] Nach einer anderen Überlieferung des 18. Jahrhunderts habe der Ramoche sogar Chörten mit Reliquien von Buddhas Lieblingsschülern Śāriputra und Maudgalyāyana beherbergt.[75] An seiner Bedeutung hatte seit langem schon die ehemals östlich benachbarte rGyud-stod-Tantra-Schule Anteil, eines der beiden tantrischen Zentren von Lhasa.

Zur Baugeschichte des heute unzugänglichen Tempels sagen die bisher verfügbaren bzw. übertragenen Schriftquellen bis auf einige Erneuerungen im 17. Jahrhundert nichts aus. 1870 traf hier der erste der neuzeitlichen Tibetforscher, Sarat Chandra Das, lediglich noch «ein halbes Dutzend Mönche» an, und zu Anfang unseres Jahrhunderts hatte der im Verfall begriffene Bau so gut wie keine Ausstattung[76] mehr, noch fanden Kulthandlungen statt. Bis in die 1950er Jahre wurde der Ramoche aber noch von einigen Mönchen betreut.[77] Während der Kämpfe im März 1959 war hier chinesischen Angaben zufolge ein tibetisches Widerstandszentrum. Dachschmuck und der Aufenthaltsraum des Dalai Lama wurden damals zerstört, 1966 die restlichen Kultfiguren. Seither hielt hier ein Arbeiterkomitee seine Schulungen ab.[78]

Heute schlagen vor der verbauten dreigeschossigen Fassade zuweilen nomadisierende Pilger ihre Zelte auf. Zerschlissene Sonnensegel mit dem Rad der Lehre und dem Endlosen Knoten beschirmen private Wohnquartiere in den oberen Stockwerken. Innen sind die kulturrevolutionären Spuren noch nicht beseitigt: Eine Mao-Ikone hat längst im Zentrum der einstigen Tempelhalle Buddhas Stelle eingenommen. «In Frieden zusammenstehen gegen den Feind», heißt es noch auf chinesisch und tibetisch an den Pfeilern. Die Sitzbänke sind offenbar seit der «Zerschlagung der Viererbande» nicht mehr benutzt worden. Das

22
Der Jo bo Rinpoche im Jokhang, Tibets heiligste und im Ursprung älteste Buddhafigur (Bronze vergoldet). Unter einem Baldachin im zentralen Sanktuarium thronend und umgeben von den acht Mahābodhisattvas, den «großen, geistigen Söhnen, die Buddha am nächsten stehen», verehrt sie der Gläubige durch rituelles Umkreisen (khor lam).

23
Pfeiler in der Vorhalle des Tsug lag khang in Lhasa (wohl 17. Jahrhundert). Über dem konsolenartigen Kapitell folgt das Gebälk einem verbindlichen Schema: von einer Fußleiste (gdung gdan) *und der «Nāgā-Linie»* (klu thig) *eingefaßter Architravbalken* (gdung ma) – *Lotosgesims* (padma) –*«Dharma-Schicht»* (chos brtsegs) – *Konsolenfriese* (bab skyangs bskums).

24
Die ältesten Pfeiler des Jokhang (7. Jahrhundert und später) mit neuer Bemalung. Mit dem Stil kamen auch die Motive – hier die das Gebälk tragenden Devatās – aus Nepal und Indien.

25
Der Schutzgott Khro bo rme ba btsegs pa vor der 'Od-dpag-med-Kapelle im Jokhang. Er soll nach einer Schrift des 5. Dalai Lama (1617–1682) die nach Songtsen Gampos Tod in Tibet eingefallene chinesische Armee in die Flucht geschlagen haben.

26
Die Schutzgöttin von Lhasa, dPal ldan lha mo, in ihrer zornigen Erscheinung (Treppenaufgang zum Oberstock des Jokhang). Der magische Spiegel der Wahrheit vor der Brust der auch bei Prozessionen um den Barkhor getragenen Statue deutet auf orakelhafte Eigenschaften hin. Das Gesichtstuch wurde für die Aufnahme eigens hochgehoben.

durchlöcherte Kupferdach hat längst seinen Goldglanz verloren. Die Zeit von 1959–1976 scheint hier stehengeblieben zu sein: Tibets jüngste Vergangenheit hinter verschlossenen Türen.[79]

Der nach Osten orientierte Ramoche-Tempel am nördlichen Stadtrand von Lhasa wird in einem Edikt von 791 als «zu China gehörend» (Gya gtags), das heißt nach China (Osten!) weisend, bezeichnet. Der Überlieferung nach wurde er von Songtsen Gampos chinesischer Gemahlin Wen ch'eng errichtet.

Lhasa, Ramoche-Tempel. Dukhang und Sanktuarium stehen heute leer. Bewohner des Vordergebäudes haben Gerstenstroh zum Trocknen aufgestellt.

«Der Palast des Tale Lama verdient seinen über alle Welt verbreiteten Ruhm. Unweit vom nördlichen Theile der Stadt, höchstens eine Viertelstunde von derselben entfernt, erhebt sich ein kegelförmiger Felshügel mitten in dem weiten Thale, wie eine Insel aus einem See. Er führt den Namen Buddha La, das heißt Buddha-Berg, Gottes-Berg. Auf diesem gewaltigen, von der Natur gebauten Sockel haben die Verehrer des Tale Lama einen prachtvollen Palast errichtet; in demselben residirt die Fleisch gewordene, lebendige Gottheit. Das Gebäude besteht aus einer Vereinigung mehrerer Tempel, von verschiedener Größe und Schönheit; jener in der Mitte hat vier Geschosse und ragt über alle anderen empor. Seine Kuppel und die Säulen des Peristyls sind vergoldet. Hier thront der Tale Lama; von diesem Heiligtum übersieht er weit und breit die Gegend, und blickt an hohen Festtagen auf die unzähligen Schaaren der Andächtigen, welche aus der Ebene heranziehen, und am Fuße des heiligen Berges sich zur Erde werfen. Die übrigen Paläste, welche um den großen Tempel gruppirt liegen, werden von einer Menge Lamas aller Classen bewohnt; es ist ihr Amt den lebendigen Buddha zu bedienen und ihm stets gewärtig zu sein. Von Lha Ssa bis Buddha La führen zwei herrliche Baumgänge. In ihnen sieht man täglich viele fremde Pilger ihren buddhistischen Rosenkranz beten, und Lamas vom Hofe in prächtiger Tracht auf reich angeschirrten Pferden reiten. Es herrscht um den Buddha La immer eine große Lebhaftigkeit; aber Jedermann beobachtet Ernst und Schweigsamkeit; es scheint als ob Alle mit religiösen Gedanken beschäftigt seien.» (Abbé Huc, 1846).

Nicht der Berg Buddhas, sondern der mythische Berg Potala (Sanskrit) an Indiens Südspitze, wo Avalokiteshvara residierte, ist hier gemeint. Warum der Bodhisattva mit diesem Berg – schon im Avatamsaka sutra – verbunden worden ist, wissen wir nicht. Der dem obersten Beschützer Tibets geweihte heilige Berg in Lhasa ist seit der Mitte des 17. Jahrhunderts die geistliche und weltliche Residenz seiner Inkarnation, des Dalai Lama. Damals kehrte Chenresi als leibhaftige Person an den angestammten Sitz tibetischer Macht und Heiligkeit zurück: Lobzang Gyatso, «Der Edle Weise, beredte Mächtige, furchtlose Ozeanpriester», knüpfte als 5. Dalai Lama nach Jahrhunderten an die Kontinuität tibetischer Herrschaft seit Songtsen Gampo wieder an, der hier auf dem Roten Berg (dMar po ri) – angeblich für seine nepalesische Gemahlin – um 637 einen Palast gebaut hatte.[80]

Aus dem «Palast auf dem Roten Berg» wurde nach tausend Jahren der Rote Palast (Pho brang dmar po; 1690–1693), der noch heute ebenso farbige zentrale Bau mit der Audienzen und anderen Regierungs-

geschäften dienenden 700 Quadratmeter großen Westlichen Sonnenscheinhalle[81], den nach außen goldüberdachten Grab-Chörten von acht Dalai Lamas und im Obergeschoß den privaten Wohnräumen des Gottkönigs. Auf 130 Meter hohem Felssockel erhebt sich dieser Vatikan des Lamaismus um weitere 178 Meter über einer Gesamtfläche von 130 000 Quadratmetern. Hinter den meist drei, zuweilen bis fünf Meter dicken Mauern der 420 Meter breiten Palastfront soll es, von zwei Wehrtürmen bewacht und durch sechs Tore zugänglich, 1000 Räume auf 13 Stockwerken geben.
Seit dem 7. Jahrhundert residierten auf dem Marpori-Potala neun Könige und zehn Dalai Lamas. Vom Songtsen-Gampo-Palast dürfte so gut wie nichts mehr erhalten sein, da beim Neubau des 17. Jahrhunderts der 5. Dalai Lama die älteren Fundamente abtragen ließ (Schulemann 1958).
Dieser größte Bauherr Lhasas hatte mit der Etablierung seiner Regierung 1642 Tibet Frieden und Einheit gebracht und erstmals die weltliche und geistliche Macht in einer Hand vereint. Unter seiner umsichtigen und straffen Führung stieg Tsongkhapas Orden, die dGe-lugs-pa-Schule, zur Staatskirche auf, während die traditionellen Rotmützen häufig über die Grenzen nach Bhutan, Sikkim und Ladakh abgedrängt wurden. Mit dem Potala baute er der Gelben Kirche ein Machtzentrum religiöser Hierarchie und Disziplin, das schier unangreifbar auf den «drei Stützen des Staates», den Klöstern Ganden, Sera und Drepung, ruhte. Noch bevor der Begründer der tibetischen Theokratie von Drepung auf den Marpori übersiedelte, hatte er 1647 eine Beschreibung von Lhasa verfaßt, «Ein kristallheller Spiegel: Verzeichnis des Tempelklosters, das durch überirdische Kraft Götterwohnung geworden ist», und nach einjähriger Reise in Peking 1651/52 den Hof der neuen Mandschu-Kaiser besucht.[82]
Die neu entstandene exponierte Rolle des Dalai Lama verlangte auch nach Sicherheit gegen Feinde und nach dem Schutz einer mit bisher nicht dagewesener politischer Macht regierenden Persönlichkeit. Damals – wenn nicht schon viel früher – hat man für einen seit alters her dem Schutzgott des Marpori geweihten La rtse, wörtlich «Gipfel-Steinhaufen», einen eigenen Kellerraum reserviert, der bei großen religiösen Festen auch für die Besucher geöffnet wurde.[83] Solche Steinhaufen mit von Gebetsfähnchen und Stoffbändern dekorierten Zweigen und Stangen darauf[84] errichtete man häufig auf Berghöhen, und auch der La rtse des Marpori wird in der Zeit der «Religionskönige» derart im Freien gestanden haben.
Ein anderer niedriger, den natürlichen Fels einbeziehender Raum im nordöstlichen Teil des Roten Palastes wird heute den Besuchern als Brautkammer Songtsen Gampos und seiner chinesischen Gemahlin

«Auf diesem Berge, der eigentlich der „rote" oder Potala heißt, hatte in alter Zeit die nepalesische Gattin Khri btsun (Bhrikuti) einen Palast errichtet...» So notierte es der Bauherr des hier noch unvollendeten «Bietala», der 5. Dalai Lama, wenige Jahre bevor dieser Kupferstich entstand. Der Autor der Ansicht, Pater Johannes Grueber, hielt sich vom 8. Oktober bis zum 8. November 1661 in Lhasa auf.

Wen ch'eng gezeigt. Ihre frisch bemalten Figuren machen einen den Statuen im Jokhang ähnlich neuen Eindruck. Hier steht auch ein tausendarmiger Avalokiteshvara bzw. seine Form als Jo bo Lokeśvara, der – eine Parallele zum Jokhang bzw. Ramoche – im 7. Jahrhundert aus Nepal in den «Ur-Potala» gebracht worden sein soll.[85] Diese Kapelle soll als einziger Raum der Gründungszeit die bereits frühen Zerstörungen des Palastes im 7. bis 9. Jahrhundert überstanden haben.
Nach dem Baubeginn im Jahre 1645 (oder 1642?) sind schon für 1648/49 die ersten Wandmalereien und Statuen bezeugt, und mit der Fertigstellung des «Weißen Palastes» (Pho brang dkar po) 1653 zieht der 1642 inthronisierte 5. Dalai Lama von seiner bisherigen Residenz in Drepung in den Potala um. Als 1661 der Jesuitenpater Grueber die «Burg Bietala, in welcher der Große Lama wohnt», zeichnete, war diese noch mitten im Bau. Wenig später wurde vermutlich das erste der vergoldeten Dächer versetzt, von denen in der Folge mehrere durch Kaiser Kangxi gestiftet worden sind.[86]
Die Schäden durch die 1717 auch den Potala plündernden Dzungaren zogen wesentliche, im einzelnen aber unbekannte Ergänzungen bzw. Erneuerungen nach sich.[87] Nach 1959 sind angeblich die zumeist im späteren 17. Jahrhundert geschaffenen Wandmalereien auf Kosten des

Panchen Lama restauriert worden. Als die jüngsten Instandsetzungsarbeiten des vermutlich weder 1959 noch 1966 ernsthaft beschädigten Potala abgeschlossen waren,[88] konnten seit 1979 jeden Sonntag die Einheimischen wieder das «Hohe himmlische Königreich» besuchen, das seit Gruebers Ansicht vor dreihundert Jahren wie ein gestaltgewordenes Synonym für Tibet steht. Aber zugänglich waren alle Kapellen des Potala den Tibetern nur einmal im Jahr.[89] Sonst stand das Innere im begrenzten Ausmaße jedem Besucher zwischen neun Uhr morgens und sechs Uhr abends offen. Die prachtvoll metallbeschlagenen Türen zu den Gräbern der Gottkönige bleiben auch heute in der musealen Ära verschlossen. Einzelne der bis über vierzehn Meter hohen Reliquien-Chörten reichen durch drei Stockwerke einer eigenen Grabhalle (13. Dalai Lama).
Lamas – auch inkarnierte – wurden in der Regel verbrannt und ihre Asche in solchen Reliquienbehältern beigesetzt. Hohe und besonders heilige Lamas hat man nach dem Tode in der Meditationshaltung des sitzenden Buddha ohne Sektion einbalsamiert. Zur Reinigung der inneren Organe goß man Quecksilber durch den Mund. Nach dem Einreiben des Leichnams mit wohlriechenden Stoffen wurde die Haut an zahlreichen Stellen mit einem nadelartigen Instrument durchbohrt und danach mit mehreren hygroskopisch wirksamen Salzschichten belegt bzw. der Leichnam in einen mit Salz gefüllten Behälter gesetzt. Nach diesem etwa zweimonatigen Austrocknungsprozeß hat man den so mumifizierten Leichnam wieder von dieser Hülle befreit und dann an den nicht von Kleidern bedeckten Körperpartien – Gesicht und Hände – vergoldet. Die Augen ließ man geschlossen; Augenbrauen, Lippen oder Schnurrbart wurden durch Bemalung hervorgehoben.[90]
Aus welchen Gründen werden heilige und berühmte Lamas nicht verbrannt? Wer eine so hohe Stufe in der mystischen Entwicklung erreicht hat, bei dem ist auch der materielle Körper von psychischen Kräften gesättigt und bis zu einem gewissen Grade transformiert, d.h. bereits durch die in ihm lebendige geistige Glut «verbrannt».
Der erste Dalai Lama und Tsongkhapa-Schüler, dGe 'dun grub (1391–1475), liegt in dem von ihm gegründeten Kloster Tashilhunpo begraben, seine drei Nachfolger im Kloster Drepung. 3721 Kilo Gold wurden für den 14,85 Meter hohen Grab-Chörten des Großen Fünften verarbeitet (um 1690), dessen Lebensgeschichte wie auch diejenige des 13. Dalai Lama an die Wände gemalt ist, nicht ohne die historischen Audienzen beim Sohn des Himmels in Peking, zu denen beide Herrscher vom Dach der Welt herabgestiegen waren. 49 Gold- und 5 Silberschmiede, 19 Graveure, je 6 Maler und Schreiner und 3 Eisenschmiede arbeiteten am Thron des gegenwärtigen Dalai Lama, der ihm am 4. Juli 1957 übergeben worden war.[91]

Der Potala vom Eisenberg aus. Nach einer Legende bildeten die beiden Hügel Marpori und Chagpori den Rumpf bzw. den Schwanz eines Drachens. Als der für den Torzugang von Lhasa nötige Durchbruch zwischen beiden Hügeln viel Bestürzung hervorrief, «heilte» man den Rückenwirbel des Tieres durch drei an dieser Stelle errichtete, hier links im Bild sichtbare Chörten, die Lhasa vor sicherem Unglück bewahren sollten. Nach 1959 wurden sie abgerissen. (Aufnahme 1948.)

Die Zeremonien der Amtsübernahme fanden in der Großen Östlichen Sutrahalle statt, dem von 64 Pfeilern getragenen größten Gebäude im Weißen Palast. Von seinen Fenstern aus schauten der Dalai Lama und die Minister am Neujahrstag und an anderen Festen den übelvertreibenden Cham-Mysterienspielen zu, die unten im dafür errichteten Hof getanzt wurden. Das war auch die Zeit, wo für nur einen Tag im Jahr die beiden 24 auf 21 Meter großen Buddha-Thangkas vor die riesigen, jeden September neu geweißten Mauern des Eingangstraktes gehängt wurden.[92]

Im West-Flügel des Potala befindet sich die rNam-rgyal-Palastkapelle, das ehemalige private Hauskloster der Dalai Lamas. Die einst 500 für den gesamten Sakraldienst zuständigen Lamas pflegten die Schreine und bedienten den «Großen Ozean», ihren «Abt». Gewöhnlich kamen sie aus den wohlhabenden Familien der Oberschicht.[93] In den östlichen Gebäuden war neben den Regierungsämtern und der Nationalversammlung eine Schule für Mönchsbeamte untergebracht, in der etwa dreißig jugendliche Anwärter drei bis vier Jahre lang unterrichtet wurden. Die unterhalb der Südfront gelegene Staatsdruckerei *(Zhol dpar khang)*, in der 1920–1927 ein neuer, die inzwischen unleserlich gewordenen Ausgaben von Derge und Narthang ersetzender Kanjur geschnitten und vervielfältigt wurde, hat man zusammen mit dem fast gesamten – schon auf dem Grueber-Stich vorhandenen – Zhol-Viertel und den drei schönen Tor-Chörten im Westen nach 1959 zugunsten des modernen Straßensystems abgebrochen.

Der «See des Nāga-Königs» *(klu khang mtsho)* an der Rückseite des

Der 14. Dalai Lama während eines Besuchs im Guanji-Kloster in Peking 1954. Von September 1954 bis März 1955 hielten sich der Dalai Lama und Panchen Lama zur Teilnahme am 1. Nationalen Volkskongreß in Peking auf. Kurz vor ihrer Rückreise beschloß der chinesische Staatsrat die Gründung eines «Vorbereitenden Komitees für eine Autonome Region Tibet». Im Kashag-Büro des Tsug lag khang von Lhasa wurde ein goldenes Gefäß aufbewahrt, das Kaiser Qianlong im 18. Jahrhundert der tibetischen Regierung geschenkt hatte, um «schadenbringende Mittel bei der Auswahl der neuen Dalai-Lama-Inkarnation fernzuhalten».

Potala entstand als Aushub für dessen letzten Baukomplex vor 1700. In dem noch erhaltenen kleinen Nāga-Tempel (klu khang) opferten die vier Kabinettsminister einmal jährlich weiße Khatag-Schleifen, um die durch die Erdarbeiten gestörten Schlangendämonen zu besänftigen. Der 5. Dalai Lama soll sich «zur Muße» (Desideri) hierher zurückgezogen haben.[94] Ganz in der Nähe, an der westlichen Rückseite des Potala-Berges, hielt man bis gegen 1950 einen vom Nepal-Mahārāja geschenkten Elefanten, in einer Zeit, als man schon längst eine Garage für die in Einzelteilen nach Lhasa getragenen Autos des 13. Dalai Lama dem Potala angebaut hatte. Bemalte Felsreliefs am Ostabhang dienen heute wie ehedem den Frommen als Wegschreine am Wohnsitz des Allerbarmers Chenresi und seiner irdischen Reinkarnation.

Obwohl der Potala-Palast heute Museum ist, hat sich seine übermenschliche Majestät und seine sakrale Aura erhalten. Fast scheint nichts verändert. Die goldgelbe Robe des gegenwärtigen 14. Dalai Lama auf dem Thronsitz seiner Privatgemächer bezeugt – durchaus

Der 14. Dalai Lama während einer Zeremonie mit tibetischen Lamas im Kloster Rikon (Schweiz) 1976.

ein beabsichtigtes Politikum – noch immer seine «klosterrechtliche» Anwesenheit. Die Stille und Leere der endlosen Säle, das Labyrinth der Stockwerke und Kapellen, der Gold- und Juwelenglanz der nur im Vorübergehen beleuchteten unzähligen Figuren und Schreine, die sinnesüberfordernde Vielfalt gemalter Götter und Dämonen an nie gemessenen Wänden, die dunklen Flure, hinter denen sich die Tore wie in einem Tempel der Eingeweihten wieder verschließen: keine Spuren des Verfalls; vieles ist gereinigt und neu bemalt. Auch die Butterlampen sind gefüllt, die Glücksschleifen von frischem Weiß, die buntfarbigen Brokatbanner nicht verblaßt, als wäre die Zeit im Lande der Zeitlosigkeit seit dem 17. März 1959, der Flucht des Dalai Lama und dem Auszug der Minister und Mönche, nur stehengeblieben.

Ob für den Bautypus des Potala Anregungen von der bhutanesischen Dzong-Architektur kamen[95], halten wir nicht für zwingend. Hier boten die tibetischen Klöster und mehr noch die Burgen Vorbildhaftes im eigenen Lande: etwa der Regierungspalast im «Nordkloster» von Sakya (2. Hälfte 13. Jahrhundert) und der Klosterbau von Tashigang in Westtibet, die Burgen von Gyantse (ca. 14. Jahrhundert) und Khamba Dzong, der Palast des ladakhischen Königs Sengge Namgyal in Leh

Bauten des «Ur-Potala» auf einem Wandgemälde im Jokhang. Nach zahlreichen Bild- und Schriftquellen gab es in den ersten Jahrhunderten von Tibets Geschichte eine Architektur der «Wolkenkratzer».

(Anfang 17. Jahrhundert) und besonders der wohl aus der gleichen Zeit stammende Dzong in Shigatse.[96] Gerade die asymmetrisch-lockere Gruppierung von verschieden hoch und tief gestaffelten Gebäudeteilen spricht gegen einen Einfluß der gleichmäßiger angelegten Hofbauten der erst kurz vor dem Potala errichteten Dzongs in Bhutan.

Ähnliche Turmhäuser bezeugt eine dem frühen 17. Jahrhundert angehörende Wandmalerei im gSer lha khang der Burg Basgo in Ladakh.

Die Zahl der neun Hauptstockwerke des Roten Palastes hat eine bis über die Zeit der Religionskönige zurückreichende bedeutungsträchtige Genealogie. Neun Geschosse soll laut Überlieferung der Marpori-Palast Songtsen Gampos im 7. Jahrhundert gehabt haben, ebenso viele das für ihn errichtete Meditationsgebäude von Pha bong kha[97] und der

unter König Ral pa can (ca. 815–836) gegründete Tempel von Ushangdo am Kyi-chu-Fluß.[98] Auf Geheiß Marpas mußte der Dichter-Yogi Milarepa das «Neunstöckige Haus des Sohnes» *(sras mkhar dgu thog)* bauen, um für seine Sünden zu büßen, und aus neun Kammern bestehen auch die Königsgräber von Phyong rgyas. Neun Stockwerke hoch ist der ladakhische Königspalast von Leh. Neunstöckig sollen die geböschten Turmhäuser und Paläste im Reich der Sum pa gewesen sein, dem durch chinesische Annalen der Sui-Dynastie (589–617) bezeugten tibetischen «Königreich der Frauen».[99] Und neun menschliche Köpfe hat auch Chenresi, der sich in den Bauherren der neungeschossigen Potala-Paläste, in Songtsen Gampo – hier als dessen geistiger Vater, Amitābha – und in den Dalai Lamas, reinkarnierte.[100] Als das «Land zwischen den neun Gipfeln der Schneeberge» wurde auch Tibet in den alten Schriften bezeichnet.[101]
Die Neun war bereits eine heilige Zahl der Bön-Religion, die in der Zhang-zhung-Gegend beim heiligen Kailāsa einen neunstöckigen Swastika-Berg kannte. Diese Glück bedeutende höchste einstellige Zahl, in der sich die ebenso beziehungsreiche Zahl Drei potenziert, gibt in der buddhistischen Kosmologie die neun Stufen des Weltberges und der himmlischen Sphären an.

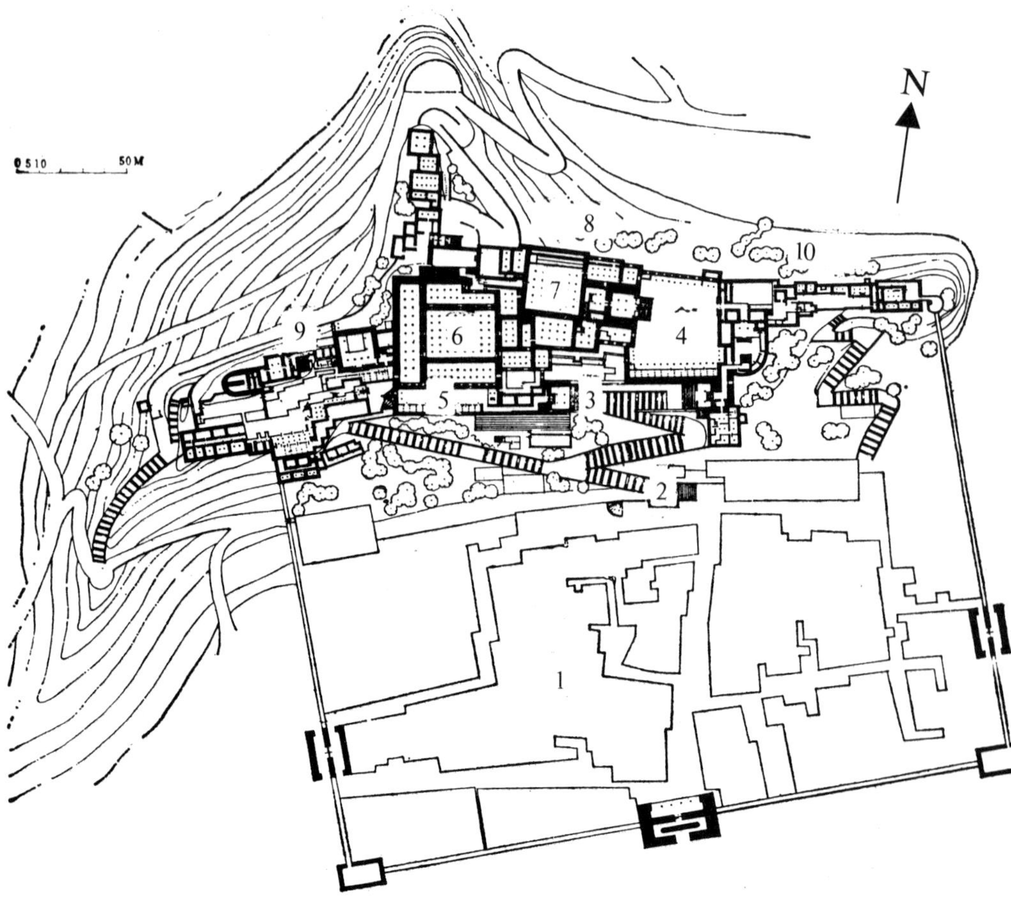

Lhasa, Grundriß des Potala.
1. Ehemaliges, von einer Mauer umgebenes Zhol-Viertel,
2. Treppenaufgang, 3. Haupteingang zum Palast, 4. Großer Hof, 5. Roter Palast, 6. Westliche Sonnenscheinhalle, 7. Große Östliche Sutrahalle, 8. Weißer Palast, 9. rNam-rgyal-Kapelle im Westflügel, 10. Regierungsämter, Schule für Mönchsbeamte im Ostflügel.

27
Die Rückseite des Potala. Am 15. Tag des Neujahrsmonats besuchte man hier den Drachenkönigssee, hielt geselliges Picknick und fuhr mit dem Boot zum kleinen Nāgā-Tempel, wo die prächtig kostümierten Regierungsbeamten «fünf Schätze» als Votivgaben an die Wassergötter in den See warfen. Die beiden früher an der Vorderseite des Potala stehenden Pavillons links enthalten die Dzungaren- und Gorkha-Ediktstelen von 1721 bzw. 1792.

28
Vermutlich zehn Jahre nach Baubeginn wurde der Potala 1652 die neue Residenz des 5. Dalai Lama, vollendet war er erst gegen 1700. Jeden Frühherbst schüttete man kübelweise Kalktünche über die weißen Wände – Zeichen auch für alle Privathäuser, ihr Äußeres zu erneuern.

29
Detail eines Wandgemäldes im Potala. Während fünfzig Schwarzhut-Lamas mit ihrem alles Übel vertreibenden «Teufelstanz» im Großen Hof des Potala am 29. Tag des letzten Monats Neujahr einleiteten, wurden für nur wenige Stunden die zwei riesigen Thangkas vor die große Mauer links der Eingangstreppe gehängt.

30
Privater Wohnraum des 14. Dalai Lama im Potala. Unter einem Bild Tsongkhapas zeigt das gelbgoldene Gewand des 1959 geflüchteten Oberhauptes des tibetischen Buddhismus seine Anwesenheit an.

31
König Songtsen Gampo in der «Brautkammer» des Potala, ein direkt über den Fels des Marpori gebauter, vermutlich auf das 7. Jahrhundert zurückgehender Raum. Den Avalokiteshvara im Hintergrund verbindet die Überlieferung (Avatamsaka sutra) mit einem Berg «Potala».

32
Grab-Chörten des 5. Dalai Lama im Potala. Diese in eigenen Kapellen stehenden Reliquiare von acht Gottkönigen gehen letztlich auf die über den sterblichen Resten des Buddha errichteten Stupas vor fast 2500 Jahren zurück.

31

32

33

34

37

38

5. Norbulingka – Der Sommerpalast des Dalai Lama

33
Mandala-Deckengemälde im Potala. (Kopie auf Leinwand 0,32×0,32 Meter; Paris, Musée Guimet MG 21682–4.)

34
Deckengemälde im Potala. Mandala des Medizin-Buddha Bhaisajyaguru (gMan gyi lha), der das bedeutendeste – und hier im Zentrum dargestellte –, von den acht Medizin-Buddhas umgebene Werk der tibetischen Heilkunde, das «rGynd bzi», geoffenbart haben soll. (Kopie auf Leinwand, 0,32×0,32 Meter; Paris, Musée Guimet MG 21682–3.)

35
Thangka mit zentraler Darstellung des 3. Dalai Lama (1543–1588) und Klostergründungen aus der Zeit der «Religionskönige» (Privatbesitz). Links unten der Lhasa-Tsug-lag-khang mit der Prozession der aus Nepal gebrachten Buddha-Akshobhyavajra-Statue, darüber die Ankunft des Jo-bo-Buddha aus China bzw. dessen Aufstellung unter einem Zelt vor dem Ramoche-Tempel. Rechts unten die Überbringung der berühmten indischen Avalokiteshvara-Figur aus Sandelholz in den – nur teilweise sichtbaren – Potala, links davon der Eisenberg in Lhasa mit der kleinen Brag-lha-klu-phug-Gömpa (unten) und der Medizinschule. Rechts oben das Kloster Khra 'brug und darunter die turmartige Burg Yumbu lhakang.

36
Norbulingka, Wandmalereien und Kultfiguren im Raum für tantrische Studien des 14. Dalai Lama (um 1954/56).

37
Śakyamuni-Figur in der «Haus-Kapelle» des Norbulingka. Kultstatuen sind in Tibet gewöhnlich von seidenen Gewändern oder Khatag-Schleifen bedeckt.

38
Thron des 14. Dalai Lama in der Großen Sutrahalle des Norbulingka. An der Wand hinten links sind die wirklichkeitsnahen Darstellungen religiöser und weltlicher Würdenträger sowie der Mutter des 14. Dalai Lama erkennbar.

39
Der Sommerpalast im Norbulingka, auch heute wieder ein beliebtes Ausflugsziel der Tibeter. Die Wohn-, Empfangs- und Sakralräume des 14. Dalai Lama sowie Zimmer für ihn besuchende Familienangehörige befinden sich im Oberstock. Außer dieser Residenz gibt es im «Juwelen-Park» noch weitere Aufenthalts- und Gästepavillons.

Vier Kilometer vom Potala entfernt liegt der Sommerpalast des 14. Dalai Lama mitten in einem 4000 Quadratmeter großen Garten. Die gelben Mauern gehören als älteste Teile im «Edelsteingarten» noch der ersten, unter dem 7. Dalai Lama errichteten Anlage von 1755 an. Sie umschließen den durch zwei Tore zugänglichen Privatgarten des Dalai Lama, während der unter dem 13. Dalai Lama wesentlich vergrößerte Park innerhalb der großen Mauer jedem zugänglich ist. In diesem Privatgarten besucht man heute den «Ewigen unveränderlichen Palast» (Chensel Phodrang), die 1954–1956 neu erbaute eigentliche Sommerresidenz des 14. Dalai Lama, der von hier aus am 17. März 1959 sein Land verließ. Seither ist die Uhr im Treppenhaus auf fünf Minuten nach zwölf Uhr stehengeblieben. Von Zerstörungen ist hier nichts mehr zu erkennen. Im «Audienzraum» des Oberstocks der Eingangsseite schmücken buntfarbige Brokatstoffe Pfeiler und Gebälk. Die Wandmalereien berichten vom Besuch der tibetischen Gesandtschaft in Chang'an, von Prinzessin Wen ch'engs Reise und dem Transport des Jo-bo-Buddha nach Lhasa sowie vom Bau des Jokhang und Potala. Der goldgelb gewandete Śakyamuni neben dem Eingang und die Drei Buddhas der Weltalter in einer verglasten Altarnische gehören gleichfalls zu der so frisch wirkenden Ausstattung der 1950er Jahre.

Gegenüber liegen – ebenfalls zur Eingangsseite hin – die privaten Wohnräume: Hauskapelle, Ankleide- und Badezimmer sowie die kleine Schlafkammer, in der noch Radio und Grammophon von der ehemaligen Anwesenheit des 14. Dalai Lama zeugen. Die Rückseite des Obergeschosses nimmt die Große Sutrahalle mit dem zentralen Thronsitz und einer dahinter aufgestellten Trias von Padmasambhava, Śakyamuni und Tsongkhapa ein. Die sehr naturalistischen Wandmalereien zeigen links den 14. Dalai Lama und seinen Hofstaat, rechts den Großen Fünften inmitten aller anderen Dalai Lamas. Anschließend folgen kleinere Räume für religiöse Studien, mit Bücherregalen für die exoterischen Schriften und einem modernen Wandbild des in einer weiten Ganges-Landschaft lehrenden Buddha, und nebenan eine kleine Kapelle für esoterische Studien mit tantrischen Wandmalereien und Bronzefiguren.

Die heute den Besuchern zugängliche Residenz im «Juwelenpark» ersetzte den kleinen, an einem mauerumfaßten Teich gelegenen Vorgängerbau[102], der vermutlich seinerseits nach ca. 1920 an die Stelle eines breiten eingeschossigen Gebäudes getreten ist, das mit dem Gründungsbau des 18. Jahrhunderts identisch gewesen sein könnte.[103] Auf letzteren mag die Beschreibung des in Lhasa amtierenden chinesi-

◁ 39

Ein Pavillon im Norbulingka. Im Hintergrund der Sommerpalast des 14. Dalai Lama, der seit 1979 wieder den Besuchern offensteht.

schen Offiziellen Ho ning zutreffen: «... an einem großen mit Flußwasser gefüllten Steinbecken... gibt es ein einstöckiges, schön geschmücktes Haus... Hier verbringt der Dalai Lama etwa 20 Tage in der warmen Jahreszeit und erfreut sich des Badens.»[104] In dem von Quellen des Chagpori bewässerten Refugium gab es zur Zeit des 13. Dalai Lama sogar einen Tierpark mit einem Elefanten und einem Bengal-Tiger. Und Heinrich Harrer berichtet von alljährlich stattfindenden Sommer-Schauspielen, bei denen eine Woche lang verschiedene Laienspielgruppen religiöse, zuweilen recht humorvolle Stücke aufführten.

Andere, bis 1979 als Bibliothek und von der Wirtschaftsbehörde benutzte Gebäude sind nicht öffentlich zugänglich. Im Kalsang-Palast sahen 1980 die Vertreter der Delegationen aus Dharamasala zahlreiche wie Gerümpel weggeworfene Metallfiguren und -dekorationen. Chinas «Kulturpolitik» in Tibet ließ sich nicht verbergen, auch wenn nebenan aufwendige und gelungene Wiedergutmachung geleistet worden ist.

V. Die Bauten im Yarlung-Tal

1. Yarlung – Ursprungslegende und Weltbild

Nicht Lhasa, sondern das 80 Kilometer südöstlich in den Tsang po einmündende Tal des Yar lung chu ist die Wiege tibetischer Kultur. Legende und Wirklichkeit haben im «Hohen Tal», dem fruchtbarsten Tibets, reiche Spuren hinterlassen, die, so dezimiert sie seit 1959 auch sein mögen, durch zukünftige Ausgrabungen noch manche Überraschung bereithalten dürften. Neun Könige, von Songtsen Gampo bis Langdarma, regierten von hier aus zwischen ca. 627–842 Tibet, nachdem die lokale Dynastie weitere Nachbarstämme unter ihrer Führung hatte vereinen können. Und weit zurück in mythische Zeitalter sollen hier die Herrscher reichen.

Im Yarlung-Tal, für Tibet die Sieben Hügel Roms (G. Tucci) und der Beginn seiner eigentlichen Geschichte, sei der Erste König, gNya khri btsan po, als «Sohn göttlicher Abkunft» *(lha sras),* wie die alten Schriften sagen, vom siebenstöckigen Himmel auf den südlich gelegenen heiligen Berg Yar lha sham po herabgestiegen, von wo aus «der von Gott gesandte Mächtige» *(lha btsan po)* seine Herrschaft über die Menschen antrat.

«Er kam von den Höhen der Himmel,
Abkömmling der Sechs Götter, der göttlichen Ahnen ...
Er kam als Herr der sechs Länder Tibets.
Und als er diese Erde betrat,
Kam er als Herr über alles unter dem Himmel.
Diese Mitte des Himmelsreiches und Achse der Erde;
Dieses Herz der Welt, ringsum von Schnee umgeben;
Das Quellgebiet aller Flüsse,
Wo die Berge hoch und die Lande rein sind.
Oh du schönes Land,
Wo die Menschen als Weise und Helden geboren werden;
In dieses Land der schnellen Pferde
Kam er um seiner Vorzüge willen.»[1]

Der Ruhm Yarlungs war bis in das über 1200 Kilometer entfernte Dunhuang an der antiken Seidenstraße gelangt, in dessen noch heute erhaltenen, herrlich ausgestalteten Felstempeln diese über tausend Jahre alte Lobpreisung geschrieben worden war.

Mehrere alte Texte[2] nennen jenen Ahnenkönig der Tibeter einen Abkömmling der Götter des Lichts *('Od lha gsal)* und leiten von ihm, dem «ersten Tibeter», die Herkunft der Menschen ab. Um den sakralen Ursprung der Dynastie zu sichern, machte man gNya khri btsan po zum Götterabkömmling Karna, dem in Vaiśali aufgewachsenen Sohn des «Königs vom Sonnenthron», Pāndu, um auf diesem Wege Yarlung mit Buddhas Śakya-Familie zu verbinden.[3] Auf den königlichen Ursprung der Bod (Tibeter) legten auch deren erste Historiker Bu ston und 'Gos lo tsā ba Wert, die den vor der Armee der Pāndavas in den Himalaya geflüchteten Rupati oder Prasenajit vom Reich Kośala – einen der engsten Anhänger Buddhas – zu einem tibetischen Vorvater machten oder den in allen tibetischen Chroniken als ersten König der Bod genannten gNya khri btsan po von den Licchavi-Königen ableiten wollten.

Folgen wir E. Haarhs detaillierter Darstellung der Yarlung-Dynastie, so wird freilich die irdische Ankunft des Ersten Königs nicht ursprünglich in Yarlung stattgefunden haben, sondern auf dem heiligen Berg Gyang mtho in der Region Kong po des nordöstlichen Zentraltibet.[4] Hier auch soll sich die Residenz von Gri gum btsan po, dem achten der zweiunddreißig vorgeschichtlichen Könige, befunden haben. Beide Herrscher sind in der schriftlichen Überlieferung eng mit zwei weiteren Landschaften, Nang po im Westen und Dvags po im Osten, verbunden, und alle drei Orte dieses ungleichen Dreiecks hätten danach den ältesten tibetischen Kulturraum, nach heutigem Begriff Zentraltibet und das Tsangpo-Yarlung-Gebiet, markiert.[5]

Yarlung hätte als Ort historischer Königsherrschaft später dieses Kerngebiet zur Vierheit der «Vier Distrikte Tibets» *(Bod khams ru bzi)* ergänzt, ohne allerdings im Sinne des indo-buddhistischen Mandala eine eigene, nach Süden weisende exponierte Lage zu beanspruchen. Die naturräumlichen Verhältnisse gaben für eine solche ideale, abstrakte Konzeption auch kaum Möglichkeiten: Angesichts der unüberwindbaren Himalaya-Barriere ignorierten die frühen Tibeter wohl den Süden, und die verkehrs- und siedlungsgeographisch dominierende West–Ost-Achse des Tsang po ließ auch kein ausgeprägtes «Nord–Süd-Denken» entstehen. Dennoch ist die Vierzahl auch für das alttibetische Bild der Welt grundlegend. So stammen nach gewisser Tradition die Tibeter von vier ursprünglichen Stämmen ab, die vier Stammesahnen bzw. -gottheiten besaßen. Se, rMu, lDong und sTong sind die Vier Großen Familien oder Stämme *(rus chen bzi)*, die auch am Anfang der im folgenden zitierten Schriftquelle zur Situation kurz vor dem Erscheinen des ersten legendären Königs gemeint sind: «In der Zeit, als die Könige der Vier Welten aus ihren Reichen (auszogen), gab es keinen Herrscher für das Volk von Bod khams. Deshalb wurden auf allen Berghöhen Dzong-Burgen errichtet und Kleidung, Nahrung und Vorräte darin als Schätze gelagert. Damals war man nicht fähig, den Angreifern zu widerstehen, die Zahl der Krieger war gering. Zu jener Zeit standen sie unter keinem Souverän . . .»[6]

Eine solche autochthone Vorstellung von den vier die benachbarten Großreiche personifizierenden Weltreich-Königen *(Phyogs bzi rGyalpo)* wird sich später mit dem Konzept der buddhistischen vier Lokapālas verbunden haben: Aus den potentiellen Angreifern wurden die Verteidiger des neuen quadratischen indo-buddhistischen Weltbildes. Als man im 7. und 8. Jahrhundert den Jokhang-Tempel und das Kloster Samye baute, war die Mandala-Konzeption schon eine bekannte Methode, mit magisch-mystischen Mitteln einen Temenos gegen das Äußere und Feindliche abzuschirmen. Das älteste Tibet zwischen Nang po und Dvags po, Kong po und Yar lung hatte einen größeren geographischen Rahmen erhalten, zwischen Turkestan und Indien, den mythischen Ländern Uttarakuru und Jambudvīpa, zwischen Godaniya und Videha, Persien und China. Yarlung war gleichzeitig mit Lhasa und bald darauf Samye zum Mittelpunkt des neuen Weltenmandalas geworden.

2. *Die Königsgräber von Phyong rgyas*

Die ca. 40 Kilometer südlich des Tsang po am Oberlauf des Phyong rgyas chu – einem Seitental des Yarlung-Flusses – gelegenen Königsgräber der Yarlung-Dynastie führen aus dem mythisch-legendären in das historische Zeitalter Tibets. Der hier begrabene bTsan po («Der Mächtige») stieg nicht mehr wie seine zweiunddreißig sagenhaften Vorfahren an einem Seil in sein himmlisches Grab, denselben Weg über die heiligen Berge, den er zur Erde herabgestiegen war.

Die Lücke zwischen dem ersten mythischen Herrscher gNya khri btsan po – dem man schon zwischen dem 4. und 1. Jahrhundert historische Gestalt zu geben versuchte – und dem ersten historischen König Srong btsan sgam po (ca. 609–649) brauchte von den tibetischen Geschichtsschreibern nicht erst gefüllt zu werden, da ihnen die Abfolge schon von der Bön-Mythologie fertig überliefert worden war. Seither blieb die noch nie systematisch untersuchte Nekropole der Gesetzeskönige Ziel der Verehrung. Nachdem sie G. Tucci 1948 wiederentdeckt hatte[7], mußte sich die weitere Erforschung mit Ausnahme einer allgemeinen chinesischen Erkundungsmission 1959 auf das Studium alter tibetischer und chinesischer Texte beschränken. Was die in historischer Zeit mindestens dreimal geplünderten[8], oft kaum noch als Gräber erkenntlichen Hügel bergen, gehört zu den vielen ungelösten Fragen der archäologischen Denkmälerkunde in Tibet.

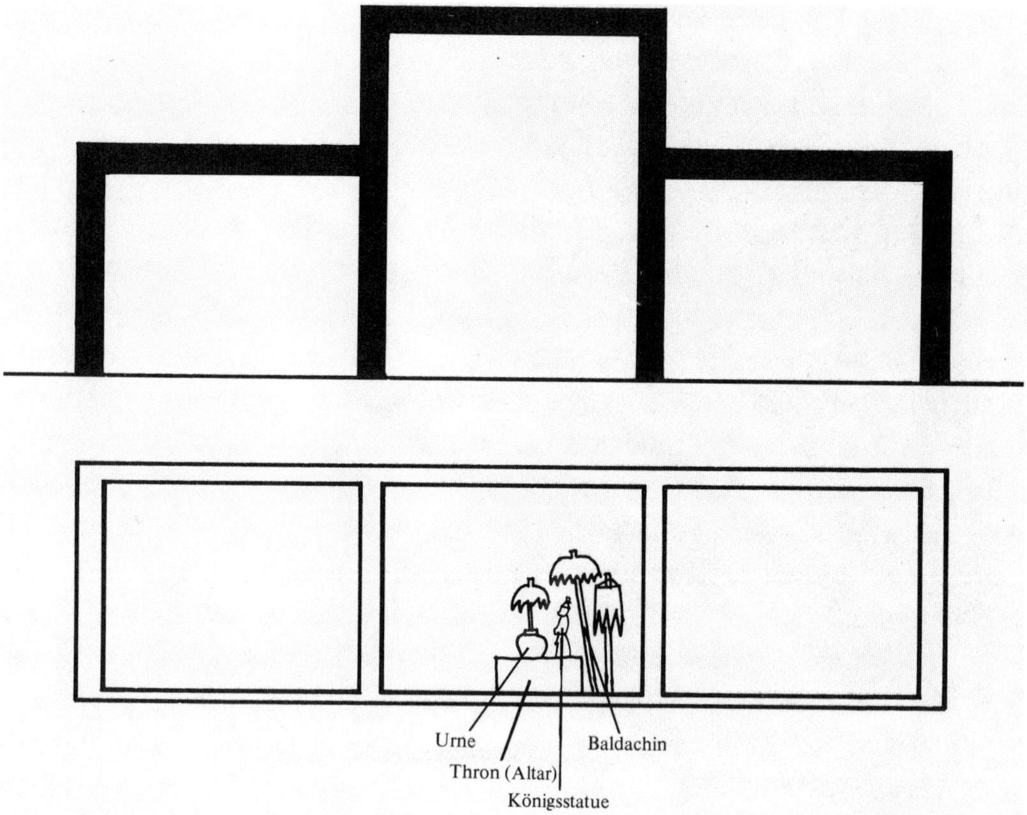

Schematische Rekonstruktionszeichnung (nach E. Haarh 1969) des Grabes von König Songtsen Gampo bei Phyong rgyas im Yarlung-Tal. Oben ein Querschnitt des oberirdischen Grabtempels *(lha khang*, fünf Kapellen); darunter ein Querschnitt des unterirdischen Grabes *(bang so*, neun Kapellen).

Unter den acht wohl als sicher identifizierbaren Tumuli[9] ist derjenige des Songtsen Gampo, dem Phyong-rgyas-Fluß am nächsten gelegen, eine Art Orientierungspunkt für die Bestimmung und auch für die Rekonstruktion des Grabtypus der übrigen und das einzige bisher von allen Autoren demselben König zugewiesene Grab.
Den von einer Steinmauer umgebenen sakralen Grabbereich *(bang so khul)* durfte niemand betreten. Darin erhob sich der bis 15 Meter hohe und 70 bis 250 Meter lange[10], vermutlich ehemals mit Steinen verkleidete Tumulus aus gestampfter Lehmerde über einem offenbar der kultischen Umwandlung dienenden Steinsockel. Auf diesem anfangs vermutlich zeltartigen, später flach gedeckten und eher hausähnlichen Hügel waren Bäume gepflanzt und stand ein Sanktuarium «aus Sandelholzsäulen» für die Ahnenverehrung *(lha khang)*.[11]
Folgen wir den Schriftquellen, so enthielt der quadratische Bau im Innern gewöhnlich neun oder auch fünf unterirdische, nach Mandala-Art angeordnete Kammern, von denen die mittlere die eigentliche Grablege war *(spu khang* oder *bang so)*, während die übrigen die Beigaben – zum Beispiel je vier Gefäße mit Goldstaub – sowie Menschen- und Tieropfer aufnahmen *(nor gyi bang so)*. Der mit Gold bzw. Goldstaub bedeckte Leichnam wurde in einem Silber- oder Kupferbehälter *(gahu)* auf dem schirmüberspannten Thron *(ldeng khri)* aus Sandelholz im Zentrum beigesetzt. Daneben stand die zunächst goldene, seit Songtsen Gampo anscheinend aus einer Art Papiermaché

und Stuck gefertigte bekleidete Königsstatue *(sku tshab)*[12], und vor diesem «Altar», auf dem während der Beerdigungsfeierlichkeiten wie in einem Tempel Butterlampen angezündet wurden, lagen die königlichen Schätze.

Auf dem Grabbau errichtete man obeliskenartige Gedenksteine *(rtsis kyi rdo ring),* von denen heute noch einer am Grab des Khri lde srong btsan erhalten ist. Seine Inschrift würdigt die Verdienste dieses Königs (804–817): «... Der göttliche Sohn, König Khri lde srong btsan, wurde Herrscher der Menschheit. Im Einklang mit den göttlichen Gesetzen war seine Macht groß; durch seinen umfassenden Geist und seine gerechte Herrschaft war das Gute überall. Damit auf ewig die Menschen wissen mögen, wie es dazu kam, ist ein kurzer Bericht auf diesen Pfeiler geschrieben worden ...»[13]

Ob diese rDo-ring-Pfeiler der Tumuli als eine die Sphären zwischen Unter- und Überwelt verbindende Axis mundi (Tucci) zu deuten sind, die im Sinne einer magischen Antenne die Beziehung zwischen der ewigen Wohnstätte des Herrschers und dem Weltall herstellt und die Stabilität der Weltordnung gewährleistet, wäre zwar aufgrund der kosmographischen Grabform denkbar, ist aber letztlich zu wenig belegt.[14]

Wenngleich diese Gedenkpfeiler in menhir-artigen Monolithen vorbuddhistischer Zeit (Funktion?) lokale Vorläufer gehabt haben mögen, ist doch die Form und wohl auch der Ort ihrer Aufstellung ohne Kenntnis chinesischer Beispiele nicht denkbar. Bezeichnenderweise sind gerade bei der T'ang-Metropole Chang'an, dem heutigen Xian, am Beginn der «Geisterallee» (chines. shendao) vor dem Grab des Kaisers Gao zang († 683) und der Kaiserin Wu ze tian († 705) zwei Steinobelisken mit einer bekrönenden Kugel erhalten geblieben, wobei letztere – und vielleicht auch in Phyong rgyas? – als Cintāmani-Wunschjuwel das einzige auf den Buddhismus weisende Emblem ist. Auch die aufgebogene Dachhaube des rDo ring am Khri-lde-srong-btsan-Grab weist auf Chinesisches hin.[15]

Erhalten geblieben ist auch Tibets älteste und in dieser Art einzige figürliche Monumentalskulptur, der vermutlich dem Grab des letzten buddhistischen «Gesetzeskönigs», Ral pa can († 842), zugehörige steinerne Löwe. «Um die Behinderer der Gegend unschädlich zu machen, fertigte man Steinlöwen», heißt es in einer Tsongkhapa-Vita des 18. Jahrhunderts.[16] Und in diesem Sinne wurde sicher auch dieser Beschützer seines königlichen Herrn im 9. Jahrhundert aufgestellt. Vermutlich war mit diesem alten asiatischen Herrschersymbol zugleich auch das Königtum Buddhas und der übelabwehrende Schutz seiner Religion gemeint. Als Grabwächter der «Geisteralleen» findet man zuvor ähnliche Skulpturen in Sichuan oder aus dem frühen 6. Jahrhundert bei Nanjing (Provinz Jiangsu). Und eher hier als im

Steinlöwe beim Grab des Königs Ral pa can (?), um 842 oder früher. Die älteste Monumentalskulptur Tibets.

westlichen Zentralasien und Iran[17] wird man auch die Vorbilder suchen müssen.

Auf dem Grabhügel des Songtsen Gampo wurde in späterer Zeit ein kleiner Tempel mit den Statuen des Königs und seiner beiden Frauen errichtet, wie eine ferne Erinnerung an jenes von den alten Schriftquellen überlieferte Sanktuarium des Gründungsbaus.[18] 1980 war davon nichts mehr zu sehen.

Wie wenig tief der Buddhismus damals in Tibet erst verwurzelt war, zeigt vor allem der Totenkult. Eine Kremation des Verstorbenen gab es bis zum Ende der Yarlung-Dynastie im 9. Jahrhundert nicht, und noch bis ins 12. Jahrhundert – als die durch Atisha eingeleitete buddhistische Renaissance sich durchzusetzen begann – soll die Erdbestattung allgemein verbreitet gewesen sein (Blaue Annalen). Als der legendäre König Trigum die Fähigkeit verloren hatte, nach dem Tod in den Himmel zurückzukehren, seien von fremden Bön-Leuten, so die Überlieferung, Gräber eingeführt worden. Das solcherart vorausgesetzte Weiterleben des einzelnen nach dem Tode stand zum buddhistischen Denken in diametralem Gegensatz.[19]

Bis zur endgültigen Beisetzung im Grab wurde der einbalsamierte Tote ein bis zwei Jahre in einem als «Totenhaus» (Hoffmann) gedeuteten *ring khang* aufgebahrt.[20] Ausführlich berichten die chinesischen T'ang-Annalen über dem Toten beigegebene Menschenopfer, die mindestens bis um 800 – trotz formeller Anerkennung der buddhistischen

Lehre – noch nachweisbar sind. Interessantestes Dokument zu den tibetischen Totenbräuchen ist das 801 vollendete T'ung tien[21]: «Wenn ein Mann stirbt, tötet man Rinder und Pferde, die mit dem Toten bestattet werden. Sie werden ringsum im Grab niedergelegt. Ihr Grab (der Tibeter) ist quadratisch und aus aufeinander geschichteten Steinen nach Art eines gewöhnlichen Herrschaftshauses gebaut. Diejenigen hohen Untertanen, die persönliche Freunde des Königs sind, werden zu „Männern des gleichen Schicksals" bestimmt. Es sind dies nicht mehr als fünf Personen.
Am Tage, an dem der König stirbt, geben sich alle „Männer des gleichen Schicksals" während Tag und Nacht dem Wein hin. Am (folgenden) Tage, wenn sie beigesetzt werden sollen, ersticht man sie in der Beingegend, damit sie verbluten. Wenn dann die (noch) Lebenden mit dem Toten (dem König) bestattet werden, spaltet ein Vertrauenswürdiger unter den Verwandten mit seinem Schwert ihren Schädel, um das Gehirn herauszuschneiden. Mit vier kleinen, fingergroßen Holzstäben durchbohrt er ihre Brust an beiden Seiten. Sobald die vier oder fünf Männer völlig tot sind, werden sie mit dem Verstorbenen beerdigt.»
Diese bis zu zehn «Männer des gleichen Schicksals» (chines. kung ming jen) sollten den König – wie in diesem – auch in seinem nächsten Leben begleiten[22], für das jener mit seinem Pferd, Schmuck, seinen Gewändern und Waffen ausgerüstet war. Sie hätten, wenn wir den chinesischen Quellen weiter folgen, neben ihm liegend, dem Grabherrn Fragen beantwortet sowie Nahrung und Kleidung an seiner Stelle aufgenommen.[23]
Wenn einmal im tibetischen Tal der Könige mit Ausgrabungen begonnen wird, dürften die Archäologen die zeitgenössischen Berichte bestätigen können.

3. *Die Königsburg Phyong rgyas rDzong*

Phying yul, das Land von Phying, nannte man zunächst die ganze heute als Phyong rgyas bezeichnete Region am oberen Phyong-rgyas-Fluß, an dessen – von den Königsgräbern aus gesehen – jenseitigem Ufer neben der gleichnamigen modernen Siedlung und dem diese überragenden Ri-bo-bde-chen-Kloster auf dem vorderen Felsrücken der Phyong rgyas rDzong (gesprochen: Tschonggye Dzong) liegt.
Phying ba stag rtse, «Tigergipfel von Phying ba», so überliefert uns ein Schriftstück aus Dunhuang den Burgberg als Residenz von Songtsen Gampos Großvater Stag bu snya gzigs, und auch der Enkel selber

scheint in dieser alten Königsfestung gewohnt zu haben. Mit ihr werden traditionellerweise die Ruinen oberhalb des ehemals auf halber Berghöhe liegenden Dzong identifiziert. Hier war 1617 der spätere 5. Dalai Lama geboren worden. Der unter dem 8. Dalai Lama erneuerte und mindestens 1959 noch völlig intakte Dzong ist heute so gut wie ganz verschwunden. Diese zentrale Residenz der Yarlung-Könige, deren Errichtung man sTong ri stong btsan, einem halbmythischen Vorfahren Songtsen Gampos, zuschreibt[24], wurde als die persönliche Burg des Ersten Königs betrachtet und galt also bereits seit Vorzeiten den Tibetern als heiliger Ort. Bis hin zu Dri gum btsan po war dies der Sitz von sieben königlichen Generationen. Später wurde Phyong rgyas in den Schriften nur noch im Zusammenhang mit den Gräbern der Könige genannt. Nach 1959 zur Ruine geworden ist auch das auf halber Berghöhe gelegene Ri-bo-bde-chen-Kloster.[25]

4. *Die Burg Yumbu lhakhang*

Das durch alte Photographien bekannt gewordene Schloß Yumbu lhakhang im oberen Yarlung-Tal, übersetzt «Der Tempel aus massivem Stein»[26], soll vom Ersten König, gNya khri btsan po, gegründet worden sein[27] und wird auch zuweilen als älteste Architektur Tibets bezeichnet. Bu ston bringt konkreter den Ort schon mit dem 26. vorgeschichtlichen König Tho tho ri nan btsan in Verbindung, dem hier ein Korb mit Sutra-Texten und ein goldenes Stupa-Reliquiar vom Himmel fiel. Diese symbolische Vorverlegung des Empfangs der ersten buddhistischen Lehre sollte der Königsburg einen sakralen Ursprung verleihen, denn «bis auf diese Zeit war das Königreich durch die Bön regiert».[28] Erst in der fünften Generation, so wurde bei dieser wunderbaren Empfängnis prophezeit, werde man die Bedeutung dieser heiligen Texte erfahren. Ob Mythos oder Historie, das kaum Glaubhafte, sich dem Faktisch-Belegbaren Entziehende, hatte im Land der Magier und Orakel, der Tranceläufer und Reinkarnationen einen eigenen, für uns fremden Wirklichkeitswert.
In Yumbu lhakhang, so wurde vermutet, habe die mythische Bya-Dynastie, der «Vogel-Clan», als Vorfahre der Dynastien von Yarlung ihren Sitz genommen, bis jene im Verband mit der Kong-po-Dynastie der gNya-khri-Herrscher hier Fuß faßten. Jeder Stein scheint hier voller Legende und Geschichte zu sein. Zu sehr ist beides miteinander verwoben, zu wenig das für den Historiker unserer Tage Faktische abhebbar. Wie geschaffen für einen Ort der Sagen und Helden war diese stolze Burg mit dem markanten Profil ihres Turmes, dessen chi-

In dem heute bis auf die Grundmauern zerstörten Yumbu lha khang (Yarlung-Tal), Burg-Tempel und Tempel-Burg zugleich, soll im Jahre 233 unserer Zeit der «sechste König vor Songtsen Gampo», Lha tho tho ri gnyan btzan, die ersten – vom Himmel gefallenen – Sutra-Schriften empfangen haben. Zumindest Teile des ehemaligen berühmten Baus gehörten der Yarlung-Zeit an.
(Nach einer Aufnahme von 1938.)

nesisches Dach auf viel spätere Jahrhunderte weist. Heute ist nur noch die Ruine des Unterbaus vorhanden. Nicht historische Armeen, sondern der ideologische Feldzug gegen «das Alte» brachte in den 1960er Jahren zum Einsturz, was seit über tausend Jahren[29] wie eine Krone die Wiege tibetischer Kultur überragte.
Über eine Treppe gelangte man in die kurz vor 1959 restaurierte Eingangshalle, von hier in einen Raum mit den Buddhas der Drei Weltzeitalter, den Statuen des Schriftgelehrten und Ministers Thon mi Sam bhota sowie der Religionskönige Khri srong lde btsan (gesprochen:

Trisong Detsen) und Srong btsan sgam po mit seinen beiden Frauen. Im zweiten Stock waren ein Buddha-Altar mit zahlreichen Bronzen, vier Bodhisattvas und Lokapālas untergebracht. Den dritten Stock bildete eine Terrasse mit einem von drei etwa 1 Meter hohen Galerien umgebenen Hof, von wo aus eine Treppe in den ansonsten leeren Turm führte.
Alte Texte beschreiben hier ein in den Fels gehauenes «Schatzgrab» *(nor gyi bang so)*, das vielleicht in der frühesten Yarlung-Ära als Königsgrab errichtet wurde, später aber offenbar als staatliche Schatzkammer diente.[30] Sogar in die hinter Stein- und Falltüren verschlossenen Schätze erhalten wir Einblick: sieben Manneslasten Rohgold, ein Silberschrein mit einem in heilige Gewänder gehüllten Wunschjuwel, Edelsteine in drei mit Pferdeköpfen verzierten Silberbehältern, sieben Trinkschalen aus Onyx, 77 Silberschalen, 60 Kupfergefäße und solche mit Goldstaub ...[31]

5. *Das Kloster Khra 'brug*

Kloster bKhra shis lha yul Khra 'brug, «die größte und eindrucksvollste der erhaltenen Gründungen im Yarlung-Tal»[32], wurde unter König Songtsen Gampo oder Khri lde srong btsan im 7./8. Jahrhundert gegründet. Gut 10 Kilometer südlich von Tsethang am rechten Yarlung-Ufer gelegen, soll es hier über der linken Schulter jenes weiblichen Dämons errichtet worden sein, der uns als Bild tibetischer Kosmologie schon im Zusammenhang mit Lhasa beschäftigt hatte.[33] Ob sich, wie angenommen wurde, der im 14. und frühen 18. Jahrhundert erneuerte zweigeschossige Kernbau gegenüber dem Haupttempel noch mit der Gründungszeit verbinden läßt, könnte nur eine Bauuntersuchung feststellen.[34] Vermutlich wurden bei den unter dem 13. Dalai Lama durchgeführten Erneuerungen auch die Wandmalereien übermalt oder ersetzt, von denen 1980 noch einige Reste vorhanden waren. Tucci fand 1948 hier als das einzig archäologisch Interessante eine inschriftlich unter Khri lde srong btsan gefertigte große Bronzeglocke im Durchgang des Klostertores; ähnliche, ganz offensichtlich chinesisch inspirierte Glocken haben sich nur noch in Samye und Yerpa erhalten. In gewisser Hinsicht gleicht die Anlage des Haupttempels dem Jokhang. Auch hier gibt es einen Umgang für die rituelle Umwandlung und laterale Kapellen um einen Pfeilersaal.
Heute wird der völlig heruntergekommene Komplex als Bauerngehöft und Viehstall benutzt. Die ehemaligen Tempeldächer und der reiche Skulpturenschmuck der Haupthalle fehlen seit der Zeit nach 1959.

VI. Samye – Das Gründungskloster

König Songtsen Gampo, der «Reichseiniger» und erste Förderer des Buddhismus in Tibet, wurde wie seine Nachfolger bis an das Ende der Yarlung-Dynastie nie mit seinem weltlichen Titel rGyal po (König) bezeichnet. Bön-Priesterschaft und die um ihre Stellung besorgte Aristokratie betrachteten ihn wohl nur als einen Primus inter pares (G. Tucci), und sein Status war offenbar mehr derjenige eines Homo religiosus als der eines Homo politicus. Obgleich er auch das Zivilgesetz in Tibet eingeführt hatte, ging er zuerst als Dharmarāja, d. h. als Gesetzes- bzw. Religionskönig, in die Geschichte ein. Als Inkarnation des Bodhisattva Avalokiteshvara gehört er im Sinne einer Präfiguration in die Genealogie der Dalai Lamas. Seine geschickte und friedliche Außenpolitik China gegenüber, die ihn auch für die Übernahme zahlreicher Erfindungen wie Papier, Kalender, Wassermühle und Seidenraupenzucht aufgeschlossen machte, sollte ihn nicht lange überdauern.
Um 670 stand tibetisches Militär in Chinesisch-Turkestan, in den Provinzen Gansu, Sichuan und Yunnan, es hatte selbst Hunza, Birma und die Gegend von Samarkand erreicht, beherrschte das nepalesische Königreich und 50 Jahre später auch Ferghana, Kashmir und Baltistan. 763 glänzten dann die längst zum Machtfaktor in Zentralasien aufgestiegenen Yarlung-Herrscher mit der Besetzung der chinesischen T'ang-Metropole Chang'an, der damals größten Stadt der Welt, wo sie für kurze Zeit einen Bruder der chinesischen Gattin des vorhergehenden tibetischen Königs zum Kaiser von China ernannten. Davon berichtet auch der damals umgehend errichtete Zhol rDo ring vor dem Potala.
Zu jener Zeit auch wurde Tibets erstes Kloster, Samye (bSam yas), am nördlichen Tsangpo-Ufer, etwa 60 Kilometer Luftlinie südöstlich von Lhasa gegründet. Und dies von höchster staatlicher Instanz, die den Buddhismus zur Staatsreligion erklärte: Der Auftrag erging – eine «unabhängige» religiöse Autorität gab es noch nicht –von König Khri srong lde btsan (ca. 755–797) an den indischen Weisen und späteren Abt von Samye, Śāntiraksita. Zur Gründung notierte Bu ston im Jahre 1322: «Der Ācārya Bodhisattva seinerseits untersuchte den Boden, nahm das Kloster Odantapuri als Vorbild und machte einen Plan in Gestalt des Sumeru-Berges, der zwölf Kontinente, von Sonne und Mond, alles von einem Eisenwall umgeben. Im Weib-Feuer-Hasen-Jahr wurde das Fundament errichtet und zuerst der Tempel Avalokita

gebaut, und Statuen gefertigt, für die die Tibeter als Modell dienten.» Später habe man zwölf Mönche berufen «und man probierte aus, ob die Tibeter Mönche werden konnten oder nicht».[1]

Als zu Beginn die Bauarbeiten immer wieder durch nächtlich aktive Dämonen gestört wurden, beschloß man den wegen seiner tantrisch-magischen Fähigkeiten bekannten heiligen Padmasambhava aus Nordindien nach Tibet einzuladen. Mit seiner Hilfe gelang es, den Widerstand der Nāgas und Yaksas zu überwinden und den von ihnen bewohnten unterirdischen See trockenzulegen. Wie beim Jokhang bestimmte man einen an sich unvorteilhaften Baugrund, um das Überwinden des Alten durch das Neue im Sinne der traditionellen mythisch-kosmischen Vorstellungen zu demonstrieren. Und so wie das Wasser unter dem Jokhang nicht nur Mythos, sondern auch Tatsache ist, könnte Gleiches hier auch für den sandbankartigen Grund in Tsangpo-Nähe zutreffen. Wieder ging es darum, die durch die Arbeiten der Grundsteinlegung aufgestörten Mächte des Erdreichs und der unterirdischen Gewässer zu besiegen, aber zugleich auch zu besänftigen, mit ihnen einen gütlichen Ausgleich zu erreichen. «Der Menschenkönig und der Schlangenkönig müssen Freunde werden, das ist der einzige Weg», antwortete Padmasambhava dem königlichen Bauherrn auf dessen Frage nach der Überwindung des Nāga-Herrschers, dessen Reichtum allein die wegen Holzmangel ins Stocken geratenen Bauarbeiten wieder voranbringen konnte.

Über den genauen Zeitpunkt von Padmasambhavas Eingriff bzw. über seinen Anteil bei der Gründung gehen die verschiedenen Versionen der Legende etwas auseinander. So habe er nach geomantischen Prinzipien das entsprechende Tal für Samye bestimmt, war also bereits von Anfang an dabei.[2]

Mit farbigem Steinstaub zog er einen magischen Zirkel und grenzte damit den sakralen Bereich gegen alles Äußere schutzbietend ab. Nach siebentägigen Gebeten und Opfern erschienen ihm die fünf Emanationen des Urbuddha, die engstens mit der Mandala-Vorstellung verbundenen Buddhas der fünf Weltenparadiese (Tathāgatas). Daraufhin schaffte der Große Guru verschiedene Manifestationen von sich selbst, die, teils das Grundriß-Mandala betretend, teils zum Himmel entschwebend, die alten Geister zwangen, Baumaterial heranzuschaffen. Auch in den «Königsannalen» *(rGyal rabs)* von 1327 zieht Padmasambhava den Grundriß: «Darauf bannte der Meister die schädlichen Dämonen und machte sie unschädlich. Unter Begleitung von 50 aufs beste geschmückten Knaben und Mädchen aus 6 Familien des höchsten Adels, die mit Segenswasser gefüllte kostbare Flaschen hielten, schlug er einen Nagel in die Erde und weihte den Boden ... Und als er nach dem Vorbild des Sumeru, des Königs der Berge, in der Mitte

Über hundert Jahre brauchte der Buddhismus in Tibet, um wirklich Fuß zu fassen. In Padmasambhava fand der richtige Förderer, Trisong Detsen (Khri srong lde btsan, ca. 755–797), den rechten Meister: Er baute Tibets erstes Kloster am Nordufer des Tsang po, nicht weit vom Yarlung-Tal.
(Bronzestatuette, 16. Jahrhundert, 24,5 cm, aus der Sammlung Beverly Coburn, Beverly Hills, USA.)

den Grundstein zu dem großen mittleren Gebäude gelegt hatte, baute er vor allem zuerst nach der Weissagung der ehrwürdigen Tārā die Halle für Āryalpo und stellte als Hauptgottheit des Tempels den Ārya Avalokiteśvara auf ...[3]
Eine höchst aufschlußreiche Schilderung von der Begegnung des indischen Weisen mit dem tibetischen König gibt uns die schon zitierte Biographie des Guru Rinpoche. Letzterer weiß, wer er im noch

kulturlosen Schneeland ist, und entsprechend fällt sein einleitender Monolog aus: «Ich war nicht aus einem Mutterleib geboren, sondern durch Erscheinung. Der König ist (nur) ein aus dem Mutterleib Geborener, und so bin ich durch Geburt größer ... Ich bin gelehrt in den Fünf Reichen der Erkenntnis; Buddha in einem Erdendasein, frei von Geburt und Tod ... Früher verbeugte sich der König vor mir, soll ich seine Verbeugung erwidern oder nicht? Wenn ja, ist die Würde der Lehre geringgeachtet. Wenn nicht, wird er, da er der König ist, zornig sein. Allein, wie groß er auch sein mag, niederbeugen kann ich mich nicht!»

Ähnlich dachte auch der König für sich. Die Überlieferung läßt den zweifellos etwas konstruierten Disput zwischen Imperium und Sacerdotium natürlich zugunsten des letzteren ausgehen:

«Und du, König des barbarischen Tibet, Herrscher des tugendlosen Landes, ungeschlachte Männer und Menschenfresser umgeben dich; du stützt dich auf Hungersklaven, und weder Freude noch Humor findet man bei dir. Was deine Königinnen betrifft, sie sind Dämoninnen in menschlicher Form (rākṣasī), schöne purpurne Unholde umgeben sie, Sandelholz, Türkise und Gold schmücken sie, aber sie haben kein Herz und keinen Verstand.

Du bist König, dein Brustkorb ist geschwollen. Groß ist deine Macht, deiner Leber geht es gut. Das Szepter in der Hand und stolz, so stehst du recht hoch. Aber ich, Herr, werde mich nicht vor dir verbeugen. Und doch stehe ich hier, der ich, meinem Gelübde folgend, in das Herz Tibets gekommen bin. Großer König, bezeuge, bin ich hier? Sprach's also, drehte seine Hände und ein wunderbares Licht sprang von dort auf des Königs Gewänder über. König, Minister, Höflinge konnten ihm nicht widerstehen. Alle warfen sich vor ihm nieder, als wären sie von einer Sense niedergemäht worden.»[4]

Padmasambhavas Anspruch – «Ich, der Ungeborene, Zeitlose, Göttermacher, König, Abt ...» – war dem Genus loci angemessen: In Samye wurde der Buddhismus zur Staatsreligion Tibets erhoben. Und das spricht auch die zeitgenössische Inschriftstele deutlich aus, die hier im Vergleich mit den rDo-ring-Pfeilern auch erstmals buddhistische Symbolzeichen enthält.[5] Und ebenso die vermutlich t'angzeitliche, in ihrer Form chinesische Bronzeglocke, die von König Khri srong lde btsan gestiftet wurde «um den Drei Kostbarkeiten Verehrung zu erweisen». Die zugleich politische Bedeutung von Samye im Sinne eines ersten tibetischen «Staatsklosters» wurde auch durch den hier aufbewahrten Staatsschatz dokumentiert.[6]

«Die Lehrstätte zur Erlangung der Fülle unwandelbarer Meditation», wie der vollständige Name von Samye übersetzt lauten würde, war vorrangig «dem großen Herrn des Lebens» Pehar geweiht, einer aus

dem vorbuddhistischen Pantheon stammenden Schutzgottheit der Lehre und «dem großen General gegen die Heere des Māra».
Mit Samye gab es in Tibet erstmals auch ein Kloster als selbständige wirtschaftliche Einheit, dem ein durch den König ernannter Verwalter *(Chos ring lugs)* und der Abt *(mKhan po)* vorstanden. Mit seiner Gründung hatte Samye eigenen Landbesitz erhalten, der nun nicht länger staatlicher Kontrolle und Steuerpflicht unterworfen war. Der König verpflichtete 150 Bauern vertraglich zur ständigen Unterhaltung des Klosters: «jährlich 75 Maß Gerste an den Abt, 9 Kleidungsstücke, 1100 Unzen gewürzte Butter, ein Pferd, 4 Bündel Papier, 3 Teile Tinte und Salz nach Belieben ... Den 25 Asketen (gom chen) von Chims phu (eine Einsiedelei bei Samye) 55 Maß Gerste, 800 Unzen gewürzte Butter für jeden, ein Reitpferd für jeden, 6 Kleidungsstücke für jeden; für die 13 Ācāryas, die als Lehrer des Seminars ernannt waren, 55 Maß Reis, 100 Maß gewürzte Butter ... Den Schülern 25 Maß Gerste für jeden, 3 Kleidungsstücke für jeden. Dies war als eine ständige Stiftung gedacht.»[7]
Nach den verschiedenen Quellen und Meinungen muß Samye zwischen ca. 763–798, am wahrscheinlichsten um 763–767 errichtet worden sein.[8] Seit den ersten, durch Langdarmas Buddhistenverfolgung verursachten Schäden[9] haben zahlreiche Restaurierungen wenn nicht die Anlage in ihrer Grundstruktur, so doch in der Substanz eingreifend verändert bzw. erneuert[10]. In den 1920er Jahren sah A. David-Néel an der so ruhmvollen Stätte nur noch eine vom Flugsand bedrohte, «schon halb zum Untergang verdammte Oase», bei der schon «die Dünen bis zur Pforte vorgedrungen» waren. Halbzerfallene Tempel hätten Hirten und ihren Herden Schutz geboten, viele der einst von Lamas bewohnten Häuser waren von Laienpächtern des Klosters belegt und in Bauernhöfe umgewandelt, mehr noch inzwischen verfallen. Noch dreißig Mönche fand die gelehrte Forscherin hier vor, darunter das berühmte Orakel von Samye, den neben demjenigen von Nechung nächstbedeutenden offiziellen Wahrsagebeamten Tibets. Er residierte hier als Oberpriester *(Chos rje)* der Geheimwissenschaft im Ugs khang, dem «Haus des Lebensodems», wohin der Lebensodem der Verstorbenen gebracht wurde. Nachts wollten von hier, wie David-Néel berichtet, die Einwohner von Samye oft das Stöhnen und Weinen der gefangenen und gemarterten Seelen gehört haben, oder das Geräusch des Hackmessers, das den Lebensodem zerschnitt.[11]
Die vermutlich letzte größere Renovierung von 1935/36 muß Samye noch einmal in einen leidlichen Zustand versetzt haben, den uns einzig die Photographien von Richardson, Harrer und die wenigen Notizen einer chinesischen Archäologengruppe (1959) überliefern.[12] Seither

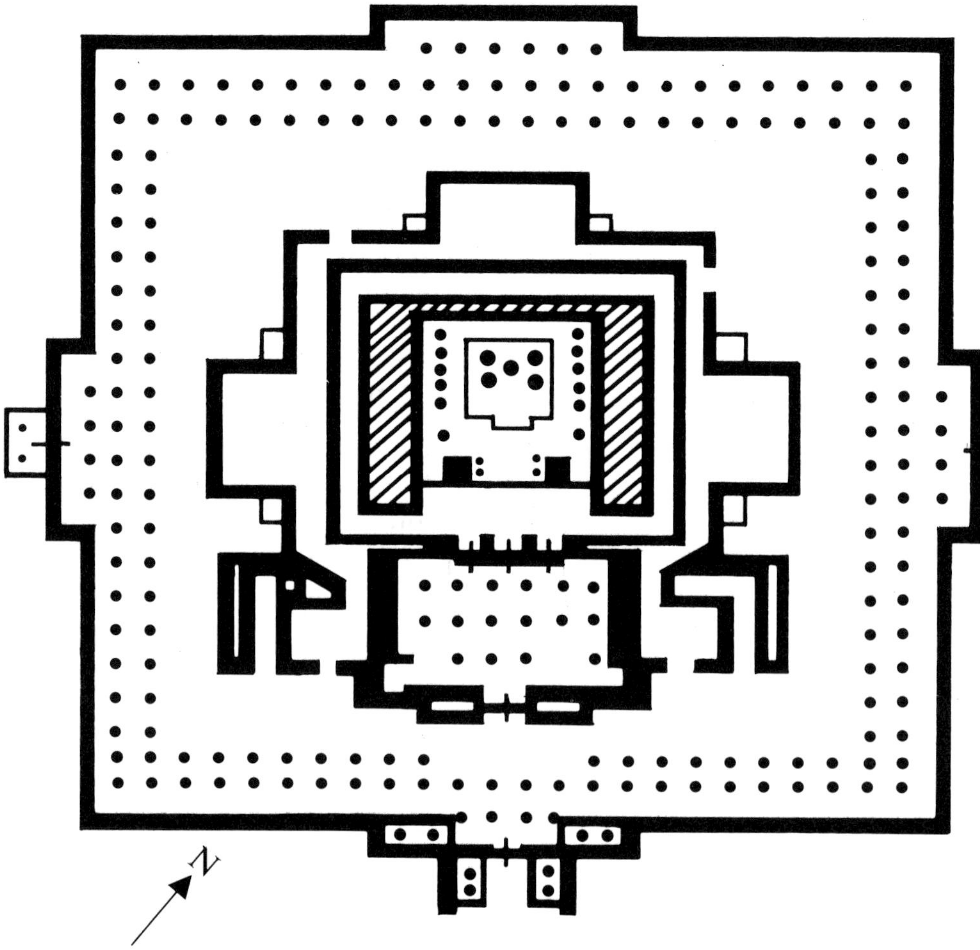

Luftaufnahme von Kloster Samye. Seit 1959 war nichts mehr über Tibets Gründungskloster bekanntgeworden. 1981 gelang der Beweis, daß Samye noch existiert, deutlich war aber – selbst aus großer Höhe – das Fehlen der einst vergoldeten Kupferdächer und eines Teils der Ringmauer.

Grundriß des Haupttempels von Kloster Samye. Die Orientierung nach Osten ist nicht genau. Der umlaufende Säulengang entspricht der niedrigen quadratischen Umfassungsmauer auf dem Photo von Seite 125. Die Mandala-Gestalt ist gut erkennbar.

fehlte jegliche verläßliche Kenntnis über den Ort, doch ist, wie die obenstehende Aufnahme zeigt, zumindest noch der zentrale Tempel erhalten.[13] Bis vor 1959 stand hier ein von Lhasa (!) ernannter Sa-skya-pa-Abt einer Mehrheit der unreformierten rNying-ma-pa-Mönche der «reinen» Schule Padmasambhavas vor.[14]
Das Samye-Kloster kann als das Musterbeispiel einer kosmologisch fundierten «darstellenden» Architektur in Tibet gelten, um so mehr, da ihm als Gründungsbau des tibetischen Buddhismus hierfür eine Schlüsselfunktion zukommt. Mit dem Kreis als Grundriß der – am Bau gut sichtbaren – Umfriedung des Temenos hatte der Guru Rinpoche das magische Mandala gezogen. Auch der von ihm in den Boden getriebene «Nagel» konnte vermutlich als ein unterirdischer, in das Erdreich versenkter zentraler Pfosten identifiziert werden.[15] Er bildete die Mitte des Architekturmandala, die symbolische Achse des Universums, dessen Abbild das Tempelganze ist. Als Teil der gebauten Architektur, gleichsam als deren zentraler Grundstein, bildet dieser Erdpfeiler den Nabel der Welt, die Axis mundi, die eine segensreiche Verbindung zwischen Erde und Himmel garantiert (S. Hummel). Für ihn hat man die Erde «ausgeschnitten» (temenos), dem Reich der *klu*

etwas weggenommen, die man nun wieder durch einen darüber errichteten Altar entschädigt. Wieder ist es ein Überwinden der – vorbuddhistischen – Unterweltsgeister, welche im Sinne eines ganzheitlichen Polaritätsdenkens nicht etwa nur das Negativ-Feindliche darstellen, und es ist zugleich ein auf Ausgleich auch mit den dunklen Kräften der Natur gerichtetes Besänftigen.[16]

Ähnlich gebaute kosmische Mandalas in Form eines Imago mundi gab es im westtibetischen Tholing, wo ein eigener Mandala-Tempel des 11. Jahrhunderts Einweihungsriten diente. Auch die großen Kumbum-Chörten in Narthang, Gyantse oder Champaling wären hier zu nennen.

Um diese Erdpfeilerachse ist der zentrale dreigeschossige Haupttempel als Abbild des Meruberges errichtet (dBu rtse lha khang).[17] Vier Nebentempel ringsum entsprechen den vier Kontinenten *(gLing bzhi)*: im Norden der Sems bskyed gLing (Avalokiteshvara)[18] dem Erdteil Uttaraketu; im Osten der 'Jam dpal gLing (Manjushri) dem Erdteil Purvavideha; im Süden der Aryapala lha khang (Aryapala) dem Erdteil Jambudvīpa und im Westen der Byams pa gLing (Maitreya) dem Erdteil Aparagodanya.[19]

Nach einer um 800 verfaßten Samye-Chronik begann man mit dem südlichen, der «Erlöserin» Tārā (sGrol ma) gewidmeten Nebentempel: «Der Meister (Padmasambhava) riet dem König, zuerst einen Tempel der Tārā zu errichten. So baute der König einen Tempel für Aryapala an der Südseite. Als das Dach vollendet war, sagte er zum Meister: „Der Tempel ist vollendet, und er ist gut geworden, aber es sind noch keine Götter darin." Der Meister antwortete: „Beschaffe die Materialien, ein Künstler wird kommen!"»[20]

Jedem dieser vier «Erdteile» sind paarweise je zwei kleinere Kapellen *(gLing phran)* als die acht kleineren Kontinente zugeordnet. Vier große Chörten *(mchod rten)*, die von früheren Zerstörungen weitgehend unberührt geblieben sein sollen, sind in den diagonalen Achsen des Hauptbaus, also an dessen vier Ecken errichtet. Ihre Farben Weiß, Rot, Schwarz und Blau verbindet man mit den Schülern des Buddha, mit Buddha als dem religiösen Weltenherrscher, mit dem allein für sich den Erlösungsweg gehenden Pratyeka-Buddha und mit dem weltenrettenden, als Erlöser auf die Erde herabsteigenden Maitreya-Buddha der Zukunft.[21] Alle vier Chörten sind von verschiedener Form und enthalten in einzelnen Stockwerken Kapellen mit Skulpturen.

Die runde, von vier Toren durchbrochene Umfassungsmauer entspricht als Grenze des Universums dem Eisenwall (Cakravāla) des bereits für den Kailāsa aufgezeigten buddhistischen Kosmosbildes.[22] Zwei kleine Tempel für Sonne und Mond (Nyima lha khang, Zla lha khang) repräsentieren die kosmische Polarität aller Dinge und

Kloster Samye, Haupttempel mit südwestlichem Chörten.
(Wie die folgende Aufnahme Zustand vor 1950.)

deren unlösbare Zusammengehörigkeit in einer übergeordneten Einheit. In einem Nāga-Tempel an der Südseite des Hofes sind jene für die Gründung von Samye im Wortsinne grundlegenden Mächte der Unterwelt anwesend. Drei Schatzhäuser bargen an der Nordseite des den Hauptbau vierseitig umgebenden Hofes die kostbaren Kleinodien, ein weiteres die Bibliothek der heiligen Schriften, die Ippolito Desideri im frühen 18. Jahrhundert als erster Europäer in Samye besonders bewunderte und die zur Gänze durch den Großbrand von 1816 verlorenging.[23] Ein Badehaus für die Geistlichkeit, drei «Tempel der königlichen Gemahlinnen», eine große Thangka-Mauer beim nach Süden gerichteten Haupteingang, eine dem Schutzgott des zentralen Tempels geweihte Pehar-Kapelle ergänzen dieses architektonische Universum des tibetischen Buddhismus. Die drei Tore des Zentralbaus hat man als die drei Wege der Erlösung gedeutet, deren sechs Treppen als die sechs Vollkommenheiten der Erkenntnis (prajnāpāramitā).
Nach den Schriftquellen seien die drei Stockwerke des äußeren

Von den westlichen Berghöhen im Hintergrund ist Samye durch Flugsand bedroht. Auch heute reichen die Dünen bis an die Ringmauer heran. Die hohe Thangkamauer rechts existiert noch, mehrere moderne Bauten wurden an der östlichen Eingangsseite errichtet.

Haupttempels jeweils unterschiedlich im tibetischen, chinesischen und indischen Stil gebaut worden[24], was sich aber mehr auf die bildliche Ausstattung als auf die Architektur selber bezogen haben dürfte. Eine etwa zeitgenössische Samye-Chronik nennt chinesische und nepalesische Künstler und referiert die Frage, ob die Götterfiguren nach chinesischer oder indischer Art gemalt bzw. bemalt werden sollen. Der König schlägt daraufhin die tibetische Manier vor, da er sich dadurch einen guten Einfluß auf den neuen buddhistischen Glauben der Tibeter erhoffte, die nunmehr als «Modelle» für die Bildwerke benutzt worden seien.[25]

Um 792/94 fand im nördlichen Nebentempel Sems bskyed gLing das als «Lhasa-Konzil» zuweilen mißverstandene berühmte theologische Streitgespräch zwischen den indischen und chinesischen Buddhisten statt, angeführt durch den von König Khri srong lde btsan eingeladenen Śāntiraksita-Schüler Kamalaśila und den Vertreter des chinesischen Ch'an-Buddhismus, Hva shang Mahāyāna. Obwohl chinesische

Quellen das Gegenteil behaupten, hatte sich der tibetische König dabei für den indischen Weg einer allmählichen, stufenweisen Erlösung entschieden, gegenüber einer noch für den späteren Zen-Buddhismus charakteristischen unmittelbar-spontanen Erkenntniserfahrung. Der auf hohem Niveau geführte Disput legte die theoretischen Grundlagen für den Vajrayāna-Buddhismus und erhitzte dabei die Gemüter anscheinend so sehr, daß die alten Schriften sogar von Mord und Selbstmord unter den streitenden Parteien zu berichten wissen.[26]

Der «königliche» Tempel von Samye war zum Zentrum buddhistischer Missionsaktivitäten in Tibet geworden. Als die Idealgestalt der Welt abbildendes Kosmogramm waren in ihm altindische Weltideen und zeitgenössische, in Bengalen und Bihar entwickelte Architekturformen zu einem programmatischen Bauwerk des tibetischen Buddhismus vereint: Architektur als Bedeutungsträger, von einer Systematik und «darstellenden» Klarheit, wie man sie sonst in Asien nur noch am Borobudur auf Java wiederfindet.

Es mag fragwürdig bleiben, ob der hl. Padmasambhava, dessen historische Existenz nicht über alle Zweifel erhaben zu sein scheint[27], den ihm zugesprochenen schöpferischen Anteil am Bau des tibetischen Gründungsklosters tatsächlich gehabt hat[28], allein die Legende hatte sich längst des Lotosgeborenen bemächtigt: «Wohin immer sein Schatten fiel, da brachten die Götter Steine zusammen.»

40
Kloster Samye. Detail aus einem Thangka der Bauten von Lhasa. Diese im Vergleich zu den sonst üblichen idealisierten Darstellungen relativ genaue Zeichnung des tibetischen Gründungsklosters entspricht weitgehend den vor 1950 gemachten Photos. (Antwerpen, Etnografisch Museum, AE.73.25.)

41
Bau des Klosters Samye (um 663/667). Detail eines Thangka mit Darstellungen aus dem Leben des heiligen Padmasambhava. Vor dem stark idealisierten, von einem Regenbogen überspannten Bau sitzen rechts Padmasambhava und der vermutliche erste Abt von Samye, Śāntirakṣita. Vor dem linken der «drei Tore der Erlösung» ein Inschriftpfeiler (rDo ring). (Zürich, Völkerkundemuseum der Universität.)

42
Kloster Samye. Der mehrfach zerstörte Haupttempel wurde zuletzt 1849–1854 rekonstruiert und auch das – heute fehlende – Dach damals mit aus Kham geliefertem Kupfer neu gedeckt. Der Zustand auf diesem Thangka des Newark Museums (N. J., USA) dürfte der Zeit vor 1849 (bzw. 1808) entsprechen. Deutlich erkennbar sind die verschieden gestalteten roten, blauen, schwarzen und weißen Chörten. Eigentümlich bleibt die doppelte zickzackförmige Umfassungsmauer.

40

41

VII. Nethang – Grabort des Atisha

Genau 200 Jahre nach König Langdarmas fanatischer Buddhisten-Verfolgung und dem Ende der Ära der «Gesetzeskönige» von Yarlung folgte 1042 einer der bedeutendsten buddhistischen Gelehrten und damals der Größte in Indien der Einladung ins westtibetische Königreich Gu ge: der um 982 im ostbengalischen Vikramapuri (Vajrayogini) geborene Dīpankara Śrījnyāna – so sein Mönchsname – Atisha, der «Höchste Herr» und «Hervorragende», wie der Verehrte seither genannt worden ist.[1]

Hier traf der Schüler Naropas, der sich an der berühmten indischen Kloster-Universität Vikramaśīla bereits einen hohen Ruf als Lehrer erworben hatte, im Kloster Tholing mit Rin chen bzang po (958–1055) zusammen, dem damals gelehrtesten und schöpferischsten tibetischen Lama, Übersetzer und Baumeister. Die Begegnung der beiden markiert den Beginn – und zugleich einen ersten Höhepunkt – der buddhistischen Renaissance und tantrischen Tradition im Schneeland, und zwar zu einer Zeit, wo Buddhas Lehre in ihrem Ursprungsland den bisher niedrigsten Stand erreicht hatte.

Hier in Tholing entstanden damals, wie in Tabo (Spiti) oder Alchi (Ladakh), Bauten und Bildwerke von höchster Originalität und Qualität, die eine zweite Epoche tibetisch-buddhistischer Kunst im Sinne echter Erneuerung begründeten. Da, soweit der Verfasser sieht, bis heute jegliche Kenntnis über das Schicksal dieser überragenden westtibetischen Baudenkmäler des ehemaligen Königreiches von Gu ge seit 1948 fehlt, können sie in diesem Zusammenhang nicht eigens vorgestellt werden.[2]

Nachdem der Jo bo chen po, «Der große Meister», wie ihn seither die Schriften auch nennen, in Tholing sein Hauptwerk, den «Pfad der Erleuchtung» (Bodhipathapradīpa), verfaßt hatte, folgte er später der Einladung zentraltibetischer Lama-Gelehrter und kam nach Lhasa, Yerpa (wo man bis in unsere Zeit seine Meditations-Höhle kannte), Samye, Yarlung und Nethang, wo er 1054 starb. Ein Jahr noch konnten hier in der «Ebene des heiligen Ortes», wie sNye thang (Nethang) zu übersetzen wäre, seine Schüler bleiben, bis sie von einem lokalen Herrscher vertrieben wurden und 100 Kilometer nördlich von Lhasa 1057 das Kloster Rva sgreng (Reting) gründeten. Hierher, in das neue Zentrum der aus Atishas Lehren hervorgegangen bKa' gdams pa (Kadampa), hatte der Hauptschüler des Mahapandit, 'Brom ston (1003–1064), die Reliquien Atishas mitgenommen, während sich in

Atisha, der große Erneuerer des Buddhismus in Tibet, starb 1054 in Nethang bei Lhasa. In die Vorhalle des sGrol ma lha khang (Tārā-Tempel gehört dieses Wandgemälde. In den Gesten und Attributen erkennt man ihn: stets sitzend, argumentierend-lehrende Handhaltung, Vase und Chörten, Zipfelmütze und die drei Gewänder des Mönchs.

Gedenk-Chörten für Atisha in der südlichen (linken) Kapelle des Tārā-Tempels in Nethang. Von den Bronze-Buddhas gehören einzelne dem 13. Jahrhundert an.

dem 30 Kilometer südlich von Lhasa und 7 Kilometer südlich des großen Buddha-Felsreliefs, direkt an der alten Handelsstraße gelegenen Nethang der Grab-Chörten und das Gewand des Verehrungswürdigen erhalten haben sollen[3]: Außer dem nur noch in einem alten Photo überlieferten Grab-Chörten des nicht mehr existierenden sKu 'bum lha khang unweit der Siedlung Nethang[4] soll sich im sGrol ma lha khang noch Atishas Gewand in einem der zwei Bronze-Chörten der linken Kapelle befinden.[5]

Der sGrol ma lha khang von Nethang an der Straße südlich von Lhasa.

Dieser der Erlöserin Dölma (Tārā) geweihte Tempel direkt an der nach Lhasa führenden Straße gehört heute zu den wenigen intakten Sakralbauten Tibets. Vielleicht ist der jetzige Bau mit dem von 'Brom ston gebauten Tempel identisch.[6] In der Vorhalle des über einen Hof erreichbaren Sanktuariums haben sich u. a. alte, auch Atisha abbildende Wandmalereien, große Gebetsmühlen und vier Torwächter erhalten; im gut gepflegten Inneren außer den erwähnten zwei Bronze-Chörten qualitätvolle Buddha- und Chenresi-Bronzen des 13./14. Jahrhunderts (links), um einen zentralen Schrein mit der kleinen Figur Atishas die 21 vergoldeten Tārās, die spezielle Schutzgottheit des großen Lehrers (Mitte)[7], und – ebenfalls aus Bronze – ein Bodhisattva des ca. 13. Jahrhunderts, ferner die acht großen, archaisch wirkenden Bodhisattvas um einen zentralen Buddha (rechts). Die Anordnung gleicht teilweise noch genau derjenigen auf den Photographien der 1940er Jahre. Kaum etwas scheint zu fehlen oder durch Modernes ersetzt worden zu sein.
Offiziell wird der Tārā-Tempel von Nethang heute nicht gezeigt und der Name des Reformators im tibetischen Buddhismus, der 46. Inkarnation Avalokiteshvaras, nicht genannt. Erst Atisha hatte den Buddhismus in Tibet endgültig heimisch gemacht und ihm durch eine neue Mönchsdisziplin eine letztlich den Gelbmützenorden Tsongkhapas vorbereitende Gestalt gegeben. Die ein direktes Lehrverhältnis von Lehrer zu Schüler propagierende bKa'-gdams-pa-Richtung seines Nachfolgers 'Brom ston ging unmittelbar aus ihm hervor, und auch die Schulen der bKa'brgyud pa und Sa skya pa bauten auf seinen Lehren auf.

VIII. Sakya – Klosterstaat und Klosterstadt

Atishas Wirken und die damit verbundene Erneuerung des Buddhismus leitete das «Zeitalter der Klöster» in Tibet ein. Von den jetzt entstehenden Reformorden waren die Sa skya pa einer der ersten. 1073, nur wenig später als das 1057 vom Atisha-Schüler 'Brom ston gegründete Ursprungskloster der bKa' gdams pa (Kadampa) und noch lange vor den bKa'-brgyud-pa-Gründungsstätten Karma gdan sa dgon (1147), Rva lung (ca.1150), 'Brigung (1157) und sTag lung (1179) wurde ca. 170 Kilometer südwestlich von Shigatse in der südtibetischen Provinz Tsang das Kloster Sa skya (gesprochen: Sakya) gegründet. Die Klöster wurden als nunmehr unabhängige Institutionen Zentren von Kultur und Erziehung, Handel und Wirtschaft[1] und – wie in Sakya – sogar der Verwaltung. Möglicherweise war dies ein Grund, warum es in Tibet so wenige richtige Städte gibt.

Sakyas Name, übersetzt «Fahle Erde», bezieht sich auf die Ursprungslegende, wonach Atisha hier während seines Weges nach Westtibet bei einem großen weißlichen Fleck im Gestein des Pon-poi-Berges eine Vision des Bodhisattva Manjushri hatte. Sieben leuchtende Erscheinungen der Keimsilbe DHI – dem mantrischen Symbol Manjushris – und ebensolche Zeichen des Avalokiteshvara und Vajrapani bedeuteten ihm, daß hier entsprechende Emanationen dieser Bodhisattvas erscheinen würden.[2] Eine davon sollte der Sa skya Pandita sein. An diesem noch heute deutlich sichtbaren, mit eingravierten Mantra-Zeichen geschmückten hellen Felsfleck entstand die spätere Klosterstadt («Nordkloster»), die nach 1959 genauso verfiel und völlig zerstört wurde wie Ganden.

Aus dem vom himmlischen Lha-rig-Geschlecht abstammenden Gott-Dämon 'Khonbar Kye ging die irdische Linie der späteren lokalen Khon-Dynastie hervor, die sich in der Zeit der Yarlung-Könige im Tal von Sakya niedergelassen hatte. Der von den neuen indischen Lehren beeinflußte Bruder ihres 14. Hierarchen, 'Khon dkon mchog rgyalpo († 1103; gesprochen: Könchog Gyalpo), wandte sich von den alten rNying-ma-pa-Traditionen ab und begründete mit dem Kloster Sakya eine der wichtigsten, bis heute vitalen Schulen des tibetischen Buddhismus.[3]

Die Geschichte Sakyas ist mit der Geschichte dieser Khon-Familie identisch. Da die Sakya-Äbte heiraten durften, wurde die «Linie» auf Söhne oder andere Verwandte vererbt, was die Hausmacht entscheidend stärkte. Die eigentliche Geschichte Sakyas im Sinne einer poli-

Das Nordkloster – die eigentliche Klosterstadt – von Sakya. Während die Darstellung König Songtsen Gampos als Erscheinungsform des Avalokiteshvara bzw. Amitābha eine posthume Ehre für jenen gewesen sein dürfte, kommt mit dem Großlama Sa skya Pandita offenbar zum ersten Mal die Vorstellung und Praxis der Reinkarnation auf. Schon im 14. Jahrhundert machten es ihm die Schwarzhut-Kar-ma-pa nach – auch die Dalai Lamas hatten ihre Vorläufer. (Wie die beiden folgenden Aufnahmen Zustand von 1951.)

tisch-religiösen Macht beginnt aber erst 1249 mit der Ernennung des Sa skya Pandita (1182–1251) zum Vizekönig von Tibet durch den mongolischen Khan. Für rund hundert Jahre wird nun Sakya auf der Grundlage einer religiösen Schule eine selbständige politische Einheit von mongolischen Gnaden und kontrolliert ganz Tibet. Auch als um 1350 die – oft eher theoretische – Macht an das Adelsgeschlecht der Phag mo gru übergegangen war und man später durchaus freundschaftliche Beziehungen zum 5. Dalai Lama unterhielt, blieb bis 1950 Sakya eine Art Staat im Staate, der Lhasa kaum mehr als eine De-jure-Oberhoheit zuerkannte.

Von den 16 000 Einwohnern des ca. 3500 Quadratkilometer großen Sakya-Territoriums (Lhasa: 160 000) lebten ca. 7000 in der Hauptstadt Sa skya gDan sa selber.[4] Die knapp 1000 Mönche, nicht eingerechnet diejenigen der 56 exterritorialen Klöster in zehn einzelnen Gebieten vor allem Ost- und Südosttibets, bildeten 9 Prozent der männlichen Bevölkerung. Durchschnittlich 500 von ihnen bewohnten die beiden Klöster der Hauptstadt, fast ebenso viele (inklusive ca. 250 Nonnen) weitere 22 Klöster im Sakya-Gebiet.[5] Heute sind seit der Restaurierung und Wiedereröffnung des Südklosters im Jahre 1980 keine zehn Lamas in Tibet mehr übriggeblieben. In Indien, Nepal und Bhutan gibt es heute noch ca. 1000 Sakya-Mönche in 27 Klöstern; ihrem 1964 gegründeten neuen Zentrum in Rajpur bei Dehra Dun (Himachal Pradesh) steht der 1952 vom Dalai Lama als Thronhalter anerkannte 41. Patriarch seit Khon dkon mchog rgyalpo, Seine Heiligkeit Ngawang Kunga Sa skya khri 'dzin, vor.

Der die seinem Orden eigene Gelehrsamkeit im Titel führende Sa skya Pandita ist in zweifacher Hinsicht eine Art Vorläufer des Dalai Lama: als Reinkarnation eines Bodhisattva (Manjushri) sowie als zugleich geistliches und weltliches Oberhaupt einer Theokratie. Für die späteren Priesterkönige von Sakya war der Dalai Lama offenbar mehr ein politisches «Problem» als ein religiös-kirchenrechtliches. Die theoretische Oberhoheit der Lhasa-Regierung hörte de facto an den Grenzen des innenpolitisch nach wie vor autarken Miniaturstaates Sakya auf. Flüchtige waren hier vor weiterer Verfolgung geschützt, andererseits hielt man sich an die gesamttibetischen Spielregeln, wenn man etwa durchreisenden Lhasa-Beamten, freilich gegen Gebühr wie umgekehrt auch, die Transportmittel oder der «Zentralregierung» ein Truppenkontingent stellte. Und wie der Panchen Lama machte jeweils der neue Khri 'dzin im Potala seine respekterweisende Aufwartung, allerdings erst Jahre nach seinem eigenen Amtsantritt und wohl auch in der Absicht, den Heiligen Stuhl in Lhasa stets an dessen Anerkennung des geistlichen Fürstentums Sakya zu erinnern.

Das Amt des Oberhauptes der Sa-skya-pa-Schule und zugleich der im Sakya-Staat herrschenden «königlichen» Familie war vererblich (Khri 'dzin = «Thronhalter»). Theoretisch waren die beiden in einer Person vereinten Funktionen getrennt. Als lebender Bodhisattva Manjushri genoß er höchste Verehrung. Der vom Khri 'dzin ernannte und in der Exekutive weitgehend selbständige Premierminister (Zhabs pad) führte zwar die tatsächliche Regierungsarbeit durch und repräsentierte den Khri 'dzin, war aber letztlich in den wesentlichen Belangen an dessen Zustimmung gebunden. 1960 wurde der letzte Zhabs pad («Lotus-Fuß»), dessen Amt nicht ins Exil übertragbar war, von den Chinesen hingerichtet. Im selbst als Ruine noch erkennbaren größten Gebäude des Nordklosters trat die aus den weltlichen Regierungs-Beamten und den Vertretern der Klöster gebildete «Nationalversammlung» unter dem Vorsitz des in der Mitte thronenden Khri 'dzin zusammen. Der Klerus war nur auf höchster Ebene in der Person des Khri 'dzin mit der Regierung verbunden. Ihr von den Äbten vorgeschlagener und vom Khri 'dzin bestimmter oberster Mönchs-Repräsentant entsprach etwa dem Zhabs pad der weltlichen Administration.

Die Bevölkerung war wirtschaftlich-administrativ von vier Machtgruppen in Sakya abhängig bzw. ihnen verpflichtet: Regierung (zu ca. 68 %), Klerus (ca. 20 %), königliche Familien (9 %), Erbadel (ca. 3 %). Neben Abgaben in Naturalien war sie zu einer Arbeitssteuer

Das Südkloster von Sakya, von der Anhöhe des Nordklosters aus gesehen.

verpflichtet.[6] Die beiden Stadtklöster von Sakya erhielten ihr Einkommen je zur Hälfte durch Abgaben des von ihnen abhängigen Bevölkerungsteils sowie durch Regierung und Spenden.
Eine für Sakya besonders charakteristische Eigenart war die alle 3 bis 5 Jahre stattfindende Aushebung der Mönchsnovizen, durch die die verschiedensten Bevölkerungsschichten in den Klöstern vertreten waren und durch die auch wegen der im voraus festgelegten Anzahl ein Gleichgewicht im wirtschaftlichen und religiösen Leben gewährleistet war, zumal die jeweiligen Familien Steuer-Nachlaß erhielten. Einzig in den beiden Stadtklöstern von Sakya gab es noch einen kleinen Anteil «Freiwilliger». Betroffen waren die 88% der Sakya-Einwohner, die von Regierung und Klerus Land erhalten hatten, also von diesen abhängig waren.[7] Da auch bei einfachster sozialer Herkunft ein Aufstieg in höchste Lama-Ränge möglich war, wurde das Mönchstum als mögliche Laufbahn einer gesellschaftlich-politischen Karriere noch attraktiver, was wiederum einen positiven Einfluß auf das allgemeine Niveau der Sakya-Klöster ausübte.
Die Initiative für diese wohlbedachte Mönchs-Rekrutierung ging jeweils vom Südkloster aus, dem einzigen heute noch erhaltenen und benutzten Sakralbau der Sa skya pa in Tibet. Wie ein Dzong ist dieser gegen 1268 errichtete Lha khang chen mo von einer mächtigen, durch

acht drei- bis vierstöckige Bastionen verstärkten Ziegelmauer von knapp 100 Meter Seitenlänge umgeben, deren heutige düster-dunkelgraue Farbe diesen sich nach außen abschließenden Burgcharakter noch unterstreicht. Im Sommer war hier der Amtssitz der königlichen Familie[8], während der Khri 'dzin hier nur im Winter residierte und für die warme Jahreszeit einen Palast am Südkloster bewohnte.
Trotz seiner formalen Vorrangstellung wurden aber die vielversprechenden Lamas von hier ins Nordkloster geschickt, um von dort aus die wichtigen religiösen Posten in Sakya und in den exterritorialen Besitzungen[9] einzunehmen.
Die vermutlich weitreichende Erneuerung nach Brandzerstörungen im 16. Jahrhundert[10] mag eher das architektonische Detail als die Gesamtgestalt betroffen haben. 1948 wurde der Amts-Turm des Khri 'dzin links außerhalb des Eingangs zur Großen Sutrahalle nach Abbruch des alten Turmes ersetzt, ebenso einer der vier großen Pfeiler der Sutrahalle; viele Wandbilder wurden übermalt oder neu geschaffen und die Mauerzinnen chinesischen Stils zu flachen Traufen tibetischer Manier umgeändert.
Vom Dach des festungsartigen Tordurchgangs zu den drei hintereinander folgenden Höfen konnte man zur Abwehr der Feinde Steine herabwerfen; auch das Dach der Großen Sutrahalle ist mittels einer Leiter erreichbar. Im hinteren Teil waren die ca. 250 Mönche untergebracht.
Im Innern des Haupttempels ist die alte Ausstattung weitgehend erhalten: alte Wandmalereien, die einzigartige Sammlung der meist von Pilgern mitgebrachten indischen und nepalesischen Bronzefiguren und vor allem die vergoldeten, in Metall getriebenen Throne, Reliquien-Chörten und vorzüglichen monumentalen Aureolen der Buddhastatuen vor der Rückwand, die auf das 15. und teilweise vielleicht sogar 13. Jahrhundert zurückgehen dürften. Neben den von den chinesischen Kaisern geschenkten Porzellanen verdient die Bibliothek besondere Beachtung. Über 15 Meter hoch bis zur Decke reichend und die gesamte Breite der Rückwand der Großen Sutrahalle einnehmend, bilden die etwa 2500 Bände – darunter viele Handschriften – die älteste und reichhaltigste Bibliothek in ganz Tibet. Im Vergleich zu anderen Klöstern enthält sie auch wissenschaftliche Texte der Astronomie, Kalenderkunde, Medizin, Literatur und Geschichte sowie Biographien hoher Lamas, und erst 1980 wurden in Sakya bisher unbekannte Sutrenschriften entdeckt. Das gewichtigste, 131 Zentimeter hohe und 112 Zentimeter breite Werk mußte von 6 Lamas zum Vorzeigen herbeigetragen werden.[11] Weitere 2000 Bände barg der hinter dem langen Regierungsgebäude liegende Haupttempel des Nordklosters, darunter eine 1256 in Beijing gedruckte chinesische Sutrenausgabe.

Sakya. Der kleine Fluß trennt das Nordkloster von der weltlichen Siedlung. Links hinter der Brücke der Lha khang mit dem doppelten Dach, wo unter anderem die Inthronisation des Khri 'dzin, des «Thronfolgers» im Staate Sakya, stattfand.

Auch eine besonders verehrte Muschel-Reliquie (dkar mo rgyang grags) hat die Stürme der jüngsten Vergangenheit überdauert; sie soll vom indischen Pāla-König Dharmapāla (769–816) dem chinesischen Kaiser geschenkt und später von Khubilai Khan dem Sakya-Kloster gestiftet worden sein.[12] Göttlichen Ursprungs sollen die darauf eingravierten Mantras sein. Geblasen wurde die heilige Muschel jeden Morgen, auch bei der Thronbesteigung des Khri 'dzin oder für eine Lesung aus dem Totenbuch. Der das Muschelhorn blasende Lama hatte sich für eine solche Zeremonie zuvor geistig zu reinigen und trug währenddessen spezielle Gewänder. In Trümmern liegt das einige hundert Meter entfernt, jenseits des kleinen Pon-poi-Flusses liegende Nordkloster, wo noch heute die Einwohner aus der Trümmerstadt Steine für den Bau neuer Häuser wegholen. Das leuchtende Rot der ehemals – typisches Merkmal der Sakya-Klöster – noch zusätzlich schwarz und blau vertikal gestreiften Mauern ist längst verblaßt.[13]
In der kleinen, links vor dem Regierungspalast liegenden, ehemals durch ihr vergoldetes Doppeldach auffallenden Thronhalle wurden die Geshe-Prüfungen abgehalten und im Hof davor die Cham-Tänze der großen Feste veranstaltet. Den vier mit «chinesischen» Metalldächern gedeckten Labrang-Tempeln[14] stand je ein Abt vor. Der oberhalb dieses zentralen Komplexes auf einer Anhöhe errichtete Tempel Dechen

gling («Großer Friedensort») diente dem tantrischen Kult, und weiter westlich auf etwa gleicher Höhe wohnten die Kirchenfürsten, bevor ihre Residenz beim Südkloster vollendet war. Hier soll auch der Wohnsitz des Sa skya Pandita gewesen sein.

Noch 1959 barg der Haupttempel vorzügliche Balkenkonstruktionen, Holzschnitzereien und Wandgemälde des 13. Jahrhunderts.[15]

Für die Entwicklung der bildenden Künste in Tibet waren die Sa skya pa im 13. bis 15. Jahrhundert besonders produktiv. Neben großen Leistungen in der Metalltreibkunst waren ihre ebenfalls oft von nepalesischen Vorbildern inspirierten Malerschulen in Shalu, Gyantse und Ngor Evam stilprägende Zentren jener Zeit.

Sa skya Panditas Neffe 'Phags pa (1235–1280) hatte als «kaiserlicher Lehrer» dem ersten Mongolenherrscher in China, Khubilai Khan, den Buddhismus und zugleich eine aus dem Tibetischen abgeleitete neue Schrift (die «'Phags-pa-Quadratschrift») gebracht. Als Pilger hatte er den dem Manjushri heiligen Berg Chinas, den Wu tai shan, bestiegen und zu lamaistischen Bauwerken in Da du, dem späteren Beijing, angeregt. Erstmals waren Tibeter als Kulturbringer ins Reich der Mitte gekommen. Als am 21. März 1959 die Chinesen Sakya erreichten, bereiteten sie dem religiösen Imperium der Lama-Könige, von dem sie selber so viel empfangen hatten, ein Ende, von dem nur noch Zerstörung, Flucht ins Exil und eine Handvoll Mönche als Wächter einer nunmehr musealen Klosterburg übrigblieben.

43
Hauptaltar im Kloster Shalu. Der tibetische Tempel ist nicht für eine «Gemeinde» gebaut, sondern für die Gemeinschaft der Mönche. Der Laiengläubige betritt die kleinen Sanktuarien und Gebetsräume (lha khang) *– wie hier in Shalu – nicht, um einer gewöhnlich festgelegten, für ihn bestimmten Liturgie beizuwohnen. Das «Anrufen der in uns wohnenden Kräfte» (Govinda) geschieht als individuelle Verehrung, Meditation, Opferhandlung.*

44
Nethang, die 21 Tārās («Erlöserin») im zentralen Raum des sGrol ma lha khang. Mit dieser persönlichen Schutzgottheit des indischen Weisen Atisha («Der Hervorragende», 982–1054) kam in Tibet der Tārā-Kult auf.

45
Nethang, Maitreya-Statue in der (nördlichen) Kapelle der Buddhas der Weltalter. Links sind zwei der acht Mahābodhisvattas sichtbar (ebenfalls Stuck, 15. Jahrhundert oder älter).

46
Nethang, Amitāyus, der Buddha des unendlichen Lebens, in der Kapelle der drei Weltalter-Buddhas. Vor ihm die kleine Figur des in Nethang 1054 verstorbenen Atisha, dessen Gedenk-Chörten sich in der südlichen Kapelle des sGrol ma lha khang befindet.

47
Shalu, die Grüne Tārā in «entspannter Haltung» (lalitāsana) mit der Barmherzigkeitsgeste. Das Kloster Shalu ist noch heute reich an vorzüglichen alten Bronzestatuetten, die wie hier häufig dem 14. Jahrhundert angehören. Eine solche Figur konnte zum Beispiel 27 Wachsmatrizen Formteile haben, von denen man rund 500 Wachsfiguren für den Guß herstellte.

48
Shalu. Bodhisattva mit der Geste der Furchtlosigkeit. Hinter der Bronzefigur Reste jener Mandala-Wandmalereien, die im zweiten Viertel des 14. Jahrhunderts unter Entwurf und Anleitung des Abtes und berühmten Gelehrten Bu ston geschaffen wurden.

45

46

47

48

49

50

IX. Shalu – Kloster des Lama-Historikers Bu ston Rin po che

20 Kilometer östlich von Shigatse und weitere 3 Kilometer südlich der von Gyantse kommenden Straße hat sich inmitten des ca. 750 Einwohner zählenden Dorfes Shalu (Zha-lu) eines der großen Klöster aus der Zeit vor den ersten dGe-lugs-pa-Gründungen erhalten.[1] Von der ursprünglichen, ehemals 3800 Mönche[2] beherbergenden Klosteranlage ist nur noch ein Fünftel vorhanden, dessen schon recht weit vorangeschrittener Zerstörung nun durch eine Restaurierung Einhalt geboten werden soll. Nachdem Ende 1966 die letzten Lamas in die Volkskommunen geschickt worden waren, betreuen seit 1978 wieder sieben Ehemalige den ebenso historisch wie kunstgeschichtlich wertvollen Bau.

Das Klosterannalen zufolge 1087 gegründete Shalu[3] erhielt seine eigentliche Bedeutung erst in der Zeit der Sa-skya-Herrschaft und der Mongolenkaiser im 13./14. Jahrhundert, als es gegen 1300 oder schon zuvor durch Sku zhang Grags pa rgyal mtshan in seiner heutigen Gestalt neu errichtet und 1333 durch Bu ston in größerem Umfang ausgebaut bzw. ausgestattet wurde. Die Fürsten von Shalu stellten damals einen der dreizehn Khri dpons, die unter einem direkt von den chinesischen Yuan-Kaisern eingesetzten Gouverneur *(dpon chen)* in Tibet die Herrschaft ausübten. Gleichzeitig waren die Khri dpons von Shalu von den letztlich mehr geistlichen als weltlichen tibetischen Titularherrschern der Sa skya pa abhängig, mit denen sie außerdem noch verwandtschaftliche Bande hatten.

1320 kam einer der größten tibetischen Schriftgelehrten nach Shalu: Bu ston Rin chen grub pa (1290–1364), der hier zwei Jahre später sein noch für die heutige Tibetforschung wichtiges Quellenwerk über die Geschichte des Buddhismus in Indien und Tibet (Chos 'byung) vollendete und durch die auf seinen Lehren aufbauende Schule der Zha lu pa den Ort zu einem der tibetischen Gründungsklöster machte.

Bu ston lebte am Ende der Epoche der großen Übersetzer und der zweiten Ausbreitung des Buddhismus in Tibet. Als enzyklopädischer Gelehrter beherrschte er die Schriften der indischen Meister ebenso wie die Systeme der großen Lamas in seinem Lande. Sein 28bändiges Oeuvre umfaßt die erste Sammlung der gesamten buddhistisch-tibetischen Übersetzungsliteratur, die er systematisierte und in eine neue Orthographie des Tibetischen brachte. Ferner hinterließ er ein 200 Stichwörter umfassendes Nachschlagewerk zum tibetischen Buddhismus, Revisionen und katalogisierte Kommentare der «tibetischen

49
Nethang, Vajra-Dharmapāla (tibetisch chos skyong) *im sGrol ma lha khang. Seit der T'ang-Zeit kannte die buddhistische Kunst in China den Typ des muskelstarken zornigen Beschützers der Lehre. Ein Reflex davon ist auch in dieser neu bemalten Stuckstatue sichtbar.*

50
Nethang, zwei der vier Lokapālas («Weltwächter»), die den Tempel – als Abbild der Weltordnung – nach allen vier Himmelsrichtungen bewachen. Selten nur, wie hier in der Vorhalle des sGrol ma lha khang, sind die sonst gemalten Figuren plastisch dargestellt. Im Hintergrund eine Gebetsmühle.

51
Der vierte und berühmteste Großlama der Sa-skya-pa-Tradition, Sa skya Pandita (1182–1251), als Reinkarnation des Bodhisattva Manjushri (mit Schwert und Buch). Das Thangka entspricht dem Stil der stark nepalesisch beeinflußten Schule von Ngor bei Shigatse; 16. Jahrhundert oder später.
(Leiden, Rijksmuseum voor Volkenkunde, Nr. 4139–1.)

52
Sakya, Südkloster. Nicht zuletzt die neutrale Haltung im Streit der tibetisch-buddhistischen Schulen und die freundschaftlichen Beziehungen zu den Gelbmützen sicherte den Sa-skya-Lamas bis in unser Jahrhundert Macht und Wohlstand. Davon zeugt auch die wohl bedeutendste Sammlung alter, oftmals importierter Bronzefiguren, die es in Tibet heute noch gibt.

Kloster Shalu bei Shigatse. Der Lha khang am Großen Hof, 1981. Fünfzehn Jahre nach der Kulturrevolution gibt es in Shalu wieder sieben Mönche. Noch wächst das Gras auf den jahrhundertealten Glasurziegel-Dächern, und die meisten der hervorragende Wandmalereien bergenden Kapellen sind verschlossen.

Bibel», des bKa' 'gyur und bsTan 'gyur[4], reformierte die Ausformung der liturgischen Texte und Bilder, verfaßte eine Geschichte der wichtigsten tantrischen Lehren und Kommentare zum Kālacakra sowie zu den Klosterregeln und logischen und grammatischen Wissenschaften. Ein «zweiter Buddha», wie es in den alten Schriften heißt, und zugleich ein «Götterbild-Macher» *(lha bris pa)*.[5]
Von ihm nämlich sollen auch der Plan zum Haupttempel (gSer khang) und die Kompositionen *(bkod)* von dessen bildlicher Ausstattung (1362) gezeichnet worden sein. Bu ston gibt selber eine ausführliche Beschreibung der von ihm entworfenen tantrischen Bildzyklen und Mandalas, von denen sich noch heute Reste an den Eingangswänden des gSer khang erhalten haben.
G. Tucci nannte den zweistöckigen gSer khang «den wichtigsten Tempel für die Geschichte der tibetischen Malerei».[6] Um den Unter- und Obertempel (Tshogs khang bzw. Yum chen moi lha khang) führt jeweils ein Umgang für die rituelle Umkreisung, an dessen Wänden die 108 Ereignisse aus Buddhas Leben im chinesisch und indisch beeinflußten Stil der zweiten Hälfte des 14. Jahrhunderts dargestellt sind. Auch die zweigeschossige Galerie um den Hof, deren Holzdekor

Die nach Bu stons Entwürfen gemalten, im Stil nepalesisch geprägten Mandalas in Shalu (nördliches Seitengebäude); um 1350.

ebenfalls auf das 14. Jahrhundert weist, ist mit Wandmalereien – profaner Thematik – geschmückt.[7]

Auch in der Skulptur haben die von Bu ston aus China, Zentralasien (Hor) oder der Mongolei[8] angeworbenen Künstler ihre Spuren hinterlassen. Unverkennbar chinesisch sind sie am prächtigen Keramikdekor der blaugrün glasierten Dächer, die heute die mit Abstand ältesten dieser Art in Tibet sein dürften (ca. 1350). In jener Zeit sind wohl in Tibet die ersten vergoldeten Metalldächer im chinesischen «Pagodenstil» *(rgya phibs)* entstanden, was gerade für Shalu belegt zu sein scheint: «Das Dach bestand aus zwei schönen goldenen übereinander gesetzten Pagodendächern und glich demjenigen des Königlichen Palastes.»[9]

Eine Besonderheit in Shalu ist die aus grünen Glasurziegeln bestehende Dekoration der Dachzone; 14. Jahrhundert.

Im Innern des Haupttempels haben hochwertige, nach Indien und Kashmir weisende Bronzefiguren (u. a. ca. 11. Jahrhundert) die Bilderstürme zwischen 1959–1976 überdauert, während die Thangkas meist neueren Datums sind.[10]
Eine Durchsicht allein der in Tibet verbliebenen Klosterbibliotheken könnte viel Interessantes bringen. In Shalu haben sich zum Beispiel acht kaiserliche Dekrete in der mongolischen 'Phags-pa-Schrift erhalten, wie sie vom Yuan-Herrscher über die Sakya-Fürsten einst an jedem Ort in Tibet verbreitet worden waren.[11] Tibets berühmteste Druckerei im kaum 20 Kilometer von Shigatse entfernten Narthang wurde 1966 vollends ein Opfer der Kulturrevolution, und mit ihr die ältesten Drucke des bKa' 'gyur und bsTan 'gyur, deren Holzstöcke als Brennmaterial endeten.[12]
Shalu war früher noch in anderer Hinsicht ein bedeutender und für jeden Außenstehenden geheimnisumwitterter Ort: Seit Bu stons Zeiten war es ein Ausbildungszentrum für die Lung gom pa, die Tranceläufer, die, im teilweise wie über dem Boden schwebenden Lauf, riesige Entfernungen in kurzer Zeit ohne sichtliche Ermüdung zurückgelegt haben sollen. In strengster Klausur und Dunkelhaft haben sich

diese Magier, die von den Tibetbesuchern westlicher Herkunft wohl nur A. David-Néel und Lama Govinda zu Gesicht bekamen, 3 Jahre, 3 Monate und 3 Tage mittels bestimmter, die Levitation ermöglichender Atem- und Leibesübungen auf ihre unglaubliche Aufgabe vorbereitet. Das Geheimnis haben die letzten Lung gom pa längst mit ins Grab genommen und damit eines der wundersamsten Phänomene des alten Tibet.[13]

Einen Monat nach dem Tod des Abtes Bu ston von Kloster Shalu wurden, so weiß sein Biograph zu berichten, seine Reliquien «verteilt in alle Richtungen von Indien bis China». Ähnlich weit reichten, wie kaum an einem anderen Ort in Tibet, die in Shalu zusammenkommenden Künstler und Kunststile: von China bis Kashmir, von Zentralasien bis Nepal, von der Mongolei bis Indien.

Eine Generation später begann man auf der Grundlage der Sa-skya-pa-Lehren mit dem Bau der Klosterstadt von Gyantse, deren Architektur und bildliche Ausstattung auch das historisch folgende Kapitel in der Entwicklung tibetischer Kunst und zugleich einen ihrer Höhepunkte bezeichnen.

Kloster Shalu, Querschnitt.
Der dreigeschossige Lha khang rechts (weiter nach rechts schließt der Große Hof an) war wie die Seitenflügel (einer davon in der Mitte im Aufriß) 1981 noch unzugänglich. Ebenso die unteren Räume des zweiten Hofes (Mitte) und des Lha khang links außen. Aus dem oberen Raum dieses Lha khang stammen die Innenaufnahmen in diesem Buch. Alle drei auf dem Querschnitt sichtbaren Dächer sind mit grünen Glasurziegeln gedeckt (14. Jahrhundert).

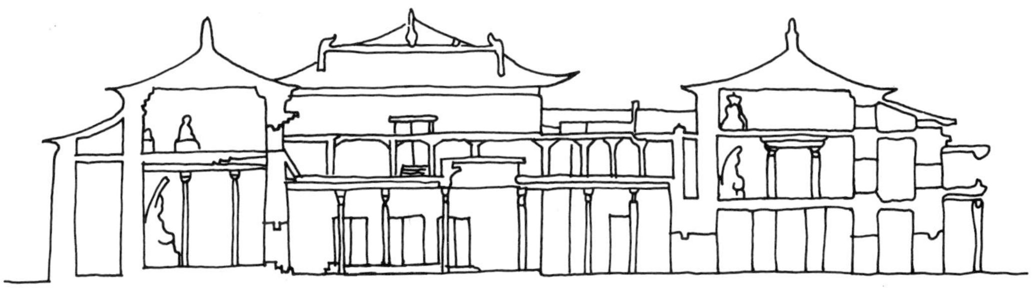

X. Gyantse und seine Bauten

1. Burg und Klosterstadt (dPal khor chos sde)

rGyal-rtse, die Stadt des «Königlichen Gipfels», liegt fast 300 km von Lhasa entfernt und rund 100 km östlich Shigatse an der ost-westlichen Hauptstraße Tibets und an der Weggabelung der traditionellen, von Süden aus Sikkim über das Chumbi-Tal ins Schneeland führenden Straße. Diese verkehrsgeographisch vorteilhafte Lage und ein berühmtes, besonders wegen seiner Wollwaren und Teppiche geschätztes Handwerk (1954: 80 % der Einwohner) begünstigten die früher etwa 7000, heute gegen 20 000 Einwohner zählende Stadt in der hier 4010 m hoch gelegenen «Schönen Provinz». Im 14. Jahrhundert wurde Gyantse Regierungssitz eines östlich bis Phari und westlich bis Khamba Dzong reichenden Feudalstaates auf dem Territorium der Sakya-Fürsten. Die alte Stadt bestand aus dem Dzong des Burgberges, der Klosterstadt dPal khor chos sde und dem verhältnismäßig kleinen Wohnviertel dazwischen. Ähnlich wie in Shigatse und mehr als in Lhasa hat sich hier zwischen den lehmfarbenen, nach herkömmlicher Art verputzten Häusern das Tibet von früher erhalten.
Der auf hohem Felskegel das Tal überragende Dzong geht auf den ersten Herrscher von Gyantse, Chos rgyal Phags pa dpal bzang po (geb. 1318), zurück.[1] 1904 bombardierten sich hier die durch ihre Waffen weit überlegenen britischen Invasoren den Weg nach Lhasa frei, wobei die auch Sakralbauten einschließende Festung erheblich zerstört wurde.
Anders als in Bhutan war der Dzong in Tibet allein Verwaltungssitz und Regierungszentrum eines Distriktes. Zu seinen Einrichtungen gehörten ebenso Gerichtshof, Gefängnis und Archiv wie Kornspeicher und Tempel. Um 1900 gab es unter der Lhasa-Regierung 53 Dzongs bzw. Distrikte mit einem Dzongpon-Beamten und 123 von einem Dzongnyer regierte Subdistrikte.[2] Meist teilten sich zwei Dzongpons – ein Laie und ein Lama – in die Ausübung der letztlich dem Regierungschef (Depon) unterstellten zivilen und militärischen Macht, wobei sie in letzterem Bereich dem General der Lhasa-Armee und dem chinesischen Amban unterstanden. Zu einem Dzong gehörten im Durchschnitt ungefähr fünfhundert diesem steuerpflichtige Familien. Über die Abgaben und die Art des bebauten Landes wurden Register angelegt. Die Ertragsmenge der vorangehenden fünf Jahre diente jeweils zur Festlegung der Steuern bzw. Abgaben des laufenden

Gyantse. Blick von den Anhöhen des Palkhor-Klosters auf den Kumbum (rechts) und den Dzong-Berg. Nach 1354 war das Verwaltungssystem der Dzongs von Changchub Gyaltsen (Byang chub rGyal mtshan), einem ehemaligen Sakya-Lama und dem ersten Phag-mo-gru-pa-Herrscher, in Tibet eingeführt worden.

Jahres. Dabei waren zwei Fünftel der Ernte das erlaubte Maximum. Hinzu kam die für Tibet so charakteristische indirekte Steuer (Ulag) in Form von kostenloser Bereitstellung von Transporttieren und Begleitpersonal für durchreisende Offizielle.

Nach den Zerstörungen von 1904 wurde der Gyantse Dzong nicht mehr benutzt. Heute hat man auf diesem prachtvollen Aussichtspunkt über die fruchtbare Ebene des Nyang chu in einem Raum der verbliebenen, inzwischen restaurierten Ruinen eine kleine Schausammlung und Dokumentation zur britischen Invasion eingerichtet.

Wie ein kirchliches Gegenstück zum Sitz der weltlichen Macht auf dem Dzong-Felsen liegt gegenüber, am Ende der Marktstraße, die ebenfalls im späten 14. Jahrhundert gegründete Klosterstadt dPal khor chos sde[3], übersetzt: «bedeutender kreisförmiger religiöser Bezirk». So bezeichnete man in Tibet Tempelklöster in Städten und Siedlungen, wobei es sich hier nicht um eine «Klosterstadt» in der Art von Sakya oder Drepung handelt, sondern um ein gemeinsames, durch eine Mauer umschlossenes Quartier verschiedener Schulrichtungen, von denen jede ihre eigenen Gebäude hatte. Nachdem Anfang des 19. Jahrhunderts noch die 'Brug pa und Kar ma pa hinzugekommen waren, zählte dPal khor chos sde bis in unsere Zeit achtzehn solcher Miniatur-Klöster, die den gründenden Sa skya pa, den Zha lu pa und dGe lugs pa angehörten. Daß diese Seite an Seite hier lebenden Schulen beim «Hochamt», also bei besonderen Feierlichkeiten, in der zentralen Versammlungshalle (Tsug lag khang bzw. Palkhor-Tempel) zusammenkamen, charakterisiert nicht weniger die relativ geringen Unterschiede in den Glaubenshaltungen der tibetischen Traditionen.

Gyantse. Die Klosterstadt dPal khor chos sde, 1951.

Alle achtzehn gewöhnlich auch nach Landsmannschaften bzw. Heimatprovinzen gruppierten Klöster *(grwa tshang* = Fakultät) hatten neben eigenen Studier-, Eß- und Schlafräumen auch eigene Äbte, die ihrerseits dem von Lhasa berufenen dPal chor mKhan po unterstanden. Die Klosterstadt war also nominell den Gelbmützen zugeordnet. Ippolito Desideri beschreibt diesen leitenden Abt als einen «Lamà molto potente e molto ricco, e che dopo il Gran Lamà di tutto il Thibet fa la seconda figura . . .».[4] Die Gewalt dieses Oberhauptes von dPal khor chos sde erstreckte sich auch auf den administrativen Bereich der Stadt, und in späterer Zeit scheint er die höchste Autorität im Gyantse-Distrikt ausgeübt zu haben. Die dadurch zu erwartenden Konflikte mit dem Dzongpon blieben nicht aus. Und zum Schutz gegen den Dzong soll man die Klosterstadt von Gyantse mit einer Mauer umgeben haben.[5] Für den *khor lam* der Pilger waren die unteren Wallpartien beim Eingang innen mit Buddhareliefs geschmückt, von denen man heute die dem Bildersturm entgangenen Reste an der Mauer aufgestellt hat. Verloren sind am Eingang dieser Umfriedung die vier Torwächter-Statuen. Heute schmückt eine neu gemalte Dreiheit von Manjushri, Chenresi und Mahākāla oberhalb des Löwenfrieses das alte Holzportal.

Von den sechzehn Klöstern Ende des 17. Jahrhunderts gehörten sieben der dGe lugs pa an, je vier der Sa skya pa und Dus khor pa[6] und eines der von Bu ston in Shalu (Zha lu) gegründeten Zha lu pa[7]. Gegen 600 Mönche bewohnten diese lamaistische Ökumene, einst sollen es 3000 gewesen sein.[8]

An der großen Wand oberhalb der wie ein Amphitheater dem

ringsum ansteigenden Gelände eingefügten Mönchsstadt hingen früher für nur wenige Stunden im Jahr die riesigen Fest-Thangkas, deren farbige Muster mit dem Rot der Wallmauern und Lamagewänder, dem Blau des Himmels und dem Gelb der dGe-lugs-pa-Hüte ein unvorstellbares Bild ergeben haben müssen.[9]
Von den achtzehn Einzelklöstern haben sich nach 1959 rund um das bauliche Zentrum des Kumbum und Tsug lag khang noch zwei erhalten[10], die beide nach jahrelanger Verlassenheit 1981 mit neuem Gandschir- und Dschaltsan-Dekor *(gan dzira* bzw. *rgyal mtshan)* geschmückt wurden. Wie leer es seither im dPal khor chos sde geworden ist, zeigt ein Vergleich alter und neuer Photographien.

2. Der dPal-khor-Tempel (Tsug lag khang)

Kultischer Mittelpunkt des einzigartigen dPal khor chos sde ist der Tsug lag khang, die Kathedrale von Gyantse, deren Inneres die schönsten heute noch in Tibet erhaltenen Sakralräume besitzen dürfte. Eine Entstehung um 1390 unter Rab brtan kun bzang 'phags pa erscheint wahrscheinlicher als die spätere Datierung ins 15. Jahrhundert.[11]
Im mandala-artigen Grundriß bilden die 48 Säulen der von oben belichteten Sutrahalle das Quadrat, dem im Süden die Eingangshalle, im Norden das Sanktuarium und westlich und östlich zwei größere Kapellen angefügt sind. Die wenig bemerkenswerten Wandmalereien der inneren Eingangshalle sind neueren Datums: Kreis des Lebens, die Vier Geistigen Brüder, Schwert der Erkenntnis, das mystische Namchu-wangdan-Monogramm, ein Fries mit Manjushri, Chenresi und drei Schutzgöttern.
Der Entstehungszeit gehören die schlecht erhaltenen Wandbilder der Haupthalle an, von denen man heute kaum mehr als die großen Buddhafiguren erkennt. Neueren Datums ist hier einzig eine grob aufgesetzte Partie links vom Zugang zum Sanktuarium.
Zur ältesten Ausstattung des späten 14. Jahrhunderts zählt auch die gut erhaltene Ausmalung und Skulptur der Vairocana-Kapelle im Westen.[12] Wieder klingt in der von einem Baldachin bekrönten und umwandelbaren viergesichtigen Statue des Zentrums die Mandala-Idee an. Die vier Bodhisattvas der Rückwand und weitere sechs an den Seiten geben ein einzigartiges Zeugnis der sonst verlorenen tibetischen Bildnerei um 1400. Jahrhundertealt sind auch die Bücher in den Wandregalen, von denen nicht wenige mit prachtvoll geschnitzten Buchdeckeln umgeben sind. Sie enthalten den vollständigsten handschriftlichen Kanjur (bKa' 'gyur) aus der Zeit vor Erscheinen der

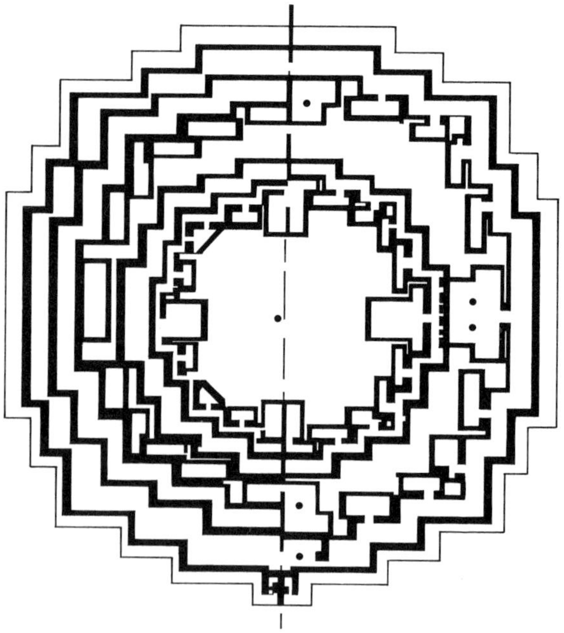

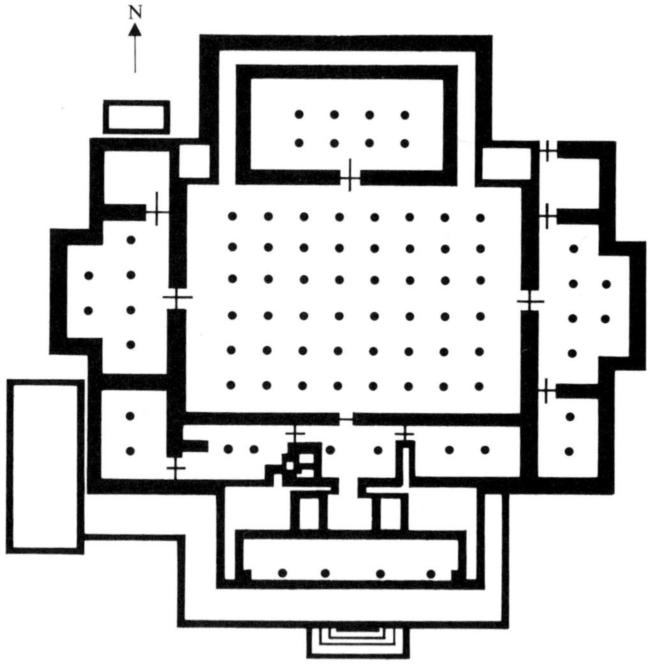

ersten gedruckten Narthang-Ausgabe. Ungefaßt ist die alte Deckenkonstruktion, auch das Portal enthält noch alte Schnitzerei.

Gyantse, dPal khor chos sde. Grundrisse des Tsug lag khang und des Kumbum. Einem Mandala gleicht die Aufsicht des 1414–1424 errichteten Großen Chörten. Entsprechend sind auch beim Tsug lag khang die Anbauten der Sanktuarien (links im Westen die Vairocana- und rechts die Maitreya-Kapelle, rückwärtig das Sanktuarium, vorne die Eingangshalle) auf die zentrale Versammlungshalle bezogen. Die besonders komplizierte Plangestalt des Kumbum ist in den zahlreichen Kapellen der verschiedenen Geschosse begründet.

Ein ähnlich wertvolles und gut erhaltenes Gesamtkunstwerk bildet die im Osten gegenüberliegende Maitreya-Kapelle mit den im Gewand- und Porträtstil vielleicht etwas chinesisch inspirierten Sitzstatuen dreier Lama-Patriarchen und der drei «Religionskönige» Songtsen Gampo, Trisong Detsen und Ralpachan.[13] Amitābha, Maitreya und Chenresi sind an den Wänden im Westen, Süden und Norden die gemalten Leitmotive.

In dem von einem rituellen Umwandlungsgang umgebenen Sanktuarium ist die zentrale, bis in den Oberstock reichende Bronzestatue des Maitreya aufgestellt, die als Kopie des Jo-bo-Buddha des Jokhang gilt. Zu seinen Seiten Śakyamuni und Dīpankara, die Buddhas der Gegenwart und Vergangenheit. Ebenso groß sind die sechzehn Bodhisattvastatuen der Seitenwände. Tsongkhapa und seine zwei Schüler auf dem mittleren Altar bezeugen das Übergewicht der Gelbmützen auch in Gyantse, wo das sonstige Bildprogramm weitgehend vom Geiste der Sa skya pa geprägt worden ist.

Links im Vorraum der Sutrahalle führt eine Treppe in den Oberstock, wo in den über dem Eingang gelegenen Amtsräumen die obersten Konferenzen der gesamten Klosterstadt abgehalten wurden.

Entsprechend zu den Vairocana- bzw. Maitreya-Kapellen unten ist auch die Anordnung in diesem Stockwerk: In der östlichen Kapelle sitzen sechzehn in neuerer Zeit bemalte Arhats in felsigen Nischen beiderseits eines zentralen Buddha. Die westliche Kapelle birgt neben den Statuen von acht Sakya-Patriarchen in der Mitte das plastische bDe-mchog-Mandala, das der Initiationsgottheit Samvara (skr.), dem

Herrn des Kailāsa-Berges, geweiht ist und dessen Grundidee wir im Gesamtplan des Tempels wiedererkennen dürfen: der Sakralbau im Zeichen vollkommener Glückseligkeit.[14]

Den dritten Stock bildet allein die im rückwärtigen nördlichen Teil oberhalb des Sanktuariums liegende Mandala-Kapelle, der ehemals geheimste und wichtigste Raum des Tempels. Hier fanden die Initiationsriten der tantrischen Mysterien statt. Die fünfzehn wandhohen und leidlich erhaltenen Mandala-Gemälde des 15. Jahrhunderts gehören heute zu den wertvollsten Schätzen bildlicher Kunst in Tibet, die nur noch in den auf Bu ston zurückgehenden großartigen Mandalas des 14. Jahrhunderts einiger gegenwärtig unzugänglicher Räume von Kloster Shalu bei Shigatse Vergleichbares haben.

Ein ritueller Umgang mit Wandmalereien der Tausend Buddhas führt um diesen wesentlichen Raum, der als höchste Erhebung im baulichen wie im übertragenen Sinne das monumentale Tempelmandala bekrönt, wie die oberste Terrasse des Weltenberges Meru die höchste Stufe der Erkenntnis darstellend. Nach einer Inschrift in Narthang gleicht der tibetische Tempel der Götterstadt auf der Spitze des Meruberges[15]. Die prächtige, mit Lotosblüten bemalte Kassettendecke ist nach über vierzig Jahren seit Tuccis Zeiten unverändert erhalten, nur die alten Bronzen fehlen, die aber vielleicht mit den heute im Sanktuarium des Untergeschosses aufgestellten identisch sind.[16]

Die Innenausstattung des Tsug lag khang ist von größter Qualität. Nirgends sonst haben sich in Tibet noch so gut erhaltene, vollständige Skulpturen- und Malereizyklen des 15. Jahrhunderts bewahrt. Erstmals werden in Inschriften die Namen der Künstler genannt, und zum ersten Mal auch erreicht die tibetische Malerei einen die nepalesischen, zentralasiatischen und chinesischen Einflüsse selbständig verarbeitenden, eigenständigen Stil. Die Wandmalereien und Stuckfiguren *(bzo sku)* des Palkhor-Tempels und des Kumbum nebenan gehören zu den größten Leistungen tibetischer Bildkunst aus dem Geiste der Sa skya pa. Sakya und Gyantse waren im 14./15. Jahrhundert die führenden Kunstzentren Tibets. Teile der Ausstattung, die 1904 von den Briten mitgenommen wurden, sind später auch in europäische Sammlungen gelangt, zum Beispiel die vermutlich von Thron- oder Aureolenwänden stammenden getriebenen Metallreliefs im Museum voor Volkenkunde in Leiden.[17] An ihnen wird der Einfluß nepalesischen Kunsthandwerks deutlich. Ähnliche Stücke aus früherer Zeit sind im Sakya-Kloster erhalten geblieben.[18]

3. Der Kumbum

Ist der Palkhor-Tempel die kultische Mitte der Klosterstadt, so der Palkhor-Kumbum deren baukünstlerisches Zentrum. Der «Stupa der hunderttausend Bilder (Buddhas)», wie Kumbum *(sku 'bum)* zu übersetzen wäre, gehört zum monumentalen Chörten-Typ «mit zahlreichen Türen» *(sgo mang),* der die Form des traditionellen Stupa mit der Funktion des – begehbaren – Tempels verbindet. Nach Vorläufern in Narthang südlich Shigatse (14. Jahrhundert) und in Ghyang bei Lhartse (2. Hälfte 14. Jahrhundert)[19] stellt das zwischen 1414–1424[20] errichtete «bedeutendste Denkmal tibetischer Kunst» (G. Tucci) eine reife und geradezu klassische Lösung des tibetischen Kumbum-Chörten dar, ein einmaliges Gesamtkunstwerk von Architektur, Skulptur und Malerei. Die einzelnen Zonen des herkömmlichen tibetischen Stupa sind in einem vereinheitlichenden, pyramidalen Umriß zu einer monumentalen Stufenpagode einander angeglichen.

Über einer niedrigen, dreifach gestuften Basis, dem die Einheit von Praxis und Erkenntnis *(upāya* und *prajā)* symbolisierenden «Mondlotus»[21], in welchem so die beiden Aspekte des Seins, der Glückseligkeit und Leerheit *(mahāsuka* und *sūnyata),* veranschaulicht werden, aus denen der Erleuchtungsgedanke erwächst, erheben sich das Sockelgeschoß und die vier Stockwerke mit 68 Kapellen.[22] Die – entwicklungsgeschichtlich gesehen – der Höhe der vier Hauptstockwerke angeglichene und zugleich als Umfassungsmauer *(lan khan)* für das untere Kapellengeschoß dienende Sockelzone, der «Thron» *(khri adegs),* bildet einen durch die mehrfache Abtreppung gleichsam sternförmig wirkenden Grundriß. Auf ihm ruht der Bau wie ein konzentrisches plastisches Mandala, so wie auf den fünf – durch seine nach allen vier Seiten fünffach gegliederten *(gdong)* Sektoren symbolisierten – Tragtieren, Löwe, Elefant, Pferd, Pfau und Garuda, die fünf Tathāgatas, die «Unveränderlichen», vorgestellt werden: Vairocana im Zentrum, Aksobhya im Osten, Ratnasambhava im Süden, Amitābha im Westen, Amoghasiddhi im Norden. Sie beherrschen als kosmische Buddhas der unendlichen Räume die Mitte und die vier Himmelsrichtungen des Universums und zeigen dem Menschen den Weg der Erlösung.

Das untere Kapellengeschoß symbolisiert die vier Formen des Bewußtseins *(smrtyupasthāna):* Körper *(kāya),* Geist *(citta),* Empfindung *(vedanā),* Gesetz *(dharma).* Das folgende Stockwerk soll auf die vier Formen des Verzichts *(prahāna)* hinweisen, die im Aufstieg zur höchsten Vollkommenheit zu leisten sind, während das dritte Geschoß nach Vorstellung der Erbauer[23] die vier Elemente der wunderbar wirksamen mystischen Kraft *(rdsu aprul rkang pa)* repräsentiert.

Gyantse, Querschnitt des Kumbum. Umzeichnung nach Wen wu 1961/1. Über dem massiven Kern liegen treppenartig die verschiedenen Stockwerke mit den Kapellen. Noch oberhalb des Harmikā gibt es eigene Räume. Verloren sind heute die Vorbilder: zum Beispiel der Chörten in Narthang und ein Groß-Chörten mit vier sehr hohen Sockelgeschossen und niedrigem, breitem *bum-pa*-Zylinder bei Kangmar.

Die fünffach abgestuften Seiten und die fünf Geschoße des monumentalen «Sockels» für den Oberbau nehmen zahlensymbolisch die fünf Tathāgata-Buddhas auf. Und in fünf Hauptzonen ist auch der gesamte Bau horizontal gegliedert: quadratischer «Stufen-Sockel», *bum-pa*-Zylinder, Harmikā, Spira, Spitze.

Das ganze lamaistische Pantheon scheint hier vertreten zu sein: Buddhas, Bodhisattvas und vor allem die Yidams der tantrischen Liturgien, Tārās, Schutzgottheiten, heilige Siddhas, die Patriarchen der verschiedenen Schulrichtungen und die drei «Religionskönige» Songtsen Gampo, Trisong Detsen und Ralpachan (viertes Kapellengeschoß) füllen als Skulptur oder Wandmalerei die kleinen Sanktuarien, die der Pilger, dem Beispiel dieser erleuchteten Wesen folgend, auf seinem Stufenweg – hier im zweifachen Sinne – zu Erkenntnis und Erlösung passiert. Jede Kapelle offenbart eine neue Erscheinungsweise des Dharma.

Im sechsten Geschoß, der zu einem niedrigen Zylinder reduzierten *bum pa* («Vase», bauchiger Chörten-Leib), sind die vier auf die Himmelsrichtungen orientierten Kapellen rDo rje gdan (Buddha Vajrāsana; im Süden), Śakyamuni, rNam par snang mdsad (Vairocana) und Yum chen mo geweiht.[24] Darüber thront «in der Weltachse» als Einzelfigur der – heute fehlende – Adi-Buddha Vajradhara (rDo rje chang), als körperliche und geistige Mitte und Sinnbild des Absoluten. Vor ihm, im Zeichen des rDo rje chang, ist oberhalb des mit den

Der Buddha Ratnasambhava im Kumbum von Gyantse, um 1414/1424. (Aufnahme 1948.)

Augen des Adi-Buddha bemalten Harmikā und des dreizehnfachen, die dreizehn Stufen des Bewußtseins *(bhūmi)* darstellenden Spira *(chos 'khor)* der letzte Abschnitt des Erlösungsweges erreicht, wo angesichts des Höchsten Prinzips allen Seins und der Unio mystica mit der Letzten Wahrheit, dem kosmischen, undifferenzierten Bewußtsein, jegli-

Der Trichog-Chörten bei Shigatse, ca. um 1300 gebaut. Der in Tsang charakteristische niedrige und häufig sehr breite Zylinder *(bum pa)* bei insgesamt wenig steilem Umriß und monumentalem Ausmaß findet sich später auch am Großen Chörten des dPal khor chos sde wieder. (Aufnahme um 1950; der Bau ist heute nicht mehr erhalten.)

che Mannigfaltigkeit verlischt: «Symbol des unbegrenzten Raumes und der śūnyatā» (Govinda). Mit dem durch rDo rje chang symbolisierten und undifferenzierten kosmischen Bewußtsein vereint sich der Erleuchtungssuchende durch die mystische Erfahrung des Absoluten. In diesem endgültigen Zustand der Erleuchtung möchte man an den vermeintlichen unvollendeten Adi-Buddha der Spitze des Borobudur (Java) denken – und nicht nur in diesem Detail. Die neunte Zone oberhalb des Schutzschirmes reicht mit ihrer Spitze bereits in die überirdische Sphäre des Äthers und der Leere: Das strahlende Flammenjuwel steht für das Erleuchtungsbewußtsein *(bodhicitta)*, das es als Ziel des geistigen Stufenweges zu entfalten gilt. Höher als dieser ca. 35 m hohe Tempel-Chörten war in Tibet nur derjenige von Champaling bei Mindoling (von 1472).
Neun Stockwerke sind eine symbolische Zahl, die zwischen dem Universum und dem menschlichen Körper, zwischen Makro- und Mikrokosmos verbindet.[25] In neun Handspannen *(tāla;* tibetisch *cha-chen* oder *thal mo)* als Längeneinheit, die jeweils aus zwölf Fingerbreiten *(angula;* tibetisch *sor mo)* bestehen, teilt der tibetische Zeichner von Tradition her die menschliche Figur ein. Die ganze Gestalt mißt somit 108 Fingerbreiten. Was in der Harmonie der Maße und Proportionen Buddha als den idealen Menschen fixiert, bestimmt den Kumbum von Gyantse als den idealen Bau: 108 Königs-Ellen *(khru)*[26] bilden den Radius auf Sockelniveau. Dieses Ellen-Maß bestimmt die Proportion der einzelnen Teile. Hundertundacht ist eine wichtige heilige Zahl des Buddhismus[27], und zugleich das Resultat aus neun (Maßeinheiten) mal

zwölf (Zeichen des Zodiakus), der Multiplikation von Raum und Zeit. Somit wäre der Chörten in seiner räumlichen und zeitlichen (des Umkreisens) Komponente eine bewußt konzipierte architektonische Einheit beider Dimensionen.

An dieser «sichtbaren Darstellung des heiligen, zur Erleuchtung führenden Pfades» (Govinda) soll der Gläubige, in der rituellen Umwandlung von Stufe zu Stufe nach oben steigend, in einem Prozeß des Bewußtwerdens auf den einander folgenden Erkenntnisebenen die verschiedenen Stadien der Meditation erfahren. Der Weg des Pilgers als Mittel zur Initiation im Zeichen des Ur-Buddha Vajradhara und zur Erkenntnis des Absoluten ist hier ein dem Bau notwendig zugehörendes Element. In ständig kreisender Bewegung folgt der einzelne dem vollkommenen Rund des Universums, als dessen Abbild das dem kosmischen Berg analoge «Behältnis der Lehre» *(mchod rten)* seine kosmologische Sinngebung erhält. Es ist der ähnliche «psychophysische Pilgerweg» (D. Seckel) wie auf dem Borobudur-Stupa: von der Welt der Phänomene, dem bildlosen Sockel auf dieser Erde, über die gestufte Welt des Dharma mit seiner dem Gläubigen als Vorbild dienenden und ihm den Weg zur Buddhaschaft weisenden Bildwelt bis in die Region der unanschaulichen Leere, der letzten Stufe des im Bild des Adi-Buddha angezeigten Nirvāna.

Der Chörten wird zum Modell des buddhistischen Erlösungsideals und in seinem meditativen Aspekt der Mandala-Gestalt zur Anweisung für die anzustrebende Erlösung. Zugleich ist der Stupa – von jeher die älteste Form der Darstellung des Erhabenen –, mit seinem reichen figürlichen Schmuck der Bildleib Buddhas, das «Symbol des erlösten Körpers Buddhas, dessen Anblick allein schon zur Befreiung führt», wie es in einer Inschrift am Bau heißt. Die allessehenden und nach allen Richtungen gegenwärtigen Augen auf dem Harmikā, dem ursprünglichen Reliquienbehälter, sind anthropomorphes Zeichen des zentralen Adi-Buddhas, der Buddhaschaft schlechthin. In diesem Sinne ist letztlich auch die Beigabe der *tsha-tsha*-Figürchen begründet, weil mit ihnen etwas vom Leib heilig-frommer Menschen dem Bauwerk beigegeben wird, das seit Anbeginn den Stupa in seiner primären Bedeutung als Reliquienschrein charakterisiert.

Als architektonisches Mandala enthält der Kumbum zugleich die Vorstellung des Weltenberges Meru. Die Architektur ist Bedeutungs- und zugleich Bildträger des lamaistischen Pantheons, dessen Ikonographie im wesentlichen aus dem Geist der Sa skya pa rührt. Darstellungen von Bu ston, Abt von Shalu und einer der größten Gelehrten des tibetischen Buddhismus, sowie vor allem ikonographische Schemata (Mandalas!) nach seinen Schriften sowie Inschriften bezeugen dessen Einfluß auf den Bau.[28] Andere Inschriften rühmen das Geschick der

Wandmalerei einer Kapelle des unteren Stockwerks im Kumbum von Gyantse, 15. Jahrhundert. Die hohe Qualität der bildlichen Ausstattung hat ganz wesentlichen Anteil an Gyantses künstlerischem Ruhm.

Künstler, die hier erstmals in der tibetischen Kunst mit Namen genannt werden, mit Farben umzugehen. Mit Grund, denn sowohl die plastische als auch die malerische Ausstattung bilden einen Höhepunkt in der Kunst des alten Tibet.
Dem heutigen Besucher gelingt es indes selten, über das erste Kapellen enthaltende Stockwerk hinauszugelangen.[29] Die 1979 außen abge-

schlossene Restaurierung wurde 1980 noch oberhalb des dritten Stockwerks durch vier tibetische Kunsthandwerker fortgesetzt; nicht immer in denkmalpflegerischem Sinne befriedigend, wenn man die jüngsten, grellfarbigen Fassungen betrachtet. In den untersten Hauptkapellen sind einzelne Skulpturen völlig neu bemalt und wohl auch in der Substanz erneuert, während die Wandmalereien des 15. Jahrhunderts im großen ganzen sehr gut erhalten sind.

Funktion und Gestalt, Idee und Form, Architektur und Dekor, Bau- und Bildwerk, Maß und Proportion verbinden sich im «Goldenen Tempel der hunderttausend Buddhas» – geradezu zu einem programmatischen Kunstwerk des tibetischen Buddhismus – zu einer harmonischen und in sich reich differenzierten Einheit, wie sie später nie wieder erreicht wurde.

53
Gyantse, Blick vom Dzong-Berg auf die Altstadt und die umwallte Klostersiedlung dPal khor chos sde, wo die Verluste der ehemals 18 Kleinklöster (grwa tshang) *deutlich sind. In der Ferne links folgt die Straße nach Shigatse dem Tal des Nyang chu.*

54
Der Haupttempel (Tsug lag khang) des Palkhor-Klosters in Gyantse, um 1400. Sowohl das Obergeschoß als auch die noch darüberliegende Mandala-Kapelle mit den Wandmalereien aus dem 15. Jahrhundert sind aus dieser Perspektive nicht zu sehen.

55
Diese Ansicht des dPal khor chos sde vermittelt noch am ehesten einen authentischen Eindruck des ursprünglichen Zustandes. In die Klosterbauten – rechts oben Rending grwa tshang (dGe lugs pa) – beiderseits des Kumbum (um 1414–1424) zieht heute wieder neues Leben ein.

56
Amitābha, der Buddha des grenzenlosen Lichtes und westlichen Paradieses in Meditationshaltung; um 1414–1424. Die kleinen Kapellen im Kumbum von Gyantse bergen die qualitätsvollsten Skulpturen und Malereien, die heute noch in Tibet erhalten sind.

57
Die zentrale, bis in den Oberstock ragende Buddha-Statue im Sanktuarium des Tsug lag khang im dPal khor chos sde. Aus dem 15. Jahrhundert stammt vor allem auch der Metall- und Stuckdekor oberhalb des Kopfes. Die Butterornamente des Altars im Vordergrund (gtor ma) *sollen Götter und Geister günstig stimmen und Unheil von den Menschen abhalten.*

58
Der Bodhisattva Manjushri. Thronfragment aus dem dPal khor chos sde in Gyantse; Kupfer vergoldet 0,41×0,20 Meter, 15. Jahrhundert.
(Leiden, Rijksmuseum voor Volkenkunde, Inv. Nr. 2845–8.)

56

57

58

60

61

62

63

XI. Die drei Staatsklöster: Ganden, Drepung, Sera

1. Kloster Ganden

So bunt die Landkarte der buddhistischen Schulrichtungen in Tibet gegen 1400 aussah, so mannigfaltig war auch die Gestalt ihrer Klöster geworden. Die Bauten von Sakya, Shalu und die Klosterstadt in Gyantse geben von dieser «monastischen Kleinstaaterei» anschauliches Zeugnis.

Die Klostersiedlung dPal khor chos sde in Gyantse kann in ihrem Nebeneinander verschiedener Traditionen dafür durchaus als repräsentativ gelten. Die religiöse und weltliche Vorherrschaft der Sa skya pa war gebrochen, doch erst Tsongkhapa (1357–1419), der grosse Reformator mönchischer Disziplin aus dem Distrikt Tsong kha («Zwiebel-Tal») im fernen nordöstlichen Amdo, wurde ihren Großlamas zur Konkurrenz. Nach Aufenthalten an fast allen bedeutenden Orten des damaligen Tibet, in Sakya, Shalu, Narthang, Nethang, Lhasa, Reting, Drigung und Yarlung, schuf er mit dem 1409 von ihm gegründeten Kloster Ganden (dGa'ldan) die «Gelbe Kirche» und die erste der drei Säulen der dGe lugs pa, der gelbbemützten «Tugendhaften», der im 17. Jahrhundert zu den «Staatsklöstern» Tibets angewachsenen größten Mönchsstädte im Lande.

Der rJe Rin po che vollendete, was Atisha im 11. Jahrhundert angebahnt hatte. Und seine Verehrung ist wohl nur mit derjenigen Padmasambhavas vergleichbar: Beide waren für ihre Zeitgenossen ein «zweiter Buddha». Und beide repräsentieren zugleich die extremen Pole in der Skala der tibetisch-buddhistischen Lehrtraditionen. Kaum wird man an hervorragender Stelle das Bild des großen Magiers Padmasambhava in einem Kloster der Gelbmützen finden, es sei denn, in der Bedeutung als Begründer des Buddhismus in Tibet schlechthin. Tsongkhapa reinigte die Lehre von den Auswüchsen des Aberglaubens, von den auf Magie, Astrologie und Orakelkult gegründeten Praktiken. Er gab Anleitungen zur Ausbildung der psychischen und intellektuellen Kräfte, zur Beherrschung des Bewußtseins auf dem «Großen Pfad der Stufen der Erleuchtung» *(Lam rim chen po)*, wie sein 1403 verfaßtes Hauptwerk heißt. Dabei reformierte er weniger die Lehre als deren Praxis und Anwendung. Im Zeichen einer strengen Klosterdisziplin wurde nun der Kultus bis in die Einzelheiten geregelt. Zölibat, Verbot alkoholischer Getränke, Aufhebung der Abendmahlzeit und die Begründung einer geistlichen Hierarchie

59
Der Bodhisattva Padmapāni als Emanation – und wirkende Kraft – des Tathāgata Amitābha (bzw. dieser im Schmuck des Sambhogakāya-Aspektes); dPal khor chos sde, Tsug lag khang, um 1400/Anfang 15. Jahrhundert. Trotz der inzwischen so glänzend gewordenen farbigen Fassung ist diese hochwertige Stuckdekoration sehr gut erhalten.

60
Chörten mit einer weißen Tārā im Kumbum des dPal khor chos sde, um 1414–1424. Die neue Bemalung und die alten Wandmalereien hinten rechts zeigen – wie alle anderen Farbaufnahmen hier – den Zustand von 1980.

61
Wandmalerei des 15. Jahrhunderts im Kumbum des dPal khor chos sde. Die Bildprogramme bauen auf den Lehren der Sa skya pa und auf Bu ston auf.

62
Buddhastatue im Kumbum des dPal khor chos sde (Stuck, 15. Jahrhundert). Hände, Krone und Ornamentteile fehlen.

63
Die drei «Religionskönige» und Verbreiter des Buddhismus in der Maitreya-Kapelle des Tsug lag khang im dPal-khor-Kloster: Songtsen Gampo (609–649), Trisong Detsen (755–797), Ralpachan (817–836). Der Gewandstil läßt ebenso wie die realistischen Physiognomien der Arhats im Kumbum chinesische Anregungen erkennen.

waren nur die wichtigsten Neuerungen. Als Inkarnation des Bodhisattva der Weisheit, Manjushri, folgte er den Sa-skya-Hierarchen: Das Buch der Erkenntnis und das die Wolken der Unwissenheit zerteilende Schwert sind seine Attribute.

Die Zeit war für einen Tsongkhapa reif geworden. Das Zeitalter, das er begründete, ist heute noch Gegenwart.

Nach Einrichtung des Mönlam-Festes *(sMon lam)* in Lhasa 1409, der «Feier des Großen Gebets», gründete Tsongkhapa noch im selben Jahr ca. 60 Kilometer östlich des Kyi-chu-Flusses dGa 'ldan rnam rgyal gling, wie Ganden, «Das Freuderfüllte», mit vollständigem Namen lautet; eine Art Paradies, wie die entsprechende Sanskrit-Bezeichnung verheißt, so wie es einem Sitz künftiger Buddhas angemessen war. Denn wie die Bodhisattvas Manjushri und Vajrapani dem 53jährigen Tsongkhapa während des Mönlam in Lhasa verkündeten: «... wird der Heilige in der nächsten Geburt im Tushita-Himmel wiedergeboren ... Aus diesem Grunde sollst du dem Kloster den Namen „Freudenvolles dGa 'ldan" geben! Als darauf die große sMon-lam-Gemeinde sich auflöste, nahm er sofort ein paar (neue) Schüler mit und begab sich zum großen Einsamkeitsberg und stellte dort seine Untersuchungen an. Dann sagte er: Die Erscheinungen sind (sehr gut; es ist) ein Ort, der darauf hinweist, daß die religiösen Übungen in Theorie und Praxis sich in reichem Maße entwickeln werden! Auf allen Steinen waren sogar von selbst entstandene (Buddha)-Figuren, (heilige) Buchstaben und Mudra-Zeichen ohne Zahl.

Da sagte einer seiner Schüler: Hier gibt es (nur) ein klein wenig Wasser! Da wies der Heilige mit dem Finger auf einen Felsen neben ihnen und sagte: Aus diesem Felsen muß doch Wasser hervorkommen! Sofort spaltete sich der Fels daraufhin und brach auseinander, und aus dem Spalt floß überaus gutes Wasser. Dies wurde „Quelle des Nektars" genannt, und bis auf den heutigen Tag trinken die Kleriker dieses Klosters daraus.»[1]

Nachdem die üblichen Bannungs-Zeremonien am Ort erfolgt waren und «die geistlichen wie weltlichen Fürsten der nahen Umgebung alle zusammen voll Frömmigkeit Hand anlegten und ohne Unterlaß mit heller Begeisterung an der Fertigstellung arbeiteten, wurden noch im selben Jahre die Halle der Verehrungsgegenstände, die Versammlungshalle, die Wohnung des Heiligen sowie die Wohnungen der Lamas, die mit den Wohnungen der (übrigen) Kleriker über siebzig ausmachten, fertiggestellt. Die Wohnungen, die verbessert wiederhergestellt wurden, waren hundert an der Zahl.»[2] Letzterer Satz macht die Existenz von Einsiedlerklausen bereits vor Gründung des Klosters wahrscheinlich, und in der Tat seien nach der Überlieferung bereits Padmasambhava und Atisha hier gewesen.

Kloster Ganden, wie es noch bis nach 1959 existierte. Der dunkle Bau links ist das Mausoleum Tsongkhapas. (Aufnahme um 1910–1920.)

Noch im gleichen Jahr kamen weitere 500 Mönche nach Ganden, während sich der Gründer zunächst für zwei Jahre zur Meditation zurückzog.[3] Im 19. Jahrhundert und vor 1959 lebten in Ganden ca. 3000 bzw. 3300 Mönche.[4]

Bis auf einen 1415 errichteten sGrub mchod gtsang khang und die zwei von direkten Schülern Tsongkhapas gebauten Fakultäten Byang rtse («Ort des Nordens») und Śar rtse («Ort des Ostens») sind uns keine Baudaten bekannt.

Zentrum der seit 1966 in Trümmern liegenden Klosterstadt ist das ehemals von einem vergoldeten Metalldach aus dem Jahre 1629[5] bekrönte Mausoleum des Tsongkhapa aus dem 15. Jahrhundert, noch heute als rotfarbiger Kubus aus der Ruinenlandschaft hervorragend. Hierin befand sich in einer kleinen Kapelle der Grab-Chörten, welcher von einem auf Holzpfeilern ruhenden, aus Fell und Seide Anfang des 18. Jahrhunderts gefertigten mongolischen Zelt[6] wie von einem Baldachin umgeben war. Ursprünglich aus Silber bestehend, war jener im 17. Jahrhundert durch einen etwa vier Meter hohen, mit Sockel und Aufbauten doppelt so großen vergoldeten Bronze-Schrein ersetzt worden. Außerhalb des Zeltes waren in der noch mit alten Wandmalereien geschmückten Kapelle[7] kleinere Silber-Chörten der

Nachfolger Tsongkhapas in doppelten Reihen an den Wänden aufgestellt[8]; beiderseits des Tsongkhapa-Grabes die Reliquien-Chörten seiner zwei Hauptschüler und Nachfolger rGyal tshab rje (1364–1431) und mKhas grub rje (1385–1438). Ferner im Zelt aufgestellt war die vergoldete, ca. einen Meter hohe Sitzstatue des Gründers.[9] In einer Kapelle befand sich hier auch eine 1757 durch Kaiser Qianlong «als Opfergabe für Buddha»[10] geschenkte wertvolle Rüstung mit Inschriften auf dem Helm in chinesisch, mandschu, mongolisch und tibetisch.
«Trotz Verbrennens blieb der Körper des Heiligen unversehrt. Für den Stupa mit den Überresten des Heiligen wurde die Kathedrale (der Haupttempel Yangs pa chan) neu hergerichtet».[11] Mit dem Gesicht nach Nordosten habe man ihn im Chörten beigesetzt, in Richtung seiner Heimat Amdo. So will es die Überlieferung. «... Am 25. Tag des 10. Monats, dem Todestag, fallen kleine Blumen vom Himmel, die das Land wie Schnee bedecken.»[12]
Bevor die Herrschenden vor fünfzehn Jahren sein Gedächtnis auszulöschen versuchten und die Blumen gleichsam durch Bomben zu ersetzen sich anschickten, zündete man jährlich zum Gedenken an Tsongkhapas Tod abends unzählige Lichter auf den Klostergebäuden an, wie ein tausendfaches Licht für den, der es vor einem halben Jahrtausend Tausenden gebracht hatte. Gebete und der Vortrag seiner mystischen Lebensgeschichte im Tsug lag khang, das Blasen seines Muschelhorns und bis in die Nacht dauernde Lehrrezitationen erfüllten Ganden an jenem Tage. Bis in unsere Zeit hatte sich auch die Zelle mit Wandmalereien und einem Thronsitz des 15. Jahrhunderts erhalten, in der der rJe Rin po che 1419 gestorben war.[13]
Von einem chinesischen Golddach gekrönt war auch der unmittelbar rechts dem Mausoleum benachbarte, an der Fassade nahezu fensterlose Haupttempel von Ganden, zu dessen fünfjochiger Vorhalle eine heute unter dem Schutt nur noch mit Mühe erkennbare doppelläufige Treppe emporführte. Völlig unbekannt ist, was nach 1966 mit dem Inventar auch dieses Baus geschah: mit den großen Maitreya- und Tsongkhapa-Statuen, dem Thron des Meisters, dem Brokatbaldachin oder den vierundzwanzig wertvollen chinesischen sogenannten «T'ang-Stickereien» – Thangkas mit Bodhisattvas und Arhats, die möglicherweise aus Nanjing (Provinz Jiangsu) nach Tibet gelangten, als der Tsongkhapa-Schüler Byams chen chos rje Anfang des 15. Jahrhunderts der Einladung des Kaisers Yong le ins Reich der Mitte gefolgt und von dort, reich beschenkt, wieder zurückgekehrt war.[14]
Eine besondere Bedeutung kam dem Abt von Ganden, dem Khri Rin po che, zu. Nach dem Dalai und Panchen Lama stand er an dritthöchster Stelle in der Hierarchie des tibetischen Klerus. Insbesondere

geschah die Thronfolge in Ganden nicht durch Reinkarnation oder – wie es sonst in Tibet freilich nur relativ selten vorkam – mittels Erbfolge, sondern durch Wahl unter den gelehrtesten, meist den Fakultäten vorstehenden Lamas. Tsongkhapa hatte sein Amt an den älteren seiner beiden Hauptschüler, rGyal tshab rje Dharma rin chen, im Sinne einer «apostolischen Sukzession» (Kaschewsky) übergeben. Bis zum 36. Abt war das System der Ernennung nicht sehr einheitlich. Nach teilweise bis 13jährigen Amtszeiten wurde nun im 17. Jahrhundert eine siebenjährige Periode festgesetzt, wobei seither stets alternierend der Abt vom «Nord- bzw. Südgipfel» diese Würde bekleidete.[15]

Khri Rin po che von Ganden zu werden, heißt nach Geshe Lodrö, die volle Erleuchtung der Buddhaschaft zu erlangen. Entsprechend hoch waren die Anforderungen. Nach einem 20- bis 30jährigen Allgemeinstudium hatte der zukünftige Würdenträger drei Jahre «Vorsteher der liturgischen Vollziehungen» *(dBu mjad)* in der Oberen und Unteren Tantra-Schule *(rGyud stod* und *rGud smad)* und mindestens drei Jahre lang Abt eines anderen Klosters zu sein. Dann aber konnte er sogar den Dalai Lama bei dessen Abwesenheit vertreten oder dessen Lehrer werden. Der vierte Ganden-Abt, Zha lu pa Legs pa rgyal mtshan (1439–1450), machte sich durch den Bau von Eisenkettenbrücken einen Namen. Seit dem 23. Khri Rin po che präsidierte das Oberhaupt von Ganden das alljährliche Fest des Großen Gebets *(sMon lam)* in Lhasa. Der letzte, 1964 verstorbene Abt, Thub bstan kun dga, war Vizepräsident der Buddhistischen Gesellschaft und Mitglied des Vorbereitenden Komitees für die Schaffung der Autonomen Region Tibet. Der derzeitige, 97. Abt von Ganden, Yongs 'jin Gling Rin po che (1903 geb.), wurde 1965 im indischen Exil ernannt, wo er heute dem gleichnamigen Kloster in Mungod (Südindien) vorsteht.[16]

Der zwischen Juli 1958 und Februar 1959 vom Minister Dadul Namgyal Tsharong gedrehte Farbfilm über die geistlichen Examina des 14. Dalai Lama – heute ein unschätzbares Dokument des früheren Tibet – überliefert uns die letzten Bilder vor Gandens Zerstörung. Nach dem Aufbruch vom Norbulingka begab sich der jugendliche Gottkönig mit großem Gefolge über den Sitz des Staatsorakels, Nechung, zum Ort seiner ersten Prüfung, Kloster Drepung, anschließend nach Sera, das ebenfalls rituell umwandelt wurde, und schließlich vor seinem letzten Examen im Jokhang zu Lhasa mit dem Auto zum dritten der Staatsklöster. Im Anschluß an seine Disputationen mit den gelehrten Ganden-Lamas führte ihn der Weg zu Fuß weiter aufwärts, vorbei an von Pilgern errichteten Marktständen. Nach einer unter einem Zelt abgehaltenen Zeremonie ritt der Dalai Lama den nun steiler werdenden Pfad zu Pferde hinan, um schließlich – von einem roten Schirm gegen die Sonne geschützt – auf einen weißen Yak überzuwechseln; ein Bild, bei dem man den Film anhalten möchte, dieses faszinierende letzte Zeugnis einer verlorenen Kultur. Die letzten Meter zu der von Gebetsfahnen umwehten Krone dieses irdischen Tushita-Berges legte die Prozession zu Fuß zurück und oben angekommen, schaute der Dalai Lama, ein Fernglas zu Hilfe nehmend, über den wie ein Amphitheater sich ausbreitenden Ort, wo 550 Jahre zuvor die Geschichte seines dGe-lugs-pa-Ordens begonnen hatte. Ein letzter Blick wohl auch über die Weite seines Landes, das er kurz darauf verlassen mußte.

Bis mindestens 1962 und im großen ganzen offenbar bis 1966, als die Gebäude bereits für Armeeunterkünfte und Kornvorräte benutzt worden sein sollen, ist Ganden intakt gewesen. In der Kulturrevolution hat man ab 1966 in drei Aktionen alles Inventar wegtransportiert, über dessen Schicksal bis heute nichts bekannt geworden ist. Einige der größten Gebäude seien gesprengt worden, anderes besorgte anscheinend die Spitzhacke.[17] Nur einige Wandmalerei-Reste sind zwischen Fundamenten und Mauerstümpfen übriggeblieben. Noch um die wie durch einen Bombenangriff zerstörte Ruinenstadt vollzogen Tibeter die traditionelle rituelle Umkreisung.[18]

Als am 27. Juli 1980 die zweite vom Dalai Lama nach Tibet gesandte Delegation Ganden besuchte, hatten sich zu der unter einem Zelt vollzogenen Zeremonie 3000 eigens angereiste Tibeter versammelt. Neues Leben schien an den einst «Freuderfüllten Ort» zurückzukehren. Aus privater Initiative begann man mit Aufbauarbeiten. Seither gibt es auch wieder Mönche in Ganden, die von einem gleichsam als provisorisches Sanktuarium eingerichteten Zelt[19] aus den ehrwürdigen Ort behüten. Die Ende 1980 von der chinesischen Regierung für die Restaurierung bereitgestellten 500 000 Yüan[20] werden jetzt bereits für offiziell geförderte Instandsetzungen verwendet. So sah man im Mai 1981 wesentlich mehr Bauholz in Ganden als noch im vorangehenden Jahr, und seit kurzem rekonstruiert man in einer eigens dafür eingerichteten Werkstatt in Lhasa sogar den Grab-Chörten Tsongkhapas, wobei angeblich auch originale Teile wieder verwendet werden, die während der Zerstörung von einzelnen Tibetern mitgenommen und nun zurückgegeben worden seien.

Wie Ganden einst wieder aussehen wird, ist neben dem ungewissen Zustand von Kloster Samye die zur Zeit wohl vorrangige Frage zur Denkmalpflege in Tibet.

2. *Kloster Drepung*

Etwa zehn Kilometer westlich von Lhasa liegt das größte Kloster und selbstbewußteste politische Zentrum der dGe lugs pa, die 1416 gegründete 'Bras spungs dgon pa (gesprochen: Drepung), zu deutsch «Reishaufen-Kloster».[21]

Der Überlieferung nach hatte Tsongkhapa seinen Schüler 'Jam dbyangs chos rje (1379–1449) beauftragt, Drepung als eine Art Tochter-Kloster von Ganden zu gründen, um die «zehn Richtungen des Raumes» zu vervollkommnen und fortzusetzen, das heißt seine persönliche Lehrmethode der Sutras und Tantras.[22] Tsongkhapa prophezeite, daß dieser Ort in Größe und Mönchszahl sein Hauptkloster Ganden übertreffen werde, und kam selber, um die ersten vollendeten Gebäude zu weihen. Die dabei dem Gründer überreichte weiße Muschel – wie in Sakya seither wichtigster Verehrungsgegenstand – war der Legende nach einst vom Nāga-König dem Buddha Śakyamuni geschenkt und zu dessen Schüler Maudgalyāyana nach Ganden gebracht worden.[23] Der Grundstein wurde dort gelegt, wo 'Jam dbyangs chos rje nach Meditationen eine Vision des Bodhisattva Manjushri hatte.

Selbst die hinter dem Berg ansteigende Bergkulisse formte die Legende zu einem liegenden weißen, Juwelen tragenden Elefanten und zu einem die Feinde der Lehre bezwingenden General um.[24] Wie der Dalai Lama während seiner Examina ziehen seither die Pilger vor allem am 15. Tag des fünften tibetischen Monats hier hinauf, um Rauchopfer-Gebete abzuhalten.

Die heutige Anlage von Drepung dürfte im wesentlichen auf das 17. und 18. Jahrhundert zurückgehen. Nach Zerstörungen im Krieg zwischen dbUs und Tsang 1618 sowie während der Mongoleninvasion 1635 wurde das Kloster unter dem 5. Dalai Lama vergrößert. Erneute Kriegsschäden verursachte 1706 Lhabzang Khans Mongolenarmee, 1735 richtete man die Große Versammlungshalle neu auf.[25]

Entsprechend der seit dem 18. Jahrhundert durch den chinesischen Kaiser auf maximal 7700 limitierten Anzahl Mönche wird deren Zahl vor 1959 gewöhnlich mit rund 8000 angegeben, davon 400 Geshes (promovierte gelehrte Lamas) und 50 Inkarnationen. 1958 haben sich zur Zeit der Geshe-Prüfungen des 14. Dalai Lama 9980 Mönche in Drepung aufgehalten.[26] 3000 waren im Frühjahr 1959 nach Indien geflüchtet. 1962 seien es laut Angaben des damaligen Abtes noch ca. 700 gewesen, 1973 noch 300, ebenso viele 1976 während des Besuches des nepalesischen Königs Birendra. 1980 nannte man die Zahl von 242 Mönchen.

Daß während des Mönlam-Festes in Lhasa dessen städtische Verwal-

tung stets zwei vom Dalai Lama ernannten Drepung-Mönchen übertragen wurde, zeigt die Macht dieses Klosters, dessen sich ihrer Stellung bewußte Insassen nicht immer freundliche Beachtung fanden.[27]
Mönche aus 321 verschiedenen tibetischen Klöstern[28] hielten sich in Drepung auf, die hier ganz überwiegend den beiden Fakultäten bLo gsal gling (270 von 321) und sGo mang grwa tshang (122), oft beiden gleichzeitig, angehörten. Bei der Studienrichtung dominierte mit Abstand Tantra (267 von 321) vor Sutra (19), Gebet (6), Dialektik (6) und der Lehre von der Vervollkommnung der Erkenntnis (Prajnāpāramitā).[29] Meist wohnten 50 bis 60 Mönche in einem Haus zusammen, auch hier nach ihrer Herkunft gruppiert, was übrigens auch die Zuteilung von Verpflegungsrationen aus ihren Heimatorten erleichterte.
Vier Fakultäten mit jeweils eigenen Tempeln und einer gemeinsamen Hauptversammlungshalle (Tshogs chen lha khang) – dem sakralen Zentrum von Drepung – bildeten das administrative Gerüst der Klosterstadt, die von den durch die Lhasa-Regierung auf zwölf Jahre ernannten Äbten dieser Schuleinheiten und von deren Schatzmeistern geleitet wurde:[30] sNags pa grwa tshang, bLo gsal grwa tshang, sGo mang grwa tshang und bDe yangs grwa tshang.
Heute wird Drepung wie auch die anderen großen noch existierenden Klöster von einem als Abt bezeichneten, für den religiösen Bereich zuständigen Lama sowie vor allem von einem für alles Wirtschaftlich-Rechtliche zuständigen Administrator, Tenzing Gyaltsen, geleitet, der 1960 sein Zölibat aufgegeben und geheiratet hatte.[31]
Drepungs politische Bedeutung im Zeitalter der Gelben Kirche war schon in der Tatsache begründet, daß hier der 5. Dalai Lama regierte und residierte, bevor der Neubau des Potala dafür fertiggestellt war (1642–1653?). Möglicherweise diente seinen Nachfolgern hier sein Palast Kun dga 'ra ba als Sommerresidenz, bis dann 1755 am westlichen Stadtrand von Lhasa der Norbulingka gebaut wurde.[32] Eine solche Residenz wurde in Drepung schon nach 1517 vom 2. Dalai Lama, das heißt vom später posthum zu diesem ernannten dGe 'dan rgya mtsho (1476–1542), für sich und seine Nachfolger errichtet: dGa'ldan Pho brang, «Tushita-Palast». Sein Grab-Chörten befindet sich wie diejenigen des 3. und 4. Dalai Lama, bSod nams rgya mtsho (1543–1588) und Yon tan rgya mtsho (1589–1616), in Drepung,[33] wo alle drei auch die Abtswürde innehatten.[34]
Weit oben, dicht am Berghang, liegt über hohem Treppenaufgang die um 1735 neu errichtete Hauptversammlungshalle (Tshogs chen lha khang oder Tsug lag khang). Der auf acht rot bemalten profilierten Pfeilern ruhende Portikus ist mit seinen reichen, verschiedenfarbigen, gewöhnlich aber von den weißen Sonnensegeln verborgenen Gesim-

sen ein Meisterwerk dekorativen Schreinerhandwerks. Hier trat über der mit den Vier Himmelskönigen bemalten Eingangshalle die gesamte Klosterverwaltung zu ihren Konferenzen zusammen; nebenan befinden sich die Räume für den Hausmeister.

Die drei Eingänge – an der West- und Ostseite gibt es zusätzliche Portale – symbolisieren die drei Tore zur Befreiung.[35] Der hohe Sockel des jährlich im 9. oder 10. Monat jeweils weiß getünchten Gebäudes enthält Kellerräume, wo man liturgische Gegenstände aufbewahrte oder gegen die Klosterdisziplin verstoßende Mönche einsperrte. Im Innern bilden 130 Pfeiler den Raster der vielschiffigen Halle, die in der Mitte nach tibetischer Art einen kleinen Lichthof ausspart. Die ziemlich verschmutzten Wandmalereien mit Jātaka-Darstellungen aus Buddha Śakyamunis früheren Existenzen dürften noch der ersten Hälfte des 18. Jahrhunderts angehören. Als spezieller Beschützer Drepungs wird ein bis in den Oberstock der Versammlungshalle reichender, 15 Meter hoher Maitreya-Buddha aus vergoldeter Bronze verehrt, dessen von einem vergoldeten, quadratischen Kupferdach bekrönte Kapelle man über eine Treppe im Lichthof erreicht. Die Statue soll in ihrem Innern neben einer Buddhareliquie ein Haar Tsongkhapas, eine von jenem stammende Muschel, ein Atisha als Sitz dienendes Tigerfell, einen kleinen Mahabodhi-Stupa aus Bodhgaya sowie eine Figur des Avalokiteshvara enthalten.[36]

Im Tshogs chen bewahrte man auch die riesigen Fest-Thangkas auf. Die zu deren Aufhängung im hinteren westlichen Teil des Klosters errichtete hohe Mauer fehlt heute.[37]

Im Oberstock dieses Lhakhang bewahrt man die heiligen Schriften auf. Von den allein 17 Kanjur-Ausgaben sind drei besonders wertvoll: ein Geschenk des Königs Mutien von Yunnan aus der späten Ming-Zeit, ein in Goldlettern geschriebener und dem 5. Dalai Lama zum Geburtstag überreichter Kanjur und eine unter Kaiser Kangxi (1662–1722) in Peking gedruckte Ausgabe. Drepungs eigene Druckerei war vor allem auf die Werke der Dalai Lamas und auf deren Biographien spezialisiert. Die gesammelten Schriften des 1. Dalai Lama umfassen 2155 Folios, die 21 Bände des Großen Fünften 7757 – für alle Seiten mußte hier ein Holzstock aufbewahrt werden. In Drepung edierte man ferner eine Geschichte des Klosters Ganden,[38] eine 417seitige Geschichte der bKa' gdams pa, zwei Atisha-Biographien, eine Grammatik des Thon mi Sam bhota, Abhandlungen über die Klosterregeln sowie über das Ritual in den Klöstern von dbUs, insgesamt 41 Titel, für die auch ein gedruckter «Verlags-Katalog» zur Verfügung stand.[39]

Unterhalb des Tshogs chen befindet sich, über einen steilen Treppenweg erreichbar, auf einer weiten Terrasse die Versammlungshalle der bLo-gsal-gling-Fakultät (ausgesprochen: Loseling). Die von zwei riesigen Butterteekesseln flankierte Eingangshalle ruht auf 6+4 Holzpfeilern und wird über dem oberen Verandageschoß vom Rad der Lehre und den zwei Gazellen bekrönt. Auch hier schließt der für die tibetische Architektur charakteristische dunkelbraun oder schwarz gefärbte und dort dem – nach außen unsichtbar – zurückgesetzten Mauerwerk vorgeblendete Fries *(spen pad)* aus gestutztem Reisigwerk *(su ru)* den Bau ab. Die üblichen, golden leuchtenden, getriebenen Metallembleme der Drei Kostbarkeiten, der Keimsilben und des *Namchu wangdan* mögen neben ihrer dekorativen Funktion zugleich wie die *rgyal-mtshan*-Zylinder auf dem Dach abwehrmagische Bedeutung haben.

Vier Himmelskönige, das von Yama, dem Herrscher im Totenreich, umklammerte Rad der Wiedergeburten und aus der chinesischen Ikonographie übernommene Motive für langes Leben bilden das traditionelle gemalte Vokabular des Vestibüls: Schutz der Lehre bzw. des Tempels, moralisch-didaktische Unterweisung der Grundwahrheiten des Daseins und das Ewige sich ständig wiederholender Existenzen.

Innen führen an der bemalten Eingangswand[40] dPal ldan lha mo, Sitātapatrā und Mahākāla die beschützenden Gottheiten an. Acht mal zwölf Pfeilerreihen gliedern den Raum, der unter anderem eine monumentale Gebetsmühle und einen großen Reliquien-Chörten enthält, dazu Statuen von Tsongkhapa und vom 5., 7. und 8. Dalai Lama. Von den drei rückwärtigen Kapellen ist – von links nach rechts – die erste den 16 Arhats gewidmet, die im Verein mit Schutzgottheiten vier Etagen an den in neuerer Zeit rotgrundig bemalten Wänden füllen und einen zentralen vergoldeten Chörten umgeben. Im anschließenden mittleren, seitlich bis zur Decke mit Büchergestellen versehenen, von sechs Pfeilern getragenen Raum dominiert unter dem barock-überreichen figürlichen Inventar ein brokatgewandeter Maitreya. Das Zentrum der dritten, ebenfalls bis oben mit Büchern gefüllten Kapelle nimmt ein unendliches Leben verheißender Buddha Amitāyus sowie ein Reliquien-Chörten ein.

Als sich 1962 am Jahrestag der Klostergründung die Pilger zur Puja drängten, wehte auf den Tempeldächern von Drepung die rote Fahne der Volksrepublik China.[41] Noch 1976 gab es, als der amerikanische Staatssekretär James Schlesinger Tibet besuchte, hier in einem Gebäude eine historisch-atheistische Ausstellung über die Untaten des tibetischen Klerus, drei Jahre nachdem Drepung – seit 1966 – wieder den Einheimischen zugänglich gemacht worden war. Die in der Kulturrevolution verursachten Schäden dürften vergleichsweise gering gewesen sein.[42] 1980 traten in Drepung und Sera wieder die ersten Novizen ein.

Die einen Kilometer vor Drepung liegende gNas chung dgon pa, der «Kleine Ort», gehört nicht nur ihrer räumlichen Nähe wegen in engen Zusammenhang zum großen Staatskloster. Von dort aus nämlich, seinem Regierungssitz vor Fertigstellung der neuen Winterresidenz des Potala, schuf sich der 5. Dalai Lama diese neue politische Institution eines Staatsorakels, wobei geschickt eine neue, vom Heiligen Stuhl verordnete Legende die Rolle des in Samye schon zu Padmasambhavas Zeiten offenbar die Züge eines staatlichen Orakels tragenden Wahrsagebeamten auf den neuen Ort bei Lhasa übertrug. Nechungs Gründung in unmittelbarer Nähe von Drepung trägt somit im wesentlichen staatspolitische oder religionspolitische Züge.

Padmasambhava soll mit magischer Kraft den offenbar aus dem Norden (Hor) nach Tibet gelangten vorbuddhistischen Pehar im ersten tibetischen Kloster Samye zum Schutzgott (Dharmapāla) gemacht haben, der sich hier mit einem vom indischen Kloster Odantapuri gekommenen Orakelmedium verbunden habe. In Samye residierte der in mythischer Vergangenheit in himmlischen Höhen über 33 Götter herrschende Pehar in einem eigenen Tempel dPe har gling als Wächter der Klosterschätze und heiligen Schriften.[43]

Auf wundersame Weise gelangte, als es im 17. Jahrhundert die Lhasa zum Mittelpunkt Tibets machenden Verhältnisse erforderten, der gewöhnlich auf einem weißen Löwen reitende, dreigesichtige und sechsarmige Schutzgott[44] nach Drepung. Ein Magier hatte Pehar in ein Fadenkreuz *(rgyal mdos)* gebannt und, eingeschlossen in ein Kästchen, in den Fluß geworfen. Bei Drepung fischte es einer der Mönche aus dem Kyi chu, öffnete es voller Neugier und sah den Geist als Taube entweichen und in einem nahen Baum verschwinden. An dieser Stelle wurde zur Besänftigung des geheimnisvollen Gastes ein Tempel gebaut, dessen Oberlama alsbald von der Gottheit im Baume, Pehar nämlich, heimgesucht, das heißt «besessen» wurde.[45] Noch in unserer Zeit wohnt nach volkstümlicher Auffassung Pehar in einem Baum am Nechung-Kloster, den er gelegentlich verläßt, um durch das Orakel, sein Medium, Zukünftiges zu verkünden.

Zu seiner Überraschung fand der Verfasser im Frühjahr 1981 diesen Baum Pehars – wieder – an seinem angestammten Ort, in der rückwärtigen linken Kapelle[46], wo er ganz offenbar erst kurz zuvor über dem mit einer kleinen Statue Pehars und einer Photographie des letzten Nechung-Orakels geschmückten Altar, von Khatag-Schleifen und Gebetsfahnen behängt, neu errichtet worden war.

«Sie sind nur Baumgeister», sagte einmal der gegenwärtige Dalai Lama über diese von Buddhas Geist so weit entfernten Magier[47], die es in jedem größeren tibetischen Kloster gab und die hervorragendes Beispiel sind für die «objektive Haltung und die fast wissenschaftliche Präzision, mit der die Tibeter okkulte Dinge und psychische Phänomene behandeln» (Lama Govinda). Ihre enge, das objektiv Gegebene und das subjektiv Empfundene nicht trennende Beziehung zu Naturerscheinungen und «atmosphärischen Vorgängen der Natur» (Govinda) ließ die Tibeter Orakel für Naturkatastrophen, Unwetter, schlechte Ernten oder regelrechte «Wettermacher» finden, deren Voraussagen und magische Rituale wie eine anscheinend unbestreitbare Tatsache den Alltag der Menschen bestimmten.

Grundlegend war der geradezu archetypische Glaube, daß Götter und Dämonen vom Menschen Besitz ergreifen können. Die dem (zentralasiatischen) Schamanentum verwandte Trance wurde im Orakel institutionalisiert, wobei immer wieder die für den Außenstehenden schwer faßbare, «auf Bestellung» folgende Ekstase erstaunt. Man «lädt» Pe har rgyalpo dafür ein, aber der Chos skyong (gesprochen Tschödschong; oder *Chos rje,* «Herr der Religion», skr. Dharmapāla) konnte auch unangemeldet in den Leib des Orakels, seines Mediums, fahren. Letzteres dürfte den Anteil an übernatürlichen, medialen Fähigkeiten des zum Orakel Berufenen bezeichnen, der allerdings auch ernannt werden konnte, ohne überhaupt je vorher von einer Gottheit «besessen» gewesen zu sein.

Der Verlauf der Trance ist bereits von verschiedenen Autoren beschrieben worden.[48] Nachdem der in kostbare Gewänder gekleidete und die Attribute «seiner» Gottheit in den Händen haltende Lama gNas chung chos rje (offizieller Titel) – nicht zu verwechseln mit dem auf sechs Jahre als Klosterverwalter von der Regierung ernannten Nechung-Rinpoche *(sde gnyer)* – seinen Thron in der zentralen Kapelle unter Assistenz zweier Mönche eingenommen hat, sprechen die davor in der Tempelhalle sitzenden Lamas ein dreimaliges Einladungsgebet an Pehar, damit dieser vom Orakel Besitz ergreifen möge. Hörner und Trommeln begleiten diese Anrufungszeremonie. Währenddessen wird das Orakel allmählich unruhig, beginnt krampfartig zu zittern und wie spastisch zu zucken. Sein Gesicht färbt sich rot, Schweiß bricht aus, Schaum tritt aus dem Mund, die Augen verdrehen sich. Schmerzen sollen zuweilen den Trancezustand begleiten. Als Rauchopfer in sein Gesicht geblasener Weihrauch soll die vermutlich mittels berauschender Getränke[49] zuvor schon herbeigeführte Trance unterstützen. Wenn diese ihren Höhepunkt zu erreichen beginnt[50] und Pehar voll von seinem Medium Besitz ergriffen hat, wird jenem von zwei Lamas der überaus schwere Helm *(dbu rmog)*[51] aufgesetzt und seine Haltebänder eng um den Hals geschnürt. Ein rotes Glasstück darauf soll aufleuchten, wenn der Dharmapāla im

Orakel steckt. Jetzt wird der Chos rje «vom Gott geritten», wie der ekstatische Zustand im Tibetischen genannt wird. Das Orakel wird zu Pehar selber und beginnt als dessen Sprachrohr die ihm gereichten schriftlichen Fragen zu «beantworten», als unverständliches Gurgeln beschriebene Laute, die von seinem anwesenden «Sekretär» in mehrdeutigen, jedenfalls meist vagen Sätzen niedergeschrieben werden. Nun erhebt sich das Orakel mit Verbeugungen vor Padmasamhbava, Pehars geistigem Vater, nimmt Lanze, Bogen und Schwert in übelabwehrender Absicht entgegen oder verschießt Pfeile zur Dämonenbannung und vollführt einen kurzen Tanz. Dabei versuchen – jedenfalls bei anderen Orakel-Trancen – oft Lamas, Khatag-Schleifen am Orakel zu befestigen, um dadurch dessen Segen teilhaftig zu werden.

In diesem mitunter recht wilden Gedränge kam es zuweilen vor, daß ein Mönch von dem mit seinen Waffen um sich schlagenden Chos rje schwer verletzt oder sogar getötet wurde.[52] Als Zeichen ihrer übernatürlichen Kräfte konnten Orakel Stahlschwerter zu Knoten verbiegen, die danach als apotropäisch wirksame Waffe sehr begehrt waren.[53] Schließlich versprühte das Orakel als Medizin gedachte Milch, Tee oder tibetisches Bier in die Hände der Anwesenden, bevor es in der Regel in den Zustand der Bewußtlosigkeit verfiel.

Die aufwendige Kostümierung, zu der vor allem auch der charakteristische «magische Spiegel der Wahrheit» – ein runder Metallschild[54] vor der Brust – gehört, soll das Medium äußerlich seiner Gottheit weitgehend angleichen, so daß es zum Zeitpunkt von deren Eintritt in seinen Körper mit ihr identisch werden kann.

Das Nechung-Orakel wurde bei allen bedeutenden politischen Entscheidungen konsultiert, und kein neuer Minister erhielt sein Amt ohne dessen Zustimmung. Bis der Tod des 5. Dalai Lama 1696 bekanntgeworden war, soll es zwischen dem Amt des Gottkönigs und dem chinesischen Kaiser vermittelt haben. 1904 spielte das Staatsorakel allerdings für den Verlauf des tibetisch-britischen Krieges eine unselige Rolle, so daß fünf Jahre später der 13. Dalai Lama diese Institution wegen ihrer Fehlprognosen vorerst abschaffen ließ, obgleich das Orakel bei seiner eigenen Auffindung im Jahre 1876 eine gewisse Rolle gespielt hatte. Menschen zu beschützen hatte das Orakel freilich keine Macht. Erst gegen 1930 gab es in Nechung einen neuen Staatsmagier, dem 1937 bei der Bestimmung des damals zweijährigen 14. Dalai Lama wieder mehr Orakelglück beschieden war.[55] Befolgt wurde 1950 auch sein von den Zeichen der Zeit bestimmter Spruch, angesichts des chinesischen Einmarsches solle der Dalai Lama die Macht vorzeitig vom Regenten übernehmen[56] und nach dem der indischen Grenze nahen Yatung fliehen. Bei der jährlichen Befragung über das zu erwartende Geschick Tibets hatte Drepung eine exklusive Vor-

Kloster Nechung, Ansicht von Südwesten. Wahrscheinlich wurde unter dem 5. Dalai Lama das hauseigene Drepung-Orakel in seine neu erbaute Residenz gNas chung eingeführt, denn bereits unter dem 3. Großlama von Tashilhunpo, bLo bzang don grub (1505–1568), mußte der Wahrsager von Drepung so viel Bedeutung gehabt haben, daß er jenen auf eine Reise nach Peking begleiten konnte.

rangstellung. Der Nechung, wie man den Chos rje kurz nannte, war «sein» Orakel, so wie Pehar auch als Hauptschutzgottheit dieser Gelbmützen-Bastion galt.[57] Gewöhnliche Bürger konnten zwar das Nechung-Kloster jederzeit besuchen, erhielten aber keine Audienz bei seinem Chos rgyal (= Chos rje). Nur einige privilegierte Adelsfamilien, deren Vorfahren Mäzene von Nechung waren, durften das Orakel noch in Anspruch nehmen und auch – gegen gute Bezahlung – private Fragen stellen.

Einmal im Jahr verließ der auch als Vermittler zwischen dem Dalai Lama und der Schutzgöttin Tibets, dPal ldan lha mo, angesehene Nechung während des Mönlam-Festes seine Residenz, nachdem er während der mit Schwarzhut-Tänzern vor hohen Würdenträgern der Regierung und der dGe lugs pa gefeierten Lo-gsol-Zeremonie seine Prophezeiungen für das neue Jahr gegeben hatte. In Lhasa war dann nach einer Prozession um den Barkhor für ihn das Meru-Kloster reserviert, wo auch der Dalai Lama seinen Besuch abstattete, bevor nach fünf Tagen der Chos rje diese Höflichkeit erwiderte.[58] Am 24. Tag des ersten tibetischen Monats trat er dann nochmals öffentlich auf, um beim «Schwerttanz» die Dämonen vom Festplatz abzuhalten.

Nechung, das Kloster des Staatsorakels. Restaurierungen im Hof und Tempel 1981.

Ein letztes Zeugnis des Nechung in Tibet gibt uns 1958 der schon erwähnte Film über die geistlichen Examina des 14. Dalai Lama[59], der ihn unter den Anwesenden in Drepung zeigt. Lobzang Jigme, wie der heute über Fünfzigjährige mit bürgerlichem Namen heißt, lebt seit seiner Flucht 1959 zusammen mit zwanzig Lamas in einem kleinen Kloster in Dharamsala.[60] Mit sieben Jahren war der in Lhasa geborene Sohn von Kaufleuten ins Nechung-Kloster eingetreten, als er sich bereits auf Wunsch in Trance versetzen konnte. Seit dem 16. Lebensjahr als Orakelpriester anerkannt, war er fortan ebenso an das Zölibat gebunden wie alle Gelbmützen-Lamas. Seine über hundert Mönche gehörten hingegen den traditionellen rNying ma pa an,[61] was den letztlichen Widerspruch zwischen dem so stark vom Bön-Glauben geprägten Orakelwesen und dem diesem eher abgeneigten dGe-lugs-pa-Orden kompromißartig zu lösen schien. Da der sKu rten pa[62] nicht «aufgefunden», sondern eingesetzt wurde, war er weder ein Rinpoche noch ein Tulku *(sPrul sku)*.

Viel Beunruhigung unter den Tibetern rief die Antwort des Nechung-Orakels nach einer Routine-Befragung durch die Drepung-Mönche des Exilklosters im südindischen Mundgod (Karnataka) im März 1976

hervor: Der gegenwärtige Dalai Lama «werde nicht lange unter ihnen weilen», was der Nechung sogar auf nochmalige, eigens durch den Dalai Lama autorisierte Konsultation wiederholte.[63] Weiteres hörte man seither nicht mehr.

Warum ließ die Legende Pehar nicht gleich in Drepung selber Platz nehmen? Wahrscheinlich folgte man mit der Gründung dem häufigen Brauch einer eigenen Residenz außerhalb des Klosters, da das Orakel oft nicht den herrschenden dGe lugs pa angehörte und der den Chos rje aufsuchende Dämon nicht in den heiligen Bereich des Klosters gelangen sollte.[64] Dabei mag durchaus die Exklusivität eines Staatsorakels ein übriges getan haben.

Von Nechung ist heute mehr erhalten als erwartet. Das vergoldete Metalldach, der Dachschmuck und das alte mobile Inventar fehlen jedoch völlig. Im Herbst 1980 noch eine unbetretbare Ruine, ist die aus dem 17. Jahrhundert stammende Architektur inzwischen zu einem belebten Bauplatz geworden. Der westliche Eingangsportikus wird weitgehend neu errichtet, die früher mit schwarzen Behängen verhüllte Vorhalle des Dukhang[65] hat man gerade erst von den nach 1959 eingelassenen Wandfüllungen befreit, stellenweise zerstörtes Holz-

Zwar leer und morbide, aber noch im Besitz prächtiger Wandmalereien und Pfeilerdekorationen des 17. Jahrhunderts, hat Nechung die zwanzig Jahre der Schließung überstanden. Im Bild eine Gebälkpartie im *'du khang*.

gebälk wurde ersetzt. An den Pfeilern der Vorhalle waren einst Rüstungen, Metallspiegel und allerlei Waffen aufgehängt, um die Feinde der Lehre zu besiegen. Im vom Bauschutt und -holz gefüllten Hof hat man dem inschriftlosen, vielleicht zu Ehren Pehars zwischen zwei Weihrauchöfen aufgestellten Steinpfeiler nach Art der t'ang-zeitlichen rDo rings eine neue chinesische Dachhaube aufgesetzt. Die beiden Steinlöwen an der Treppe zur Vorhalle sind ebenso erhalten wie die der Gründungszeit angehörenden, überwiegend schwarzgrundigen Wandmalereien sowie die prächtig dekorierten Pfeiler und Decken im dreischiffigen Innern. Hier «könnte man das Gruseln lernen ... halbverrottete Menschenschädel zwischen alten Schwertern und Vorderladern, ... halbenthaarte Tigerfelle und dickwanstige Yaks ...», notierte Ernst Schäfer 1938 seinen Eindruck.[66] Ähnliche Waffen und Tierbälge hingen zur Erhöhung der magischen Kraft des Tempels auch im Dukhang, wo heute auf einem Altar Skulpturen Tsongkhapas und zweier Schüler sowie ein gleichfalls ganz neues querformatiges Thangka mit Manjushri, Tsongkhapa und einer Dakini aufgestellt sind. Von den Kapellen des Dukhang ist heute lediglich die den Baum Pehars und dessen Kultfigur enthaltende in der nordwestlichen Ecke zugänglich. Das zentrale Sanktuarium nebenan enthielt den Thron des Staatswahrsagers und eine Padmasambhava-Statue. Im mGon khang rechts hinten war eine große, alle Manifestationen Pehars in einer Gestalt vereinigende Figur *(kun 'dus rgyal po)* aufgestellt, die man in einer Prozession um das Kloster trug, wenn das Orakelamt vakant war. Pehar hatte in Nechung auch seine alte, schon in Samye ausgeübte Funktion als Hüter eines Staatsschatzes *(Pe har dkor mdzod)* behalten, der hier unabhängig von den Besitztümern des Klosters verwahrt wurde.[67]

Die Orakelpriester wohnten in einem Haus hinter dem Tempel oder in einem der oberen Räume desselben.

Mit dem Wiederaufbau der Wohnstätte des Pehar und seines Mediums wird eines der interessantesten Kapitel tibetischer Kulturgeschichte wieder zugänglich. Baumgeister und Orakel indes kehren nicht zurück an den Ort der nun restaurierten Vergangenheit.

3. Kloster Sera

Von den «Drei Sitzen» *(gDan sa gsum)* der Gelben Kirche wurde um 1419 Sera theg chen gling, der «Wildrosen-Hof», zuletzt erbaut und womöglich bereits in diesem Jahr vollendet.[68] Zuvor hatte sein Gründer Byams chen chos rje (1354–1434) als Gesandter seines Lehrers

Tsongkhapa 1414 den Ming-Kaiser Yong le in Peking besucht und während dieser Reise viel zur Verbreitung der dGe-lugs-pa-Lehre in China beigetragen.
Fünf Kilometer nördlich von Lhasa, liegt es enger noch als Drepung am Fuß der Berghöhen, hinter denen in östlicher Richtung noch heute an alter Stätte «Himmelsbeerdigungen», die traditionelle tibetische Begräbnissitte der Leichenzerstückelung, stattfinden.[69]
Außer von Erweiterungen bzw. Neubauten im 18. Jahrhundert ist bisher kaum etwas von der Baugeschichte bekannt. Mehr als in Drepung fallen in Sera die Verluste nach 1959 auf: Etwa das vordere Drittel der Klosterstadt fehlt, und zusammen mit den durch Abriß entstandenen Lücken innerhalb der Anlage dürften heute rund die Hälfte aller Gebäude verloren sein, nicht eingerechnet die ruinösen leerstehenden Wohnbauten.[70]
Von den einst ca. 6500 Mönchen waren 1976 noch 55 übriggeblieben. 1980 wurden 141 Insassen angegeben. Im gleichen Jahr habe es in Sera und Drepung 20 Neueintritte gegeben.[71]
Die großen Tempelhallen der den Ruhm Seras begründenden drei Fakultäten, Sera smad (Elementarunterricht), sNags pa (esoterische Mystik) und Byes pa (für Wander- bzw. «Gast»-Mönche),[72] wurden in den späten 1970er Jahren restauriert und sind, auch was die ursprüngliche Ausstattung angeht, in relativ gutem Zustand. Ein besonders reichhaltiges Inventar enthält noch die Versammlungshalle der Sera-smad-Fakultät im unteren Areal des Klosterkomplexes.[73] Von den vier rückwärtigen Kapellen der an der Westwand mit alten Malereien der Buddhalegende geschmückten Haupthalle ist die westliche den Schutzgottheiten (mGon khang), voran einem zentralen Yamāntaka, geweiht. Bemerkenswert sind hier auch die alten Cham-Masken sowie vor dem Eingang links eine Mandala-Architektur und rechts, von einer Tsongkhapa-Figur begleitet, ein thronender, brokatgewandeter Śakyamuni mit einer prächtigen Aureolenrückwand im Stil des 15. Jahrhunderts. Der nach Osten anschließende Raum enthält einen von zwei sitzenden Buddhas flankierten zentralen Śakyamuni, an den Seiten neuzeitliche Lohan-Figuren und bis zur Decke reichende Büchergestelle. Im folgenden Sanktuarium dominiert unter einem zur rituellen Umkreisung in der Mitte errichteten alten Baldachin ein offensichtlich als Kopie des Jo bo Rinpoche im Jokhang gedachter Buddha, der der Legende zufolge aus von China herbeigeschafftem Sandelholz gebildet wurde. Neben zwei donnerkeiltragenden Schutzgottheiten und einem weiteren Buddha im Meditationssitz haben auch die acht seitlichen Mahābodhisattvas an der Bedeutung des Raumes Anteil. Die östliche der vier Kapellen ist für die Patriarchen der Gelben Kirche reserviert: Tsongkhapa und seine zwei Meisterschüler in der Mitte,

Versammlungshalle der Sera-smad-Fakultät. Von den vier großen, einander ziemlich gleichenden Sakralbauten in Sera liegt diese Abteilung für Elementarlehren dem Eingang des Klosters am nächsten. Wie Drepung blieb auch Sera von 1498–1517 durch die rivalisierenden Kar ma pa vom Großen Gebet *(sMon lam)* in Lhasa ausgeschlossen, das sonst wie selbstverständlich in den Händen der Gelbmützen war.

umgeben von Vorläufern wie Atisha und 'Brom ston sowie den Äbten der eigenen Linie. Geradezu «ikonologisch notwendig» sind hier über den Häuptern dieser Kirchenväter und Gelehrten vollständige Ausgaben des Kanjur und Tanjur an den Wänden aufgestapelt.

Eine besondere Verehrung wurde in Sera einem angeblich vom Klostergründer Byams chen chos rje hier als göttliches Zeichen aufgefundenen Phur bu zuteil, den man in der dem Schutzgott Hayagrīva (rTa mgrin) geweihten Versammlungshalle der Sera-byes-Fakultät aufbewahrte.[74] Einmal im Jahr brachte man diesen Dämonen bannenden und alles Schlechte zerstörenden Ritualdolch in einer Prozession dem Dalai Lama im Potala dar, anschließend auch dem Regenten, den Ministern und dem chinesischen Amban, die ihn alle mit dem Kopf berührten, bevor der heilige Phur bu wieder nach Sera zurückkehrte, wo er von allen Mönchen verehrt wurde. Schon Sa skya Pandita (1182–1251) soll dieser auch bildlich mit Hayagrīva verbundene Dolch magische Dienste geleistet haben, als jener in Begleitung des westtibetischen Siddha mDa 'char wa nach Nepal zu einem Streitgespräch mit einem indischen Yogin gereist sei. Als letzterer die beiden Gäste mit magischen Flugkünsten beeindrucken wollte, schleuderte mDa 'char wa seinen Zauberdolch gegen den Schatten des Yogin, der, besiegt und bekehrt von der neuen Lehre, sich nun auf die Reise nach Tibet machte. Doch waren inzwischen die Schwarzmagier nicht mehr willkommen, und der Yogin, getroffen von einem auf Padmasambhava zurückgehenden Abwehrzauber, starb beim Grenzübertritt.

Eine besondere Rolle spielte das Sera-Kloster in der Auseinandersetzung um den 1941 zurückgetretenen Regenten, den Reting Rinpoche, den die Lhasa-Regierung als Führer einer pro-chinesischen Gruppe angeklagt hatte. 1947 wurde er nach einem versuchten Staatsstreich in seinem Herkunftskloster Reting *(Rva sgreng)* festgenommen, worauf sich eine ohnehin im Verdacht verräterischer Beziehungen zu China stehende Fraktion des Sera-Klosters mit ihm solidarisierte. Die Regierung begegnete dieser offenen Rebellion mit Waffengewalt. Das Kloster wurde mit Geschützen bombardiert, wobei zahlreiche Lamas den Tod fanden oder nach China flüchteten. Durch den Tod des Ex-Regenten im Gefängnis des Potala hielt man in Lhasa eine mögliche chinesische Invasion für beseitigt. Dieser in die sino-tibetischen Beziehungen reichende Konflikt[75] fand gleichzeitig eine Fortsetzung durch die Auseinandersetzung um die neue Reinkarnation des Panchen Lama, der – mit chinesischer Protektion – Anfang 1952 aus dem mittlerweile unter Pekings Einfluß stehenden Amdo in der Residenz seiner Vorgänger, dem Kloster Tashilhunpo, eintraf.

64
Zeremonie zu Ehren Tsongkhapas unter einem Zelt im zerstörten Ganden während des Besuchs der zweiten Delegation aus Dharamsala am 27. Juli 1980 im Beisein von über 3000 Tibetern. Wird das Tsongkhapa-Thangka in Zukunft sein Mausoleum schmücken?

65
Toten-Puja in Kandze (Kham), 1979. Über zehn Jahre lang, von 1966–1976, hatte man Thangkas und andere Kultgeräte versteckt; selbst in der privaten Wohnung durfte davon nichts zu sehen sein. Zwanzig Jahre nach der Flucht des Dalai Lama – ein Bild wie aus Tibets Vergangenheit.

66
Kloster Ganden, die Geburtsstätte der dGe-lugs-pa-Tradition. Der rote Bau rechts in der Mitte war Tsongkhapas Grabmal († 1409). 550 Jahre später blieb seinem 95. Nachfolger, mächtigster unter seinesgleichen, nur noch das Exil. Sieben Jahre später legten in Ganden, dem «Freudenvollen», die Kulturrevolutionäre Hand an, 1966, als auf Buddhastatuen «Zerschlagt die alte Welt!» geschrieben stand.

67
Kloster Drepung, Blick vom Dach der um 1735 errichteten Hauptversammlungshalle (Tshogs chen lha khang) auf den Golddach-Schrein (links) des 15 Meter hohen Maitreya-Buddha. Rechts das Dach über den «Chor-Kapellen» des Tshogs chen.

68
Drepung. Plätze und Gassen, Wohnbauten und Tempel der Klosterstadt. Im Hintergrund rechts der Tshogs chen. Ganjira, die «Vase der Schätze», der siegesverkündende Dschaltsan (rgyal mtshan) *und der die drei Kardinalsünden – Leidenschaft, Aggression, Unwissenheit – vernichtende Trishula (Kha tram rtse gsum) bilden den klassischen Dachschmuck.*

64

65

67

70

71

XII. Shigatse und Kloster Tashilhunpo

1. Die Burg Shigatse-Dzong

69
Thangka mit stilisierter Darstellung von Kloster Drepung. Die zwei Golddächer in der Mitte des Klosters bezeichnen den Tshogs chen. Darunter die Fakultät für Logik (bLo gsal gling), darüber die Tantra-Schule (sNags pa grwa tshang); rechts, an den in typischer Gelbmützenmanier gestikulierenden Disputanten erkennbar, die anderen zwei Fakultäten, sGo mang und bDe yangs grwa tshang. Links zwischen dem Kloster und Tsongkhapa die heute nicht mehr vorhandene Thangkamauer. Rechts oben die Einsiedelei dGe 'phel ri khrod und das kleine Kloster dGa'ldan phug. Unterhalb des Klosters nähert sich, schräg nach rechts, eine Reihe von Lamas Nechung, dem Sitz des Staatsorakels, dem auch am unteren Bildrand Mönche aus den Tantra-Klöstern in Lhasa, rGyud smad und rGyud stod, entgegenziehen. Unten links Pehar, der weiße, auf einem Löwen reitende Schutzgott des Orakels. Ganz oben von links nach rechts: 2. Panchen Lama (1663–1737), der Tsongkhapa-Schüler 'Jam dbyangs chos rje, Padmasambhava, Śakyamuni, Maitreya, Dīpankara, Atisha, Śes rab seng ge, 7. Dalai Lama (1708–1757). 2. Hälfte 18. Jahrhundert; 1,15 × 0,68 Meter. (Brüssel, Musées royaux d'art et d'histoire, Verb. 20/Ver. 350.)

70
Kloster Nechung. Der 1981 wieder errichtete Baum im rückwärtigen linken Sanktuarium, wo sich der Schutzgott Pehar niedergelassen haben soll.

71
Kloster Nechung, Ausschnitt aus Bild 70. In der Mitte Pehar, daneben rechts ein Photo des letzten Staatswahrsagers, ebenfalls mit dem Metallspiegel, dem Berufsattribut der Orakelpriester und -gottheiten. Oben Photographien des gegenwärtigen Panchen und Dalai Lama.

72
Kloster Sera von Osten. In der Mitte des Bildes die Hauptversammlungshalle, im Hintergrund die Tempel der Sera Byes- und der sNags-pa-Fakultäten.

Sechs Tagereisen benötigte man für die fast 400 Kilometer von Lhasa bis Shigatse, bevor 1959 die alte Wegstrecke als Autostraße ausgebaut wurde. Heute erreicht der Besucher die in 3836 Meter Höhe liegende, über 35 000 Einwohner (vor 1959: ca. 12 000) zählende zweitgrößte Stadt Tibets in nur zehn Fahrstunden.

bSam grub rtse, wie ursprünglich gZhis kha rtse – «Das vorzügliche Landgut» – genannt wurde, war Lehenssitz der im 14. und 15. Jahrhundert in Tibet herrschenden Phag-mo-gru-pa-Dynastie. 1565 nahm der den Rotmützen verbundene Karma btsan skyong die Residenz der Fürsten von Rin spungs ein, als die politische Macht der seit 1347 dominierenden Phag mo gru pa im Niedergang begriffen war. 1626 konnten die portugiesischen Jesuitenpatres um Antonio de Andrade für kurze Zeit in Shigatse einen Missionsaußenposten gründen. Zehn Jahre später, als gerade der letzte Phag mo gru aus seinem Palast in Lhasa verjagt worden war, eroberten mongolische Invasoren die Stadt, und für wenige Jahre herrschte nun von hier Phun tshogs rNam rgyal, der gTsang pa, wie man ihn kurz und treffend nannte, über das südtibetische Tsang. Aber der die Kar ma pa unterstützende erklärte Gegner der Gelbmützen wurde bald darauf von Guśri Khan, dem 1642 in Tibet eingefallenen Mongolenfürsten aus dem Kuku nor, unterworfen. Das Ende des Königreiches Tsang war der Anfang der Theokratie von Lhasa und damit der Beginn der dGe-lugs-pa-Herrschaft unter dem 5. Dalai Lama. Seither blieb Shigatse Hauptstadt der Provinz Tsang und Sitz eines von Lhasa ernannten Gouverneurs.[1]

Nach den Berichten des Zeitgenossen Ippolito Desideri ist die Stadt 1717/18 während der Dzungaren-Invasion stark zerstört und 1719 neu und größer wieder aufgebaut worden.

Der Charakter der Altstadt hat sich wie in Gyantse bis heute leidlich erhalten. An traditionellen, in einzelnen Fällen bis vier Stockwerke hohen Wohnbauten ist rings um den Markt kein Mangel. Sven Hedin hatte um 1907 genügend Zeit, seine Eindrücke in Shigatse zu notieren: «Am Südfuß des Dsongberges liegt der offene Basarplatz, auf dem täglich zwei Stunden lang Handel getrieben wird. Tische und Stände gibt es dort nicht, man sitzt auf dem staubigen Boden des Marktplatzes und hat seine Waren auf Tücher ausgebreitet oder in Körben neben sich. In der einen Reihe sitzen die Geschirrhändler, in einer anderen werden Bretter und Planken verkauft, Eisenwaren, Zeugstoffe, Korallen, Glasperlen, Muscheln, Nähgarn, Nadeln, Farbstoffe, billige Öldrucke, Gewürze und Zucker aus Indien, Porzellan, Pfeifen, Feigen und Tee aus China, Mandarinen aus Sikkim, getrocknete Früchte und Türkise aus Ladak, Yakhäute und Yakschwänze aus Tschang-tang, Kessel, Metallschüsseln, Deckel und Untertassen, die hier am Orte angefertigt werden, religiöse Bücher und andere für die Pilger bestimmte Gegenstände usw. Stroh und Häcksel, Reis, Korn, Tsampa und Salz verkaufen mehrere Krämer. Walnüsse, Rosinen, Süßigkeiten und Rettiche gehören auch zu den Waren, die man bei vielen findet... Jede Ware hatte ihren besonderen Platz, aber soviel ich sehen konnte, waren die Verkäufer nur Tibeter, denn die Kaufleute aus Ladak, China und Nepal haben ihre Läden in ihren eigenen Häusern... Und unter dem Kundengewimmel sieht man jede Art Leute, Geistliche und Pilger, Kinder des Landes und Fremdlinge, weiße Turbane aus Ladak und Kaschmir und schwarze Scheitelkäppchen aus China. Der Markt ist Schigatses Klatschnest; von dort her dringen allerlei mehr oder weniger wahrscheinliche Gerüchte zu uns. Sowie jemand aus Lhasa ankommt, wird er sofort bis zur Bewußtlosigkeit ausgefragt, denn alle verfolgen das neue chinesische Regime mit gespanntem Interesse... Jeder, der etwas Neues gehört hat, trägt es sofort auf den Markt, wo ebenso viele Besucher sind, die nur hören wollen, was es Neues gibt, als solche, die wirklich einkaufen. Der Markt ist, mit einem Wort, Schigatses einzige Zeitung...[2]

Nicht ein Krieg hat die mindestens noch im Herbst 1959 völlig intakte gewaltige Burg hoch über der Altstadt von Shigatse zerstört.[3] Übrig geblieben sind von diesem prächtigen Bau klägliche Ruinenstümpfe – einer der schwerwiegendsten unter den zahllosen Verlusten an tibetischen Kulturdenkmälern nach 1959/66. Als wäre der Spuren kulturrevolutionären Hasses auf die Zeugnisse der Vergangenheit noch nicht genug, tünchte man damals auf die Mauern noch 1981 weithin sichtbare Parolen im Geist und Stil jener Zeit, die den Distriktsvorsitzenden treffen sollten: «Nieder mit dem Genossen X!» Fremd sind die chinesischen Zeichen in Tibet bis heute geblieben.

Von hier aus wurde die einst mächtige Provinz regiert. Der Dzong vereinte Administration, Gerichtshof, Gefängnis, Kornspeicher, Bibliothek, Tempel und Verteidigungsanlage zugleich. Von hoher künstlerischer Qualität waren die über zwanzig porträthaften, vermutlich dem 15. Jahrhundert angehörenden Lohan- und Lamastatuen aus Stuck.[4] Mit dieser Datierung sagt man zwangsläufig auch etwas zur Bauzeit des Dzong, der vermutlich gegen 1635–1640 in der heutigen Gestalt unter dem gTsang pa ausgebaut worden ist. Obwohl die Festung während der Dzungaren-Angriffe 1717/18 nicht ohne Schä-

Shigatse-Dzong von Westen. Von dieser vielleicht schönsten aller tibetischen Burgen sind nach 1959 nur noch geringe Mauerreste übrig geblieben. Auch von den Mani-Mauern – wie hier im Vordergrund der Aufnahme – fehlt längst jede Spur. (Aufnahme vor 1950.)

den geblieben sein dürfte, wird die Grundgestalt aus älterer Zeit stammen. Insoweit darf man den Shigatse-Dzong sicherlich zu Recht zu den Vorbildern des Potala in Lhasa zählen.

«... Man stelle sich Taschi-lunpo nicht als einen einzigen riesigen Gebäudekomplex vor, sondern als eine Klosterstadt innerhalb einer Ringmauer, eine Stadt von mindestens hundert verschiedenen Häusern, die sehr unregelmäßig gebaut und gruppiert sind, entweder in Reihen zusammenhängen oder durch ein Labyrinth von schmalen Gassen getrennt werden. Auf der Südseite des Tsangpo ragt ein felsiger Vorsprung des Gebirges ostwärts in das Tal des Njang-tschu hinein; unterhalb und im Osten dieses Vorgebirges liegt Schigatse in dem breiten Tal auf dem nördlichen linken Ufer des Flusses, während das Kloster auf dem unteren Teil des Südabhanges jenes Bergrückens erbaut ist und also mit seiner ganzen Front nach Süden schaut. Wenn man von der im Süden des Klosters liegenden Ebene aus diese Anhäufung weißer Häuser betrachtet, so bemerkt man jedoch sofort einige auffallende Züge, die die Orientierung erleichtern. Ganz rechts sieht man eine hohe, dicke Mauer ohne Fenster, von deren oberem Rand während gewisser Sommerfeste große Malereien zum Beschauen ausgehängt werden. Ein wenig weiter links erhebt sich über der ganzen Klosterstadt die weiße, italienisch vornehme Fassade des Labrang mit ihrer gediegenen, einfachen und geschmackvollen Architektur, und vor und unter dem Labrang fesseln fünf ganz gleich aussehende Gebäude den Blick, die massiven Türmen mit goldenen Dächern in chinesischem Stile gleichen. Sie bilden eine von Ost nach West gehende Linie und sind die Grabkapellen der fünf früheren Taschi-Lamas. Um sie herum und unter ihnen wird der übrige Raum innerhalb der Mauer von all den anderen Häusern eingenommen, und wo immer man sich auf den platten Dächern befindet, das Erste und das Letzte, was man erblickt, sind immer jene Mausoleen. Denn Taschi-lunpo hat auch ein System sozusagen überirdischer Plätze und Straßen, nämlich die mit niedrigen, gemauerten Geländern versehenen Plattformen der Dächer. In den tiefen Gassen verliert man jedoch, wenn man mit ihnen nicht sehr vertraut ist, alle Möglichkeit zur Orientierung, denn man sieht nur die nächsten hohen Mauern, die entweder aus einer glatten Wand bestehen oder mit großen länglichen Fenstern in schwarzen Rahmen versehen sind. Die Mauern neigen sich alle ein wenig zurück, so daß alle Gassen zwischen den Häusern, unten auf dem Boden, am schmalsten sind ...» (Sven Hedin).[5]

Tashi Lhunpo, der «Segensberg» (bKra shis lhun po),[6] war früher eine von der Stadt Shigatse getrennte Welt, so daß die älteren Landkarten stets beide Orte nebeneinander zeigten. Heute ist das Kloster sozusagen der Stadt eingemeindet, das Gelände dazwischen längst bebaut. Tashilhunpo war das mächtigste Denkmal in der Frühzeit des expan-

73
Kloster Tashilhunpo. Rechts hinten die Thangkamauer. Die ringsum aufgestellten Mani-Masten für Gebetsfahnen zeigen den Verehrungsweg um das Kloster an. Da erst das – noch heute erhaltene – Mausoleum des 2. Panchen Lama (1663–1737), links von seiner weißen Residenz, gebaut ist, muß dieses Thangka (Detail) der Sammlung Schleiper, Brüssel, noch vor ca. 1780 entstanden sein.

74
Nach 1966 entstandenes Gemälde von Tashilhunpo in der Empfangshalle des Klosters.

75
Mausoleum des 2. Panchen Lama (1663–1737) in Tashilhunpo. Die übelzerstörenden, mit Yakhaar-Schnüren behängten Trishula-Zylinder erhielten im Mai 1981, zum Geburtstag Buddhas, eine neue farbenprächtige Dekoration.

76
Abschlußgesimse in Tashilhunpo.

77
Der Große Hof in Tashilhunpo. Hier fanden die großen Versammlungen, Disputationen und Verlautbarungen statt. Die Treppe führt zum Tsug lag khang. Das kleine Dach darüber überdeckt die Grabkapelle des Klostergründers und späteren 1. Dalai Lama, dGe 'dun grub (1391–1475), «des Vollenders der Geistlichkeit».

78
Tashilhunpo von Südwesten. Von den ehemals sechs Mausoleen der Panchen Lamas ist nach 1959/66 nur noch dasjenige des 2. Panchen übriggeblieben. Links der hohe Maitreya-Tempel von 1916.

73

74

76

75

dierenden Gelbmützenordens. Ähnliches entstand auch später nur noch mit den großen Amdo-Klöstern in Kumbum und Labrang. Wurde Drepung das politische Zentrum der dGe lugs pa, so Tashilhunpo ihr religiöses.

Wie in Drepung, Sera oder Sakya ist auch hier die mauerumgebene Klosterstadt mit dem Rücken zur Wand (nach Norden), dem Segen und Schutz spendenden Bergmassiv, erbaut worden, auf deren Spitze man rund um die gebetswimpelgeschmückten La-rtse-Schreine an großen Festen weithin leuchtende Freudenfeuer abbrannte.

1447 gründete der Tsongkhapa-Schüler und spätere 1. Dalai Lama dGe 'dun grub (1391–1475) auf Geheiß der persönlichen Schutzgöttin von Lhasa und der Dalai und Panchen Lamas, dPal ldan lha mo, das sechs Jahre später vollendete Kloster.[7] Leider bieten die großen Gelbmützenklöster Zentraltibets kaum Anhaltspunkte zur ursprünglichen Ausdehnung des Baukomplexes, im Gegensatz etwa zu Samye, Sakya, Gyantse oder auch Kumbum. Die große Zeit von Tashilhunpo kam erst fast zweihundert Jahre später, als gegen 1642 die den Gelbmützen feindlichen lokalen Herrscher von Tsang der in Lhasa gleichsam staatspolitisch sanktionierten und zentralisierten Macht der dGe-lugs-pa-Schulrichtung unter Führung des 5. Dalai Lama weichen mußten.

Die für diese Entwicklung entscheidende Gestalt in Tashilhunpo war der von seinem Schüler, dem Großen Fünften, 1650 zum *Pan chen Rin po che* erklärte bLo bzang chos kyi rgyal mtshan (1570–1662), der seit seinem dreißigsten Lebensjahr Abt von Tashilhunpo war. Wie seine Amtsvorgänger war er ernannt bzw. gewählt worden; mit der ihm nun vom Dalai Lama zuerkannten Eigenschaft einer Inkarnation des Buddha Amitābha galt es fortan, die jetzt den Titel Panchen Lama tragenden Oberhäupter des Klosters «aufzufinden».[8] Unter ihm begann das Kloster seine heutige Gestalt anzunehmen.

Heute vereint Tashilhunpo die Hälfte aller noch in Tibet existierenden Mönche auf sich. Von den 592 Lamas konnte man an Buddhas Geburtstag im Mai 1981 fast 300 bei der gemeinsamen Rezitation in der Großen Sutrahalle[9] sehen. Früher waren es über 3700 Mönche, eine bereits 1783 von Samuel Turner und 1907 von Sven Hedin genannte Zahl, die auch für die Zeit vor 1959 vom jetzigen Verwalter – einem «Lebenden Buddha» – bestätigt wurde, der 1954 als Vierjähriger ins Kloster eintrat und heute zusammen mit dem Abt die Geschäfte führt. Während großer Festtage drängten sich noch über tausend mehr in den engen Gassen und Tempelhallen, Gäste aus Klöstern der Umgebung und den Filialen, von denen Tashilhunpo zwischen Ladakh und Peking an die 500 hatte, darunter so berühmte Lamaklöster wie Yong he gong in Peking, Chengde (Jehol), Gyantse oder Narthang. Zwanzig Lamas gründeten nach ihrer Flucht im Jahre

79
Detail aus der Versuchung des Buddha: Māra, das Böse personifizierende Gestalten. Wandmalerei in der Grabkapelle des 1. Dalai Lama, dGe 'dun grub, in Tashilhunpo; Ende 15. Jahrhundert.

80
Klosterbibliotheken wie hier in der Grabkapelle des 1. Dalai Lama in Tashilhunpo sind Teil des Sakralraumes. Das Wort als der Leib Buddhas wurde wie eine Reliquie mit kostbaren Brokaten umhüllt.

81
Yamāntaka-Thangka im Kloster Drepung. rDo rje 'jigs byed, wie der Dharmapāla tibetisch heißt, ist der spezielle Schutzgott der dGe lugs pa, in Drepung der Tantra-Fakultät. Ein «Bild», mthong grol, *bedeutet «Befreiung durch Sehen». Als Träger übersinnlicher Kräfte ist es gleichsam heilendes Ritualobjekt, ein Werkzeug für den Eingeweihten auf dem Weg zur Erleuchtung.*

1959 ein neues Tashilhunpo im südindischen Byllakuppe (Mysore). Sven Hedin schätzte zu seiner Zeit 2600 niedrige Mönche im Getsul-Grad (dGe tshul) und 1200 vollordinierte Gelongs (dGe slong). Davon kamen zum Beispiel 400 aus Ladakh und dem westlichen Himalaya.

Vier Äbte *(mKhan po)*, die als Kollegium dem Panchen Lama zur Seite standen und von denen einer jeweils zum Ersten Geistlichen Berater der Regierung von Tsang gewählt wurde, leiteten die vier Fakultäten des Klosters: Shar tse grwa tshang, sNags pa grwa tshang («Nag khang»), Tho bsam gling und dKyil khang. Sarat Chandra Das, von dem wir eine informative Beschreibung über die Ordination und Ausbildung in Tashilhunpo haben,[10] rühmte zu Ende des vorigen Jahrhunderts das Kloster als das erste Zentrum theologischer Unterweisung des nördlichen Buddhismus, das noch über den drei Staatsklöstern bei Lhasa stünde.

Die mit sechs bis zwölf Jahren eintretenden Aspiranten wurden gegen Bezahlung für Unterhalt und Kleidung einem Tutor (Gergan) anvertraut, der ihnen in zwei bis drei Jahren die gewöhnlich im Auswendiglernen bestehende Kenntnis von 125 Blockbuchseiten der wichtigsten Standardtexte beizubringen hatte. Bei erfolgreich bestandener Prüfung im großen Hof des Tsug lag khang erhielt der Adept die Rasur, im anderen Fall verließ er das Kloster, während sein Tutor dafür mit sofortigen Prügeln und 40 Pfund Spenden-Butter innerhalb von drei Tagen büßen mußte. Die Einsicht, daß am Mißerfolg des Lernenden auch der Lehrende beteiligt ist, scheint in Tibet früher verbreitet gewesen zu sein als in dem auf sein Bildungswesen so stolzen Westen. Die nun zu den Trapas zählenden Novizen, die noch nicht wie die Mönche an den religiösen Zeremonien teilnehmen durften, erhielten darauf zu einem vom obersten Hausherrn, dem Panchen Lama, festgelegten Datum die erste Ordination. Jeder Kandidat trat dann vor den mit der Schere in der Hand höchst persönlich die Zeremonie leitenden Panchen Rinpoche, um dessen Frage «Empfängst du die Tonsur mit Freude?» mit einem «Ja, bei größtem Vergnügen!» zu beantworten. Nunmehr schnitt der Panchen das ihm überlassene restliche Haarbüschel ab und gab dem fortan das Lamagewand Tragenden seinen neuen Mönchsnamen, wobei auch eine höhere soziale Herkunft bezeugende Titel hinzugefügt wurden: etwa «Shab dung» bei Söhnen aus alten Adels- oder Lama-Familien oder «Je dung», wenn die Eltern Grundbesitzer oder hohe Beamte waren. Erst mit der folgenden, wiederum persönlich vom Panchen Lama vorgenommenen Verleihung des Getsul-Grades haben sich die nun gegen Zwanzigjährigen für die Aufnahme in die mönchische Gemeinschaft und für das Verlassen dieser Welt entschieden.

Beim heute nicht mehr erhaltenen, ehemals den Nordflügel des gro-

Links:
Das «Mausoleum des Teshoo Lama» in Tashilhunpo zeichnete der britische Gesandte Samuel Turner an Ort und Stelle gegen 1783. Es gehört entweder dem 2. oder 3. Panchen Lama (gestorben 1737 bzw. 1780). Die isolierte Lage ist Zutat des Zeichners.

Rechts:
Die Thangka-Wand in Tashilhunpo. Gos sku bgram sa, «Platz zum Ausbreiten des Brokat-Thangka», nannte man diese Bilderwände, an denen bei festlichen Anlässen täglich ein anderes Stoffbild hochgezogen wurde.

ßen Hofes vor dem Tsug lag khang überragenden Grabbau des 1. Panchen Lama (1570–1662) gab es eine Schule für höhere Studien (Labrang lobta), deren Kurse in Schrift, Literatur und Arithmetik auch von Laien besucht werden konnten, vor allem aber von den die zivilen Verwaltungsposten bei der Regierung (die für den Klerus reserviert waren) anstrebenden Mönchskandidaten. In dieser kostenlosen Tagesschule bezahlte die Regierung von Tsang Essen und Lehrpersonal, während das klösterliche Sekretariat die Aufsicht und Verwaltung leitete.[11]

Freie Kost und Unterkunft erhielten seit jeher auch die Pilger am «Segensberg», die seit letztem Jahr wieder in Scharen das Kloster umwandeln, auf dem bis hinter die hohe Thangka-Mauer hinaufführenden Lingkhor *(gling bskhor)*,[12] den der Fromme bei ständiger Prostration in einem Tag mit dem eigenen Körper ausmessen konnte.

Hier wurden 1980 wieder Mani-Steine gefertigt, Gebetswimpel auf Steinpyramiden errichtet, Mönche zu privatem Segen konsultiert. Das Rad der Lehre, das seit 1966 stillstand, dreht sich wieder.
Seit der Wiedereröffnung des bis 1979 restaurierten Tashilhunpo begrüßt man den fremden Besucher nach Art der touristischen Besichtigungen in China in einer am großen Eingangshof liegenden Empfangshalle, die mit einer neuzeitlichen gemalten Klosteransicht und einem Porträt und Spruch Mao Zedongs tragenden Wandbehang[13] – gleichsam als Thangka-Ersatz – geschmückt ist.
«Jetzt geht es ernstlich bergauf, nach den heiligen Wohnstätten hin; die steilen, korridorähnlichen Gassen sind zwischen ihren geheimnisvollen Mauern mit Steinplatten gepflastert, deren Form und Größe wechselt, die aber alle blank sind und wie Metall glänzen, obgleich sie schon sehr uneben und ausgetreten sind, da sie ja schon seit Jahrhunderten durch die Schritte unzähliger Pilger und die Fußsohlen eilfertiger Mönche abgenutzt werden... Immer höher steigen wir hinauf, gehen durch gewundene Passagen, biegen mehrmals rechtwinklig bald nach rechts und bald nach links ab, gelangen durch noch ein Tor mit massiver Schwelle unter ein Dach und folgen nun halbdunkeln, dunkeln und stockdunkeln Gängen und Korridoren, die voller Lamas in roter Toga sind...» (Sven Hedin).
Zentrum und zugleich ältester Gebäudekomplex ist die Große Versammlungshalle (Tsug lag khang) an dem ringsum von zwei Galeriengeschossen umgebenen Hof der Festspiele und Zusammenkünfte. Ihren Zugang im Oberstock des westlichen Galerieflügels bewachen zur Rechten die Vier Lokapālas. Der von 48 jahrhundertealten Holzpfeilern gebildete Innenraum erhält sein Licht durch einen völlig offenen Obergaden an der südlichen Längsseite. Die Wandmalereien sind mit Ausnahme einiger später erneuerten Partien meist kaum noch erkennbar. Eine zentrale Darstellung mit Tsongkhapa und zwei Schülern – links der Klostergründer dGe 'dun grub – oberhalb der mit modernen Appliqué-Thangkas (16 Arhats) verhängten Pfeilergesimse weist stilistisch auf das 17. Jahrhundert.
Etwas seitlich steht der hohe, von einem gelben Baldachin überspannte Thron des Panchen Lama. Seit spätestens 1965 war er leer, als der schon zwei Jahre zuvor in staatliche Ungnade gefallene Panchen von den Roten Garden festgenommen und bis 1977 unter Arrest gestellt wurde. Als sich zum Gedenken an Buddhas Geburt am 18. Mai 1981 die Mönche auf den Sitzbänken zur Puja drängten und kein Platz in der dämmrigen Halle mehr frei blieb, schien die Zeit der Verfolgung und Unterdrückung vergessen und die alten, durch Sven Hedin beschriebenen Bilder wieder lebendig zu werden. Das rhythmische Rezitieren der fast dreihundert Lamas erfüllte den dreizehn Jahre lang

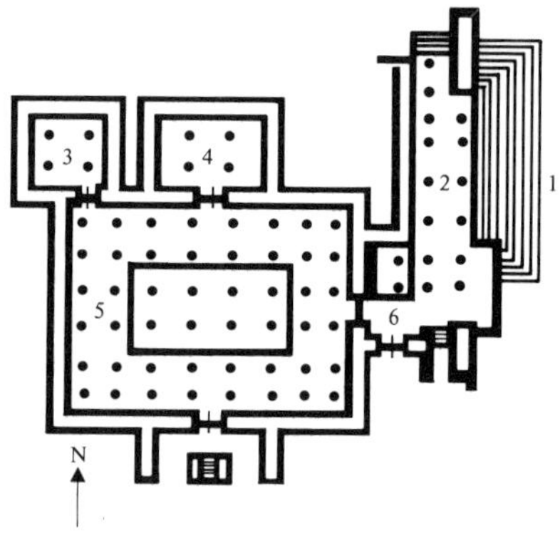

Grundriß der Hauptversammlungshalle in Tashilhunpo, die westlich an den Großen Hof angrenzt.
1. Treppe im Großen Hof, 2. Galerie des Westflügels des Großen Hofs, 3. Śakyamuni-Kapelle («Sanktuarium»), 4. Tārā-Kapelle, 5. Versammlungshalle, 6. Eingang zur Großen Versammlungshalle.

verschlossenen Raum. Buttertee, den man in prächtigen alten, in den Boden eingelassenen Bronzekesseln der benachbarten Küche zubereitet hatte, wurde in schweren Kannen gereicht. Sonnenstrahlen brachten das große Tsongkhapa-Thangka aus buntfarbigem Appliqué (*gos sku* = «Stoffbilder») am Ende des Mittelschiffs zum Leuchten. Fünfmal am Tage fand ein solches «Hochamt» (Hedin) einst statt, heute wieder – bei kleinerer Besetzung – morgens und abends.

Im eigentlichen Sanktuarium, einer rechts hinten an der Nordseite anschließenden, von vier Pfeilern getragenen quadratischen Kapelle, nimmt, flankiert von seinen zwei Hauptschülern Maudgalyāyana und Śāriputra, der gekrönte Śakyamuni die Mitte ein. Davor die übliche Dreiergruppe des Tsongkhapa und seiner Schüler rGyal tshab rje und mKhas grub rje, auf den Konsolen der Pfeiler links der Gründer Tashilhunpos und 1. Dalai Lama, dGe 'dun grub, sowie rechts der 1. Panchen Lama, bLo bzang chos kyi rgyal mtshan. An den Seiten die etwas steif wirkenden, brokatgekleideten acht Mahābodhisattvas, die ebenso wie der Dekor ihrer Nischen und die den zentralen Buddha umgebenden Stuckornamentik dem 15. Jahrhundert angehören dürften.[14]

Derselben Zeit muß die nach Osten benachbarte, ebenfalls von der Nordflanke der Versammlungshalle zugängliche Tārā-Kapelle angehören, zwischen deren vier tragenden Holzpfeilern die Sitzstatuen der nach der Überlieferung 1467 geschaffenen Cintāmanicakra Tārā (Mitte) sowie der Grünen und Weißen Tārā zur verehrenden Umkreisung im Zentrum des Raumes errichtet sind.[15] Die an der Rückwand aufbewahrten, oft mit prachtvoll geschnitzten Deckeln eingefaßten Bücher könnten wie diejenigen im dPal-khor-Tempel von Gyantse teilweise aus dem 15./16. Jahrhundert stammen.

Die Versammlungshalle selber geht in ihrer heutigen Gestalt vermutlich erst auf das 17. Jahrhundert (1616?) zurück, als der spätere 1. Panchen Lama umfangreichere Neubauten errichten ließ.[16] Und in jener Zeit wurde frühestens auch das den mittleren Teil überragende vergoldete Dach aufgesetzt.

Zum ältesten Teil von Tashilhunpo gehört auch, im komplizierten, später umbauten Winkel über dem Westflügel des Großen Hofes gelegen und nach außen an dem kleinen vergoldeten Dach mit dem das Cintāmani-Zeichen rahmenden Pfauen erkennbar,[17] die Grabkapelle des Klostergründers und posthum zum 1. Dalai Lama erklärten dGe 'dun grub, des «Vollenders der Geistlichkeit». Der qualitätsvolle, über einem Holzkern mit Silberblech beschlagene, von getriebenen Goldreliefs sowie Edelsteinen geschmückte Grab-Chörten ist zweifellos späteren Datums (17. Jahrhundert?), während die ganz hervorragenden Wandmalereien möglicherweise noch im späten 15. Jahrhundert, der

Gesamtansicht von Tashilhunpo. Die in der Sonne leuchtenden Golddächer markieren die hervorragenden Bauten, von rechts nach links: das Mausoleum des 1. Panchen Lama († 1662), die niedrigere Dreiergruppe des Tsug lag khang und der heute als einziger noch erhaltene Grabbau des 2. Panchen Lama († 1737); anschließend derjenige des 3. Panchen Lama († 1780) und, erhöht zurückgesetzt, der Grabbau der sechsten Reinkarnation Amitābhas († 1937), sodann die Mausoleen des vierten und – links von dem um 1916 vollendeten hohen Maitreya-Tempel – des fünften Vertreters des Tashi Lama, wie man den Panchen auch häufig bezeichnete.
(Aufnahme 1951.)

vermutlichen Bauzeit der Kapelle, entstanden sind. So erinnern die Māra, das Böse repräsentierenden, plastisch-naturalistischen Gestalten unterhalb des zentralen Buddha der linken, westlichen Wand, an chinesisch inspirierte Malereien der späten Yuan-Nachfolge.[18] Wie unberührt von den teuflischen Grimassen der «Wolkenhölle» thront darüber der Erhabene. Auch für die Devīs, weiter rechts, gibt es im Kumbum von Gyantse ältere Vorläufer.[19] Gelbmützen-Patriarchen und Śakyamuni mit seinen zwei Schülern sind das Thema der Rückwand. In ihrer überragenden Qualität gehört die Ausmalung dieses kleinen Mausoleums zu den bedeutendsten Zeugnissen tibetischer Bildkunst.

Die hochaufragenden, von vergoldeten Dächern bekrönten Mausoleen der sechs Panchen Lamas prägten bis in unsere Zeit das Panorama von Tashilhunpo. Nur eines ist noch vollständig erhalten, dasjenige des 2. Panchen Lama bLo bzang ye śes (1663–1737).[20] Das wie andere hervorragende Bauten des Klosters 1976–1978 renovierte Gebäude schließt nach Westen unmittelbar an den Labrang (bLa brang),[21] die große, weiß getünchte Residenz des jeweiligen Tashi Lama, wie man den Panchen auch nannte, an. Unverwechselbar das Äußere: Das Rot und Weiß der Mauern, das Schwarz der Friese, das

Gelb der Sonnensegel, das Gold der Dächer und Standarten, das Blau gibt der meist wolkenlose Himmel hinzu... Von gleichsam barocker Pracht ist auch die Ausstattung, voran der mit üppigem Golddekor bereicherte Silber-Chörten, den man wie eine hochverehrte Buddhafigur umwandeln kann.[22] «In all den Tempeln, Hallen und Palästen der hohen Würdenträger, überall herrschte eine geradezu unbeschreibliche, barbarische Pracht. Altäre, Gräber, Umrahmung der Türen, gottesdienstliche Gegenstände, ja sogar das Hausgerät der reichen Lamas, alles strotzte von Gold, Silber, Türkisen und anderen Kostbarkeiten.»
Alexandra David-Néels[23] Eindruck läßt sich heute noch an Ort und Stelle nachvollziehen. Nirgends sonst hat sich in Tibet eine solche Fülle an Kultfiguren erhalten. Hunderte – um es eher vorsichtig abzuschätzen – von Bronzefiguren füllen die jeweils langen Galerien am Mausoleum des 2. Panchen Lama, vor dem Schrein des kolossalen Maitreya oder im Ostflügel des Großen Hofes. Und Hunderte auch an Pilgern ziehen heute wieder dort vorbei, Khatags, Tsampa und Butter für die Lampen mit sich tragend.
Die nach Westen folgenden Grabbauten der 3. bis 6. Panchen Lamas wurden alle nach 1959 bzw. 1966 zerstört.[24] Deutlich ist die Lücke zwischen dem langen weißen Gebäude direkt westlich vom Grab des 2. Panchen Lama (mit dessen Privaträumen) und dem Maitreya-Tempel. Hier folgten nach Westen die Mausoleen des 3. Panchen Lama, bLo bzang dpal ldan ye śes (1738–1780),[25] dann, etwas zurückgesetzt und im Panorama am höchsten, dasjenige des 6. Panchen Lama, bLo bzang chos kyi nyi ma (1883–1937), anschließend der Grabbau des 4. Panchen Lama, bLo bzang bstan pa'i nyi ma (1782–1853), und, westlich vom Maitreya-Tempel, derjenige des 5. Panchen Lama, bLo bzang dpal ldan chos kyi grags pa (1855–1882). Dieser zwischen 1882–1885 errichtete Grabbau stand zu Sven Hedins Zeiten täglich den Besuchern offen, während die anderen Schreine eigens geöffnet werden mußten.
Ohne die alten Ansichten würde der Ortsfremde die Verluste kaum bemerken. Oberhalb des Nordflügels am Großen Hof erhob sich auf dem hier steil ansteigenden Terrain bis 1959 oder 1966 das älteste dieser in ihrem Anspruch so auffallend die Gräber der Dalai Lamas im Potala übertreffenden Mausoleen: dasjenige des 1. Panchen Lama.[26] In seiner Form glich es genau den übrigen Mausoleen bzw. dem heute noch einzig erhaltenen Grabbau seines Nachfolgers. Bereits zu seinen Lebzeiten, 1644, hatte dieser große Bauherr von Tashilhunpo sein Grabmal beginnen lassen.[27] Das Eingangsportal lag auf gleicher Höhe wie die oberste offene Zuschauerplattform der Galerie (deren dritter Stock), von wo aus Sven Hedin den Neujahrsfeierlichkeiten im Jahre 1907 beiwohnte:

Tashilhunpo, Mausoleum des 6. Panchen Lama, bLo bzang chos kyi hyi (1833–1937), vom Dach des Maitreya-Tempels aus. Rechts im Vordergrund das Dach vom Grabmal des 4. Panchen Rinpoche. (Aufnahme vor 1950.)

«Auf dem Altan unter unserem Balkon aber gibt es keine Honoratioren, dort befindet sich in schönster Eintracht der Pöbel, dort hat das profanum volgus seine Plätze, dort sitzen ländliche Mütter und stillen ihre schreienden Kinder, und dort stehen zerlumpte Bettler auf ihre Stäbe gestützt oder sitzen auf dem Boden an die Wand gelehnt, während sie ihre alltäglichen Bettellieder summen, die in dem Stimmengewirr unverständlich bleiben. Viele haben kleine Kissen oder zusammengefaltete Kleidungsstücke mitgebracht, um bequem zu sitzen. In einigen Gruppen trinkt man Tee aus mitgebrachten Holztassen, in andern laust man seine Bekannten und legt einander abwechselnd den Kopf in den Schoß. Und immerfort kommen neue Zuschauer auf die Plattformen hinaus, und das Gedränge wird allmählich ungeheuer ... Überall, auf allen Altanen und Dächern, auf allen Vorsprüngen und Balkons, ja sogar ganz hoch oben unter den chinesisch geschweiften Golddächern der Grabkapellen längst entschlafener Großlamas wimmelte es von Menschen. Von unserem hohen Aussichtspunkt aus war es ein Meer von Köpfen, ein Menschengewirr, ein Mosaikbild von lebhaften, schreienden Farben, eine Ausstellung von Nationaltrachten, unter denen sich zwar die tibetische Tracht am meisten geltend machte, aber bei der der Blick auch auf Erscheinungen fiel, deren Heimat Bhutan und Sikkim, Nepal oder Ladakh war, während man in andern leicht chinesische Kaufleute oder Soldaten und Pilger aus den Grassteppen der Mongolei erkannte. Ein alter Lama von hohem Rang,

82
Thangka mit Darstellung des zweiten Großlamas von Tashilhunpo, bSod nams Phyogs glang (1438–1505), mit Ereignissen aus seinem Leben; 67×40,5 Zentimeter.
(München, Staatl. Völkerkunde-Museum.)

83
Tashilhunpo. Grab-Chörten des 2. Panchen Lama. Davor die üblichen Verehrungs- und Opfergegenstände des tibetischen Altars: Butterlampe, Wasserschale, Mandala, Dorje und Drilbu, Früchte, Khatag-Schleifen. Detail von Bild 88.

84
Bodhisattva im Tsug lag khang von Tashilhunpo, 18./19. Jahrhundert? Trotz der Plünderungen durch die nepalesischen Gorkhas 1791 und jüngster Bilderstürme hat sich eine sehr reiche Ausstattung erhalten.

85
Tashilhunpo. Zentrale Buddhastatue im Sanktuarium des Tsug lag khang, ca. 15. Jahrhundert.

86
Ushnīshavijayā, die Göttin der Erleuchtungserhöhung. Konsolfigur aus getriebenem Messing im Tsug lag khang von Tashilhunpo.

87
Tashilhunpo. Zwei der acht Mahābodhisattvas im Sanktuarium (siehe Bild 85) des Tsug lag khang.

84

85

86

87

88

89

88
Tashilhunpo. Grab-Chörten des 2. Panchen Lama, bLo bzang ye śes (1663–1737).

89
Grab-Chörten des Klostergründers und 1. Dalai Lamas, dGe 'dun grub (1391–1475) in Tashilhunpo. Diese Kapelle bildet mit dem Tsug lag khang den ältesten Teil des Klosters.

90
Thron des Panchen Lama im Tsug lag khang von Tashilhunpo. Mit der Übernahme einzelner Territorien und dem chinesischen Angebot selbständiger Herrschaft über weite Gebiete 1728 begann die politische Rivalität des Panchen mit Lhasa und das Interesse Pekings an einer solchen Konstellation.

91
Śakyamuni mit seinen Schülern Maudgalyāyana und Śāriputra. Darüber Tsongkhapa und sein Schüler sGyal tshab rje sowie der 1. Panchen Lama (1570–1662). Wandmalerei in der nördlichen Galerie des Großen Hofes in Tashilhunpo.

92
Der 26,2 Meter hohe Maitreya mit der argumentierenden Geste im gleichnamigen, 1916 vollendeten Tempel von Tashilhunpo. Wie die Architektur für die Figur, so diente auch eine solche Statue selber als Reliquienschrein für heilige Objekte: von den angeblichen Waffen Gesars und dem Haar Tsongkhapas bis zu Milarepas Schale und Atishas Tigerfell.

93
Tashilhunpo von Osten. Vorne links der Große Hof mit dem Tsug lag khang, rechts der Labrang und dahinter das Mausoleum des 2. Panchen Lama.

der uns unsere Plätze angewiesen hat, teilt mir mit, daß über 6000 Zuschauer anwesend sind und seine Veranschlagung ist eher zu niedrig als übertrieben ...»

Damals wird der gesamte Komplex um den Großen Hof am Tsug lag khang neu entstanden sein: Außer dem Neubau des letzteren, den drei Galerieflügeln und dem Grabbau, auch der westlich neben diesem folgende Labrang, die klösterliche Residenz der Panchen Rinpoches. Chos rgyal dpal bzang po, wie der erste Panchen mit persönlichem Namen hieß, war ein vielseitig beschäftigter Kirchenfürst.[28] Mit vierzehn Jahren bereits Abt eines kleinen Klosters (Dben dgon pa), erlangte er um 1600 die gleiche Würde in Tashilhunpo. 1626 besteigt er den «Thron des Dharma» (=Abt) in Ganden, läßt dort 1629 das Golddach des Tsongkhapa-Mausoleums renovieren, hält sich mehrfach zur Leitung von Zeremonien im Lhasa-Jokhang auf und wird 1642 gleichsam «nebenbei» auch Abt von Shalu, kehrt aber immer wieder in «sein» Kloster am Segensberg zurück.

Von den Balkonen über der großen Treppe schaute er den Schwarzhut-Tänzern der Cham-Mysterienspiele zu, die sich um einen fast vierzig Meter hohen, 1981 wieder aufgestellten Mast voller Gebetsfahnen bewegten. An diesen Festtagen zog man an der im Nordosten das Kloster überragenden, innen neunstöckigen Wand *(gos sku bgram sa)* die Stoff- und Seiden-Thangkas (Appliqué-Technik) auf, die die Gläubigen zur Erlangung des Segens der dargestellten Gottheiten mit der Stirn zu berühren trachteten. An den meist mehrtägigen Zeremonien, wie zum Beispiel zum Gedenken an Buddhas Tod, wurden jeden Tag die bis zu dreißig Meter hohen, buntfarbig leuchtenden Bilder ausgewechselt. So sah man etwa am ersten Tag die Gottheiten des lamaistischen Pantheons, am folgenden das Thangka des Buddhas des vergangenen Zeitalters, Dīpankara, danach Śakyamuni, den Buddha der Gegenwart, und schließlich am letzten Tag Maitreya, den zukünftigen Buddha messianischer Verheißung.[29] Auch eine profan-praktische Funktion hatten diese monumentalen Bildwände: In ihren durch eine Tür auf der Rückseite zugänglichen Etagen bewahrte man getrocknetes Yak- und Schaffleisch auf – vorne die geistige, hinten die leibliche Nahrung.[30] Andere Kost hielt die Thangka-Wand nach 1959 weithin sichtbar bereit: «Der große Lenker, Führer und Steuermann, Vorsitzender Mao lebe hoch!»[31] Erst 1981 wurden die chinesischen Schriftzeichen abgewaschen. Werden die alten Stoffbilder wieder an ihre Stelle treten?

Der höchste Bau in Tashilhunpo, der rotfarbene Maitreya-Tempel (Byams pa lha khang) nahe der westlichen Umfassungsmauer, wurde erst zwischen 1906 und 1916 für die damals gleichzeitig geschaffene, 26,2 Meter hohe Bronzestatue des zukünftigen Buddha (Byams pa)

Pilger auf dem rituellen Umwandlungspfad um das Kloster Tashilhunpo, im Hintergrund die Thangkawand, in die man durch eine Hintertür hinaufsteigen kann.

gebaut. Als Alexandra David-Néel 1916 Tashilhunpo besuchte, war der flach gedeckte Bau gerade vollendet.[32] Ein Jahr später folgte die Weihe. 115 Tonnen Kupfer und 279 Kilo Gold mußten für dieses um 1976/78 restaurierte Hauptkultbild des Klosters aufgewendet werden, das vielleicht eine ältere Figur ersetzte.[33] Damals hatte Tashilhunpo eine eigene, ca. 30 Kunsthandwerker umfassende Werkstatt für Metallbildner, die auch für den Export nach anderen Klöstern arbeitete.[34]
Als sollte das Ausmaß zugleich Gewähr für seine übermenschliche Fähigkeit bieten, als All-Liebender und alle Lebewesen umfassender Erlöser in die Welt zu treten, füllt der Bodhisattva[35] den Schrein fast fünf Stockwerke hoch. Zu seinen Füßen umkreist man ihn in ritueller Verehrung, in der obersten Galerie steht der Gläubige seinem Antlitz gegenüber, im Wunsch nach geistiger Erleuchtung und Befreiung. Mit der den Dharma erklärenden, argumentierenden Geste (Vitarkamudrā) und der den Amrita-Nektar enthaltenden Kalaśa-Vase ist der Maitreya das «Symbol einer geistigen Zukunft und der Wiedergeburt der ewigen Wahrheit, die in jedem Erleuchteten verkörpert ist und in jedem Menschen wiederentdeckt werden kann» (Govinda).
Südwestlich von Tashilhunpo, am Rande von Shigatse, liegt in einem

Die neue Sommerresidenz des Panchen Lama in Shigatse, bDe chen Pho brang, 1956–1959 errichtet.

Park die 1956–1959 im traditionellen tibetischen Stil erbaute Sommerresidenz des 7. Panchen Lama. Hier hatte es zuvor schon einen *bDe chen Pho brang,* den «Palast der großen Wonne», gegeben.[36] Fünf Jahre lang bewohnte der «Große Kostbare Lehrer» den heute auch in seiner Ausstattung noch recht gut erhaltenen Sommerpalast. Als er am 14. 12. 1960 forderte, «die historischen Denkmäler zu schützen und die den Klöstern gehörenden Kunstobjekte», und dies auch in seinem 70 000-Worte-Memorandum an die chinesische Regierung 1962 wiederholte, mußte er dafür Gründe gehabt haben. Fast zwei Jahre vor Ausbruch der Kulturrevolution begannen die bald in der formellen Anklage eines bewaffneten Umsturzversuchs endenden Angriffe gegen den höchsten noch in Tibet verbliebenen religiösen Würdenträger, der als jugendlicher Zögling des berühmten Kumbum-Klosters und angehende Reinkarnation des Amitābha-Buddha am 1. Oktober 1949 in einer Grußbotschaft an Mao Zedong «die baldige Befreiung Tibets» gewünscht hatte und 15 Jahre später, im März 1964, seinen «festen Glauben an die baldige Wiederherstellung der tibetischen Unabhängigkeit» öffentlich bekundete.

Zwischen 1965 und Anfang 1978 war das Schicksal des Panchen Rin-

Die heute nicht mehr erhaltene alte Sommerresidenz des Panchen Lama in Shigatse (vor 1947).

poche völlig unbekannt. Auf angebliche Versuche, ihn nach vierzehnjährigem Exil als tibetischen Führer nach Tibet zurückzubringen, sei er nicht eingegangen. Heute ist die nicht mehr amtierende Reinkarnation des Buddhas des unendlichen Lichtes, die in der Rechtmäßigkeit ihrer «Auffindung» nicht über alle Zweifel erhaben ist und viel Argwohn in Lhasa erzeugte, «Stellvertretender Vorsitzender des Ständigen Ausschusses der Beratenden Politischen Konferenz des chinesischen Volkes» und Ehrenpräsident der Buddhistischen Vereinigung Chinas.[37] Jeder konnte im Frühjahr 1981 in Tashilhunpo sehen, wie sein Thron renoviert und mit neuen Schnitzereien versehen wurde. Denkmalpflege oder Vorbereitungen für eine mögliche Rückkehr? Ende vergangenen Jahres war der die Lernstätte seiner Jugendzeit, Kloster Kumbum, besuchende und vermutlich letzte Panchen Lama bis an die Grenzen Tibets gekommen...

XIII. Bauten in Osttibet: Amdo und Kham

1. *Kumbum – Das Kloster der Hunderttausend Bilder Buddhas*

Noch vor der Gründung Tashilhunpos hatten die Gelbmützen-Lamas der erst eine Generation bestehenden dGe lugs pa den Weg nach Osten angetreten. 1437 begannen sie im westlichen Teil der Provinz Kham, in Chamdo, mit dem Bau ihres ersten Klosters. Viel später erst erreichten sie Tibets Nordosten, das am Oberlauf des Gelben Flusses, beim Kuku-nor-See gelegene Amdo. Dreihundert Jahre nach den Patriarchen der Sa skya pa folgten hier die «Tugendhaften» nun ihren Spuren: Es ging um die «Zweite Bekehrung» der wieder ins Nomadisch-Wilde zurückgefallenen Mongolen. Hohe Politik mit Blick auf China gab der frommen Absicht dabei das irdische Kalkül.
Als 1577 der Großlama der Gelben Kirche, der rGyal ba rin po che («Königliches Juwel»), am Kuku nor mit Altan Khan zusammentraf, weihte man 25 Kilometer südwestlich von Xining bei der Ortschaft Lusar gerade den ersten Tempel[1] von sKu 'bum byams pa gling (gesprochen: Kumbum dschamba ling), der «Stätte der unendlich vielen Bilder Buddhas».[2] Als 1584 der später posthum zum 3. Dalai Lama erklärte rGya mtsho («Großer Ozean») ein zweites Mal ins «Land der Gräser» reiste, besuchte er auch Kumbum, dem er ein Studienkolleg stiftete und das vier Jahre später, nachdem das Oberhaupt der dGe lugs pa in der Mongolei gestorben war, für dessen Reliquien einen Chörten errichtete.[3]
Ein großer Chörten war auch neben einigen bereits seit 1560 bestehenden Mönchsklausen der «Grundstein» von Kumbum; nämlich dort, wo einst an der Stelle von Tsongkhapas Geburt nach drei Jahren ein auf seinen Blättern «hunderttausend» wunderbare Bilder Buddhas und heilige Mantraformeln zeigender Sandelholzbaum gewachsen sein soll.[4] Heute besucht man die Stelle des Wunderbaumes im gSer khang chen mo, dem «Großen Goldenen Gotteshaus», wo der bis in das Golddach hineinragende zwölf Meter hohe Silber-Chörten an der Stelle jenes Baumes errichtet worden ist. Vielleicht baute man dieses freilich nicht sehr alte, monumentale Reliquiar bzw. dessen Vorläufer einst über dem bereits abgestorbenen Baumstumpf. Von zahlreichen Tüchern und Khatag-Schleifen umhüllt, ist dieser eine goldene Figur des dGe-lugs-pa-Gründers enthaltende Gedenk-Chörten seither der zentrale Verehrungsgegenstand in Kumbum.[5]
Nur wenig Oberlicht fällt in dieses fast fensterlose, von achtzehn rot

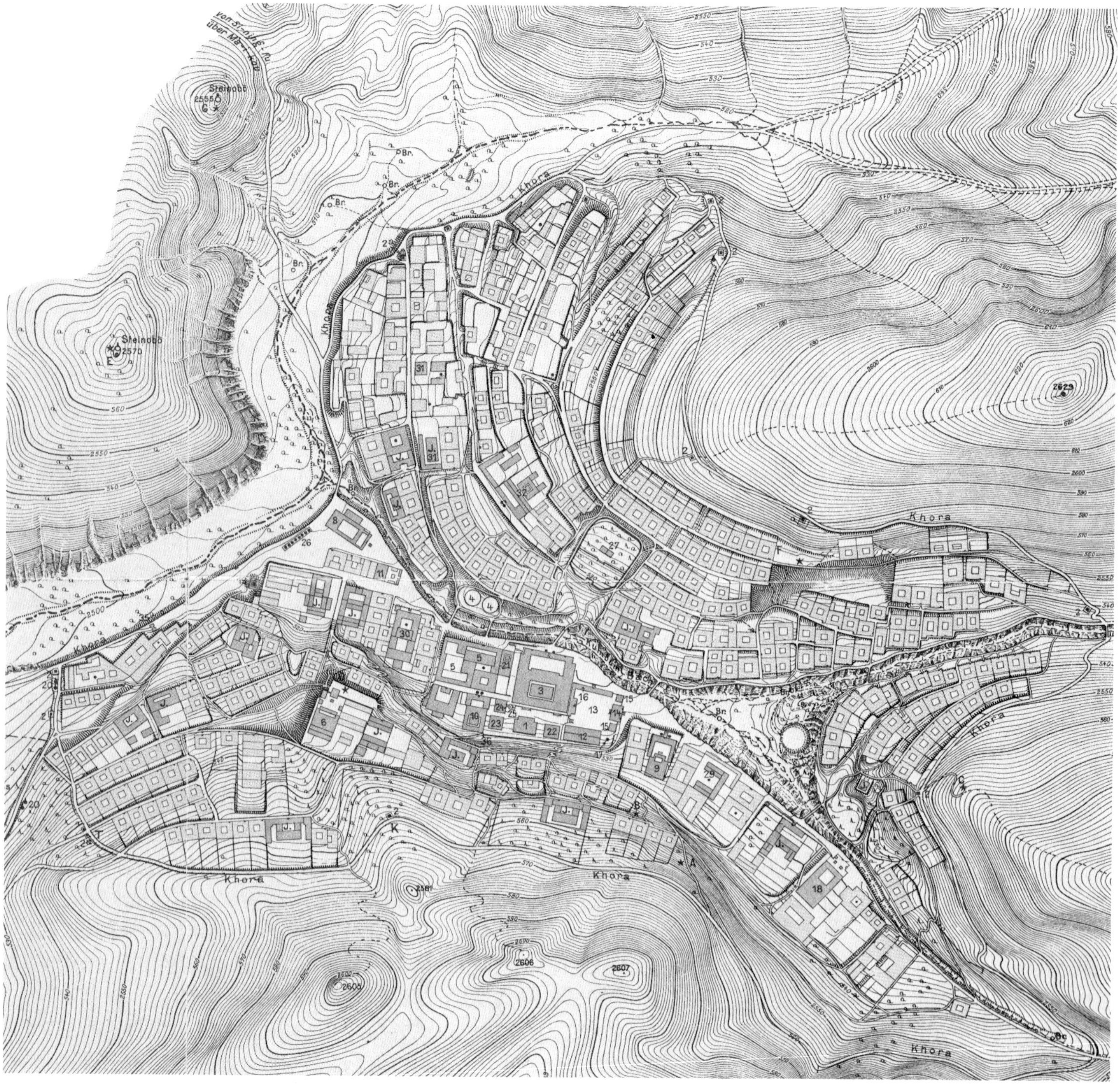

Plan des Klosters Kumbum
(Aufgenommen von W. Filchner 1926/27.)

Erläuterung:
1. Golddach-Tempel
2. Bumkhang
2a. Manilou (überdachtes Gebetsmühlenhäuschen)
3. Große Klassiker-Halle
4. Strohdepot
5. Ökonomie-Gebäude der großen Sutrahalle (Wohnung des Erh-lo-je)
6. Marbrang (Roter Palast)
8. Blumen-Tempel: Klassiker-Halle. Haus der autochthonen Götter
9. Tempel der Heiligen Schriften
10. Tempel der Medizinischen Schriften
11. Blumen-Tempel
12. Götter-Versammlungs-Tempel
13. Tschöra
14. Tempel der Tausend Buddhas
15. Mani khang
16. Mani-Galerie mit Khampo-Thron
17. Große Gebetsmühle
18. Dschud khang (Tempel der Mystik)
19. Großer Stupa
20. Doppel-Stupa
21. Thab khang (Küche)
22. Tempel des Dscho
23. Tempel des Dipankara
24. Tsongkhapa-Tempel
25. Gruppe Heiliger Bäume
26. Acht Tschorten
27. Hain mit zwei verandaartigen Holzbauten
29. Meditations-Sutrahalle
30. Palast des Sai-to-to-wa
31. Fremden-Herberge
32. Karwa, Rotes Jamen
35. Klostertor
36. Torbogen

bemalten Pfeilern getragene Sanctum sanctorum, das Wilhelm Filchner, dem großen Erforscher von Kumbum, wie ein «Museum mit sonderbarer Gruppierung merkwürdiger Ausstellungsobjekte» vorkam. Durch sein 1883 erneuertes vergoldetes Doppeldach weithin sichtbar, überragt auf der obersten Terrasse des in einer Talsenke liegenden Klosterkomplexes der dreistöckige Bau seine Umgebung. Die grünen Glasurkacheln der Wände, das darüber folgende dachartige Gesimsband und das von Säulen getragene Dach machen den «Goldenen Tempel» zum Meisterwerk einer chinesisch geprägten Ming-Architektur, bei der selbst der Wandaufbau – ganz anders als in Tashilhunpo – kaum noch tibetische Strukturformen enthält. Lediglich das schwarze, gestutztes Reisigwerk *(su ru)* imitierende Gesimsband über dem 27 x 8 Meter im Grundriß messenden Untergeschoß ist noch ein eindeutig tibetisches Element, während das obere Dach eine künstlerisch hochwertige Kombination chinesischer Architektur mit tibetischen – und freilich auch längst chinesisch inspirierten – Dekorformen darstellt.[6]
Eine Gruppe heiliger Bäume vor dem gSer lha khang werden als Ableger des auf seinen Blättern die mystischen Buddhabilder zeigenden Ur-Baumes angesehen, der zur Gründung des Klosters führte. Der unmittelbar links nach Süden anschließende, von einer Gebetsmühlen-Galerie umgebene Jo khang («Haus des Herrn»), der 1577 als erster der fünfzehn Tempel in Kumbum errichtet wurde, enthält als Hauptkultbild eine angebliche Nachbildung des Jo-bo-Buddha in Lhasa, die Figur des zwölfjährigen Maitreya (Byams pa mgon po).[7] Vor dem rechts – nach Norden – den gSer lha khang flankierenden Dīpankara-Tempel, der dem Buddha der Vergangenheit geweiht ist, birgt ein Tempel die von einer hufeisenartigen Aureole und einem Baldachin umgebene, gelbgewandete Statue Tsongkhapas, der durch das Schwert der Weisheit, das Buch der Erkenntnis und die Geste der Argumentation ausgewiesenen Inkarnation des Bodhisattva Manjushri.[8] Daß man in Kumbum, in der Nähe seiner Heimat Tsong kha («Zwiebel-Land»), die 16 Bände mit 313 Abhandlungen füllenden Gesammelten Werke des Gelbmützen-Gründers herausbrachte, war gleichsam heilige Pflicht der Klosterdruckerei. Auch hier hat man nach 1976 alles sorgfältig renoviert und vieles neu bemalt, bevor das offensichtlich von den Stürmen der Kulturrevolution nicht spürbar in Mitleidenschaft gezogene Kloster im Herbst 1979 wieder geöffnet wurde.
Mittelpunkt des Klosterareals ist die Große Versammlungs- oder Sutrahalle, der Tshogs chen 'du khang oder Tsug lag khang.[9] Das von Osten her betretbare, vor dem Golddach-Tempel liegende flachgedeckte Gebäude ist das größte in Kumbum. Kaum vorstellbar, daß

in der von 108 – der heiligen Zahl – teppichumhüllten Pfeilern getragenen Halle alle im Kloster anwesenden 3500 Mönche[10] Platz finden konnten! An den bis zu drei Stunden dauernden Rezitationen der kanonischen Schriften morgens und abends hatte mit Ausnahme einiger hochgelehrter Lamas jeder teilzunehmen. Die vom Schlagen der Rahmentrommel *(nga)* und Becken *(rölmo* und *sil nyen),* den Oboen *(rgya ling)* und Metalltrompeten *(rkang ling),* Muschelhörnern *(dung skar)* und Handglocken *(dril bu)* begleiteten tausendfachen Anrufun-

Der Golddach-Tempel (gSer khang chen mo) im Kloster Kumbum (Amdo), das bauliche und – durch den Tsongkhapa-Gedenkchörten – auch religiöse Zentrum der ab 1560 errichteten Klosterstadt. Auffallend ist der starke Einfluß chinesischer Ming-Architektur.

gen und Rezitationen gehören der Vergangenheit an. Die meisten der langen, von Teppichen belegten Sitzreihen sind nach 1950 leergeblieben. Statt der ehemals 4000 Mönche leben heute kaum mehr als vierzig in dieser einstigen Hochburg der Gelben Kirche außerhalb Zentraltibets.[11]

Neben den Drachen-Teppichen der Pfeiler verleihen die zahlreichen Appliqué-Thangkas und die meist mit den Drei Juwelen geschmückten Brokatgehänge *(ba dang)* dem Inneren der Großen Versammlungshalle einen überaus buntfarbigen Charakter. Hier möchte man an die heute wieder hergestellten figurenreichen Butterbilder denken, die als Spezialität des dekorationsfreudigen Kumbum-Klosters vor allem für große Feste gefertigt und dann nach wenigen Stunden bereits wieder zerstört wurden.[12] Lebensgroße Buddhaskulpturen oder ganze Szenarios mit bis zu 500 kleinen Figürchen, die den Empfang des Panchen Lama beim Kaiser Qianlong 1780 in Peking oder zum Beispiel die Hochzeit des Königs Songtsen Gampo mit Prinzessin Wen ch'eng darstellten. Kein Wunder, daß sich hier die Lamakünstler seit jeher auch auf farbenprächtige *gtor-ma*-Figuren verstanden, aus Weizen- oder Gerstenteig und Butter geformte Opfer, in die man Gottheiten und feindliche Mächte bannte.

Wie in Lhasa gab es auch in Kumbum – beide Orte waren in dieser Kunst führend – die schönsten Butterdekorationen am Schlußtag des zwei Wochen langen, unter anderem auf Buddhas Wundertaten in Śrāvastī bezogenen Neujahrsfestes, das heißt am 15. Tag des ersten tibetischen Monats.[13] Die «Opfer des Fünfzehnten» *(bchu lnga mchod pa)*, wie dieser wichtigste Festtag von Kumbum zugleich hieß, bestanden vor allem in den *mchod pa* (Opfer, Darbringung) genannten, ca. 15 Meter hohen und von noch höheren Mani-Masten gerahmten Holzgerüsten, auf denen neben unzähligen Butterlampen, chinesischen Laternen,[14] vielfarbigen Badangs und Thangkas die Butterkunstwerke ausgestellt waren. Auch nur für die eine Nacht, von Sonnenuntergang bis zum ersten Morgendämmer, errichtete man die bis zehn Meter hohen *gtor-ma*-Dekorationen am «dKyil 'khor», dem rituellen Umwandlungsweg.[15] Hier drängten sich wie zum gleichen Anlaß auf dem Barkhor in Lhasa Zehntausende von Pilgern, die buchstäblich aus allen buddhistischen Winkeln des nördlichen Zentralasien zu diesem auch durch seine Maskentänze und Mysterienspiele weithin berühmten Fest kamen. Gebete und Opfer zum Neuen Jahr, verdienstschaffende Stiftungen an dem durch Tsongkhapa heiligen Ort, Neugier am großen Fest und Treffpunkt der Fremden, der Handel auf dem großen Markt, der Besuch daheim oder der Austausch von Neuigkeiten, ein allgemeines Bedürfnis der sonst vom lamaistischen Ritus weitgehend ausgeschlossenen Laien nach liturgischem Schauspiel und visueller

Erfahrung des Religiösen; so unterschiedlich die Erwartungen, so verschieden die Herkunft der keineswegs nur buddhistischen Gäste. Nirgends sonst lag ein bedeutendes tibetisch-buddhistisches Zentrum ähnlich am Schnittpunkt der Völker und kleinen ethnischen Gruppen wie hier.

Als das «Butterfest», wie es W. Filchner nannte, 1980 nach jahrelanger Pause wieder gefeiert wurde, sollen 100 000 Besucher gekommen sein.[16] Nur aus «Aberglauben», wie man im heutigen China sagen würde? Die heiligen Bäume vor dem Golddach-Tempel, auf dessen Blättern selbst europäische Missionare[17] die wunderbaren Bilder Buddhas gesehen haben wollen, sind noch nicht verdorrt ...

Den eigentlichen Zugang zu der von vier Höhenzügen umgebenen Klosterstadt markieren hinter dem 14 Meter hohen Großen Chörten (mChod rten chen po) eine Reihe von 1776 errichteten kleineren Ziegel-Chörten, die acht Mahācaityas (mChod rten brgyad), die, im Detail voneinander abweichend, auf die acht großen Ereignisse im Leben des historischen Buddha Bezug nehmen: Geburt in Lumbini, Besuch als großer Lehrer im Himmelreich der Götter (Treppe bzw. Leiter!), die durch die Göttin der Erleuchtungserhöhung erreichte Kraft für ein langes Leben, Standhaftigkeit gegenüber Māras Versuchungen während seiner Meditation unter dem Bodhibaum, der endgültige Sieg über Māra, Erleuchtung in Bodhgaya, die erste Lehrrede in Sarnath über die Wege zur geistigen Befreiung, Eingehen ins Nirvāna.[18] Östlich davon befindet sich mit Eingang zu dem hohen, weißen, erst nach 1926 oder später erbauten Chörten hin der Tempel der Tantra-Fakultät, eine Art mGon khang voller schreckenerregender Schutzgötter, Masken, ritueller Waffen, Darstellungen gemarterter Seelen und Totenschädel sowie ausgestopfter, den Gottheiten geopferter Tiere. Offenbar war der diesem Tempel ehemals vorstehende Lama zugleich das Orakel von Kumbum, dessen Chos skyong, also der von ihm besitzergreifende Gott, hier auch dargestellt ist.

Vom Nordhügel oberhalb dieses Tempels mag Alfred Tafel vor 1914 im Überblick notiert haben: «Das Kloster Gum bum hat, wie noch viele andere Klöster, keinerlei Umfassungsmauer.[19] Ohne bestimmte Ordnung, dem Gelände angepaßt, stehen seine Gebäude und sind so zahlreich, daß sie das Tälchen ausfüllen. Wie bei den meisten tibetischen Klöstern ist auch in Gum bum gomba die Regel befolgt worden, daß der gegen Osten gerichtete Talhang von den Tempelgebäuden und Heiligtümern bedeckt wird. An den gegen Westen und Nordwesten abdachenden Talseiten befinden sich dagegen nur Einzelhöfe, Wohnungen, die Lamapriestern und reichen Buddhainkarnationen gehören. Krumme Wege und Straßen führen zwischen diesen vielen Gebäuden hindurch. Gum bum ist wie eine kleine Stadt.»

Kumbum war zwar formell vom chinesischen Kaiser abhängig, aber in seiner Verwaltung de facto ebenso autonom wie in religiösen Belangen gegenüber Lhasa, dessen Supremat in der Person des Dalai Lama man freilich nie in Frage stellte. Unter der Jurisdiktion der muslimischen Militärkommandeure von Xining regierte und besteuerte das Kloster die bäuerlichen Siedlungen und nomadisierenden Hirtenstämme der Umgebung. Auch die jeweilige Bestätigung des neuen, vom Kloster auf drei Jahre gewählten Abtes durch den Kaiser oder seinen Vertreter[20] war ein formeller Akt, der keinen Einfluß auf die inneren Angelegenheiten des einundzwanzig Amdo-Klöstern vorstehenden Kumbum hatte. Die später zunehmend von den Chinesen ausgenützte Unabhängigkeit des Kumbum-Klosters von der Lhasa-Regierung wurde zum Beispiel bei der Bestimmung bzw. Anerkennung des aus Amdo stammenden und in Kumbum erzogenen Kandidaten als 7. Panchen Lama 1950 deutlich. Bevor die üblichen Prüfungen in Lhasa die wirkliche Reinkarnation bestätigen konnten, übergab man in Kumbum «seinen» Kandidaten den mittlerweile Amdo kontrollierenden Chinesen.
Nach einer der letzten Meldungen über Kumbum wird hier die Regierung der Provinz Qinghai ein tibetisches Kulturinstitut einrichten, wo hundert Studenten außer im Sutrastudium in den traditionellen Künsten der Butterfiguren, Thangka-Malerei und des Holzblock-Druckens ausgebildet werden sollen.[21]

2. Die Klöster Labrang Tashi 'khyil und Choni

Am wenigsten bekannt von den bedeutenden tibetischen Klöstern ist das größte unter ihnen in Osttibet, bLa brang bkra shis 'khyil in Amdo. 260 Kilometer von Lanzhou und etwa 150 Kilometer (Luftlinie) von Kumbum entfernt, liegt die heute zur Provinz Gansu gehörende «Lama-Wohnstätte, wo sich das Glück ansammelt» in über 2600 Meter Meereshöhe am Song chu (Daxia he), einem Nebenfluß des rMa chu (Huang he).[22]
Erst durch den Besuch einer 1979 nach Tibet gesandten Delegation von Vertretern des Dalai Lama erfuhr man bei uns, daß Labrang noch existiert. Von der ehemals 3600 Mönche beherbergenden Klosterstadt, deren Disziplin und Lehre in höherem Ruf als in Kumbum stand, ist freilich nur noch ungefähr ein Sechstel des einst bekannten Areals übriggeblieben.[23] Bis auf einen Restbestand der nahe dem Berghang gelegenen Baugruppe zwischen der am doppelten Golddach erkennbaren Großen Versammlungshalle und dem hohen Maitreya-Tempel

Kloster Labrang Tashi 'khyil (Amdo). Ähnlich wie in Tashilhunpo wird hier das enge und doch klar getrennte Nebeneinander von Klosterstadt und weltlicher Siedlung (vorne: Sangta wa) deutlich, das heute durch das sich bis zum Kloster ausbreitende Xiahe gar nicht mehr erkennbar ist. (Aufnahme um 1920.)

ist Labrang – einst «ohne Vergleich in ganz China mit seiner Pracht, Mächtigkeit und Größe» – vom Erdboden verschwunden. Heute reicht die früher einen halben Kilometer entfernte und 2000 tibetische sowie chinesisch-muslimische Einwohner zählende Siedlung Sang ta wa (jetzt Xiahe) bis an die alten Bauten heran. Aber nicht die Stadt, sondern das 1708 gegründete dGe-lugs-pa-Kloster war der Mittelpunkt, vor allem während der großen religiösen Feste, wo ein bedeutender Markt Pilger und Händler aus ganz Tibet, aus China und der Mongolei anzog.

Wenngleich Labrang in der Mandschu-Dynastie zur kaiserlichen Xining-Präfektur der Provinz Gansu gehörte und nach 1911 ebenso wie Kumbum dem dort fast autonom regierenden Hui-Gouverneur unterstand, war es doch – auch der Baustil zeigt es – insgesamt weniger unter chinesischem Einfluß als Kumbum. Hier wurde der von 23 «Lebenden Buddhas» gemachte Vorschlag für den als Reinkarnation «aufgefundenen» neuen Abt nicht in Peking, sondern in Lhasa bestätigt. Schon der Gründer, Ngang dbang brtson 'grus (1648 bis 1722), beendete seine Studien in Lhasa, wo er einmal eine Prüfungsfrage so klug beantwortet haben soll, daß eine Manjushri-Statue zu lächeln anfing. 'Jam dbyangs bzhad pa, «Der Manjushri zum Lächeln bringt», war fortan der Titel der reinkarnierten Labrang-Äbte.[24] Ihre Reliquien-Chörten wurden im noch erhaltenen Tsug lag khang aufgestellt,

94
Kloster Labrang (Amdo). 1980 neu erbauter Chörten am Tsug lag khang. Im Hintergrund rechts der Maitreya-Tempel mit einer Kolossalstatue des zukünftigen Buddha und den acht Mahābodhisattvas.

95
Labrang. Der hohe Maitreya-Tempel rechts und links hinten die Hauptversammlungshalle.

96
Kloster Kumbum (Amdo, 2520 Meter über Meer) gegen Südwesten. Im Vordergrund rechts der Eingangs-Chörten, in der Mitte die acht Mahācaityas von 1776 und links der Schutzgottheiten-Tempel (mit Golddach). Rückwärtig im Tal der Golddach-Tempel, links davon die Große Versammlungshalle, nach rechts der flache Kubus des Tempels der medizinischen Schriften. Auf der Anhöhe rechts der Rote Palast, die Residenz der Äbte von Kumbum. Die Wohnungen der 4000 Mönche lagen vor allem auf dem im Bild nicht mehr sichtbaren Hügel links.

94

95

98

99

wo zwischen 140 brokatverhüllten Pfeilern einst 4000 Mönche Platz fanden.
«Tausende von Traktaten, Bannformeln, Büchern, Figuren, Kleinreliquien und sonstigen heiligen Gegenständen» enthält die große Maitreya-Statue des im frühen 19. Jahrhundert für sie gebauten Tempels.[25] Der rote, an den Seiten abgestufte Bau mit dem breiten schwarzen Fries und dem vergoldeten Kupferdach erinnert mehr an die Mausoleen der Panchen Lamas in Tashilhunpo als an die stark chinesisch beeinflußte Architektur des nahen Kumbum-Klosters. Rund 30 größere, vier bis fünf Stockwerke hohe rote und gelbe Bauten mit grünen Dächern – Tempel und Residenzen hoher Lamas – überragten einst die niedrigen Wohnhäuser der Mönche, die so eng zusammenstanden, daß man, wie eine zeitgenössische Beschreibung überliefert, «über die Dächer durch die Stadt gehen konnte».[26]
Verloren ist auch Labrangs Kumbum, der direkt am Fluß das Kloster begrenzende Große Chörten, dessen drei dominierende, Kapellen enthaltende Stockwerke ihn wie einen Mandala-Tempel erscheinen ließen.[27] Ein kleiner Chörten wurde 1979/80 nahe dem Tsug lag khang errichtet.
Wie das Kloster Kumbum war Labrang einst durch seine getanzten Mysterienspiele bekannt, bei denen allein hier auch ein Cham des großen Dichter-Yogin Milarepa vorgeführt wurde[28] – eine verlorene Tradition für die zehn heute die Tempel betreuenden Lamas. Auch der fünf Kilometer lange heilige Verehrungsweg um Labrang Tashi 'khyil ist kürzer geworden ...
Obwohl von dem im 18. Jahrhundert gegründeten dGe-lugs-pa-Kloster in Cho ne (Choni)[29] nur noch geringe Ruinenreste geblieben sind, soll die nach Kumbum und Labrang ehemals bedeutendste Stätte lamaistischer Frömmigkeit in Amdo hier nicht unerwähnt bleiben. Früher war das an den grünen Terrassenhängen des Lu chu gelegene kleine Dorf mit seiner tibetisch-chinesischen Mischbevölkerung die mächtigste Regionalherrschaft in Amdo, die eine im Jahre 1404 aus Lhasa ausgewanderte Erb-Dynastie über 48 lokale Stämme ausübte.[30] Da jeweils der erste Sohn des Choni-Fürsten dessen Nachfolge antrat, der zweite aber Abt des Klosters wurde und dieses Amt bei nur einem Sohn auch auf diesen übertragen wurde, war Choni im Grunde eine kleine Theokratie, die wie nicht wenige andere Territorialfürstentümer in Osttibet von Lhasa und Peking weitgehend unabhängig über Land und Leute regierten. Im 18. Jahrhundert wurde Choni eines der vier bedeutendsten tibetischen Druckzentren, und nur noch in Lhasa gab es damals einen kompletten Satz an Druckstöcken für den (hier) 209bändigen Tanjur. Von den ursprünglich 3800 Mönchen traf Joseph F. Rock[31] 1925 in den zehn chinesisch wirkenden Versammlungshallen

97
Shel dkar rDzong, 45 Kilometer nordöstlich von Dingri, ist Ausgangspunkt für Expeditionen zum Mount Everest: Die zerstörte Burg steht hier für viele Beispiele in Süd-, Zentral-oder Osttibet.

98
Ruine des Klosters Choekhorgye (Chos 'khor rgyal). 1509 durch den 2. Dalai Lama, dGe 'dun rgya mtsho, gegründet, erhielt dieser an einem nördlichen Nebenfluß des Tsang po, ca. 140 Kilometer südöstlich von Lhasa gelegene Ort seinen Ruhm durch den nahen See, der Zukünftiges vorherzusehen erlaubte. So spielte er für die Auffindung des 13. und 14. Dalai Lama eine wichtige Rolle.

99
Die zerstörte Klosterstadt von Kandze (Kham). dKar mdzes, «weiß» und «schön», der Name ist geblieben.

100
Dawu (Kham) liegt im östlichsten Tibet, zwischen Kandze und Tachienlu. In seinem leerstehenden dGe-lugs-pa-Kloster waren 1980 noch Wandmalereien wie diese Buddha-Darstellung erhalten.

und 172 übrigen Gebäuden noch 700 an; danach ist über dieses große Amdo-Kloster nichts mehr bekannt geworden.
Daß vor dem Hintergrund gesellschaftspolitischer Veränderungen in der Volksrepublik China seit 1976 gerade im so wenig bekannten Amdo und Kham mit neu instandgesetzten und auch wieder religiös verwendeten Klöstern zu rechnen ist, zeigen nicht nur Nachrichten über Neubauten in der Region Kandze, sondern beispielsweise auch die erst kürzlich bekanntgewordene Existenz der alten Amdo-Gömpa Rong po dgon chen nördlich von Labrang, im äußersten Osten der heutigen Provinz Qinghai.[32]

3. *Kloster Derge – Tibets größte Druckerei*

Weit mehr als Amdo war Tibets östliche Provinz Kham ein Siedlungsgebiet der Rotmützen-Schulen.[33] Fast auf halbem Wege von Chengdu nach Lhasa und dicht am 'Bri chu (Yangtse) gelegen, war sDe dge, das «Glückliche Land», ein bis 1908 eigenständiges Fürstentum im Herzen von Kham.[34]
Neben den unreformierten rNying ma pa, die in der Umgebung von Derge in ihrer Hauptrichtung, den rDsogs chen («Die Höchstvollkommenen»), vertreten waren, hatten sich in Derge selber vorwiegend die Sa-skya-pa-Lamas niedergelassen. Zu ihnen gehörte auch sDe dge dgon chen, das zwischen steilen Berghängen gelegene Kloster mit der neben Narthang (bei Shigatse) bedeutendsten Druckerei Tibets. Berühmt war Derge durch sein Metallhandwerk, das vom Teegefäß bis zum Schwert ganz Tibet mit begehrten Gütern versorgte. Der Ruhm des durch Thang tong gyal po (1385 bis 1464), den Erbauer der Eisenkettenbrücken, gegründeten Klosters aber beruhte auf dem 143 Titel umfassenden «Verlagsverzeichnis» seiner Druckerei.[35] Neben einem 103bändigen Kanjur, der die Ordensregeln und Sutras enthaltenden «Übersetzung der Worte», und einem 213bändigen Tanjur, der «Übersetzung der Lehre» mit den kanonischen Vorschriften Buddhas, druckte man in sDe dge dgon chen sozusagen in eigener Sache außer einer Lebensgeschichte des Sa skya Pandita die Gesammelten Werke der Sa skya pa in fünfzehn Bänden, ferner unter anderem medizinische und astrologische Traktate, Bu stons Geschichte des Buddhismus, Übersichten mit Buddha- und Bodhisattva-Namen, Führer zu den heiligen Stätten in der Provinz Ü und Tsang, Biographien des Atisha, Marpa und 'Brom ston sowie eine Genealogie der Derge-Könige.[36]
Statt der sonst üblichen Holzstöcke gebrauchte man in Derge kupferne Druckblöcke, von denen heute noch 240 000 vorhanden sein

Die Druckerei des Klosters Derge (Kham). Wie ein Tsug lag khang dominiert diese neben Narthang (Tsang) bedeutendste Druckerei Tibets im Kloster der Sa skya pa. (Aufnahme um 1920.)

sollen.[37] Für den Druck eines Kanjur waren 45 Mönche drei Monate lang voll beschäftigt, fast das Doppelte brauchte man für den Tanjur. Sechzehn Jahre dauerte im Kloster Choni (Amdo) das Schnitzen der über 70 000 Holzstöcke für den dort 209bändigen Tanjur. Ein geschickter Lama konnte einen Holzstock in vier Tagen abdruckreif schneiden.[38] Die ersten gedruckten Ausgaben des im 13. Jahrhundert zusammengestellten und im 14. Jahrhundert durch Bu ston in Shalu bearbeiteten Kanjur und Tanjur erschienen 1410 in Peking, die älteste tibetische Ausgabe 1732 in Narthang.
Die großen Gebäude in Derge sind erhalten geblieben. Charakteristisch waren hier die nach Blockhaus-Manier überwiegend aus Holz gebauten Mönchswohnungen der ehemals 500 Lamas, zwischen deren verschachtelten Terrassen die umfangreiche Druckerei gleichsam die Stelle der Hauptversammlungshalle einnahm. 1980 wurden hier in Derge wieder Sutra-Texte gedruckt.

Ein Kapitel über Ruinen verlangt die Rekonstruktion der Vergangenheit. Dies kann aufgrund der für Osttibet besonders lückenhaften Kenntnisse und vor allem auch wegen des beinahe völligen Mangels an aktuellen Informationen hier nicht geleistet werden. So soll die kleine Übersicht zu der einst an Kulturdenkmälern so reichen Provinz Kham eher der Versuch sein, auf deren verlorene Geschichte hinzuweisen. Schon zwischen 1905 und 1912 hatten chinesische Strafexpeditionen Klöster in Batang, Litang und Chamdo zerstört, und in den folgenden Jahrzehnten ging an vielen Orten die Zahl der Mönche zurück. Durch die chinesische Präsenz und den einheimischen Widerstand nach 1950 war Kham wiederum früher von Verfall und Zerstörung heimgesucht als Zentraltibet.

3000 der ehemals 12 000 Bewohner von Chamdo (Chab mdo)[39] waren Mönche, die vor allem dem ältesten Gelbmützen-Kloster Osttibets, Chab mdo byams pa gling (1437), angehörten. Neben der ruinösen Gömpa war 1980 noch in ihren Außenmauern die Residenz des Phag pa lha Rin po che erhalten, der seit langem einflußreichsten Persönlichkeit in Kham.[40]

Batang (’Ba thang, «Wasserlauf»), an der südlichen Handelsroute nach China, nahe dem ’Bri chu (Yangtse) gelegen, gilt als der «Garten Osttibets», eine kleine, reiche Oase inmitten der wilden Bergwüste. Bereits 1905 war die ’Ba chos sde dgon pa der Gelbmützen-Lamas von den Chinesen zerstört worden. Von dem späteren Neubau sind heute noch die Außenmauern geblieben.[41]

Wie Chamdo und Batang kam auch das weiter östlich gelegene Litang (Li thang, «Metall-Land») 1718 unter chinesische Oberhoheit.[42] Das mit 2800 Mönchen größte Kloster war hier Thub chen byams pa gling, eine Gründung des 3. Dalai Lama von 1580. 1956 wurde während der 64tägigen Belagerung durch die Chinesen fast alles zerstört. Für 1981 war ein Wiederaufbau vorgesehen.

Die gleiche Nachricht kam jüngst aus Kandze (dKar mdzes),[43] wo das große, terrassenartige, am Berghang gelegene dGe-lugs-pa-Kloster um 1962 völlig zerstört wurde. Auch um die Ruine machten die Gläubigen seither den *khor lam,* die verehrende Umkreisung. Drei größere und achtzehn kleinere Gömpas und Tempel sollen in der Region Kandze wiederaufgebaut werden, von wo man früher siebzig Tage zu Pferde nach Lhasa brauchte. Erhalten ist in der Altstadt ein großer Tsug lag khang mit schön geschnitzten Holzpfeilern, reichem Gebälkdekor, älteren Wandmalereien und einem chinesisch wirkenden Dach;[44] ebenso der Par khang, die alte Druckerei und Bibliothek. Während die Jori-Gömpa, etwa 50 Kilometer südöstlich von Kandze, bis auf die

Die Hauptversammlungshalle von Kloster Litang (Kham). (Aufnahme um 1920.)

Fundamente zerstört ist,[45] hat sich vom Gelbmützen-Kloster Dawu (rTa bo), auf halbem Wege zwischen Kandze und Tachienlu, noch die Architektur mit Wandmalereiresten erhalten (Abb. Nr. 100).
Völlig unbekannt blieb bis anhin das Schicksal der Bauten in Muli, einem noch in den 1930er Jahren de facto unabhängigen dGe-lugs-pa-Fürstentum im äußersten, an Yunnan angrenzenden Südosten Tibets.[46] Der wie ein selbst ernannter Priesterkönig[47] in seiner Kloster und Regierungspalast einschließenden Residenz herrschende «rGyal po» (König) hatte unter Kaiser Yang zheng (1723–1735) für jenem geleistete Dienste die Souveränität in seinem Stammland erhalten. Die «Hauptstadt» war ein von 700 Lamas bewohntes, mauerumgebenes Kloster, in dem Palast und Haupttempel, am Eingang bzw. auf der obersten Anhöhe gelegen, gleichsam Anfang und Ende bildeten.
Auch über die Baudenkmäler der östlichsten, schon in die Sichuan-Berge reichenden tibetisch-lamaistischen Gebiete ist seit den älteren Expeditionsberichten keine Nachricht mehr zu uns gekommen. Bezeichnend sind in diesem ethnischen und kulturhistorischen Grenzgebiet die verschiedenen Stilformen: Rein chinesische Architektur[48] und – wie um den 7756 Meter hohen Gongga shan (Minya gongkar, den höchsten Berg von Sichuan) – eine «alpine» tibetische Bauweise reduzierter Form mit sehr charakteristischen, gestuften Schindeldächern, die, durch Steine beschwert, an die Bauten des Chumbi-Tals oder Bhutans erinnern.[49]

Eine sehr eigenständige Wehrarchitektur gab es im Tal des Nya chu (Yalung) nördlich von Litang, dem Siedlungsgebiet der Nyarong-Tibeter. Hier erinnert die großartige, von zahlreichen Bastionen umgebene Festung von Rino mit ihrem turmartigen, die hohen Wallmauern überragenden Mittelbau entfernt an die bhutanesischen Dzongs, kaum noch an die Burgen Zentraltibets.[50]

Besonders originell waren die in den vergangenen Jahrhunderten vorwiegend zur Abwehr der Chinesen gebauten Verteidigungstürme im schwer zugänglichen Grenzgebiet des südöstlichen Kham nach Sichuan.[51] Diese an der Basis bis ca. 15 Meter breiten und bis 50 Meter hohen Türme mit quadratischem, oktogonalem oder sternförmigem Grundriß waren ein Teil der wie Burgen ausgebauten Häuser oder wurden, häufiger und typischer noch, völlig isoliert davon errichtet.[52] Ob nördlich des Minya gongkar die durch 15 Meter hohe Mauern geschützten Wehrgehöfte mit den weiß getünchten Fensterrahmen, Mauerecken und Zinnen noch bestehen und auch von den wie Fabrikschornsteine aufragenden prächtigen Türmen der eine oder andere erhalten ist, gehört heute zu den nicht wenigen Rätseln und offenen Fragen nach den Kulturdenkmälern zwischen Tsaparang und Tachienlu, hier, im vielleicht noch unbekanntesten Tibet.

Links:
Ländliche Wohnbauten in Kham. Diese originellen steilen «Turmhäuser» mit den charakteristischen, von langen Stämmen gestützten Terrassen dürfen mit Recht zu den Kulturdenkmälern Tibets gezählt werden. Ob sie schon völlig der Vergangenheit angehören?

Rechts:
Zur Verteidigung gegen die seit dem 17. Jahrhundert immer wieder in Osttibet einfallenden Chinesen baute man vor allem diese kleinen Privatburgen mit den hohen Beobachtungs- und Abwehrtürmen; hier die Burg Mantze. (Aufnahme vor 1911.)

Übersicht der 1980/81 religiös benützten bzw. zugänglichen Sakralbauten in Tibet

Region Ü (dbUs) und Tsang (gTsang), Autonome Region Tibet
- Lhasa, Potala[1]
- Lhasa, gTsug lag khang (Jo khang)
- Lhasa, Brag lha klu phug dgon pa
- Drepung, 'Bras spungs dgon pa
- Nechung, gNas chung dgon pa
- Sera, Se ra dgon pa
- Nethang, sNye thang: sGrol ma lha khang
- Sakya, Sa skya dgon pa (Südkloster)
- Shalu, Zha lu dgon pa
- Gyantse, dPal khor chos sde: gTsug lag khang
- Gyantse, dPal khor chos sde: sKu 'bum (Großer Chörten)
- Tashilhunpo, bKra shis lhun po dgon pa

Region Amdo, Provinz Qinghai und Gansu
- Kumbum, sKu 'bum byams pa gling
- Labrang, bLa brang tashi khyil
- Rongpo, Rong po dgon chen (chinesisch: Long wu si)

Region Kham, Provinz Sichuan
- Derge, sDe dge dgon chen

Anzahl der diese 16 Stätten insgesamt betreuenden bzw. bewohnenden Mönche: ca. 1050.

[1] Wegen des Palast-Klosters rNam rgyal grwa tshang hier zu den Sakralbauten gezählt.

Der einem Fels in der Nähe von Samye aufgesetzte Chörten von Sungkhar (Zur mkhar) soll der Überlieferung nach aus dem 8. Jahrhundert stammen und zusammen mit vier weiteren an ein Treffen des heiligen Padmasambhava mit König Trisong Detsen erinnern. 1980 gab es auf dem langen Weg von Lhasa nach Shigatse keinen einzigen Chörten mehr. Diese Leitmotive lamaistischer Frömmigkeit hatten einen Symbolwert, der sie nach 1959/66 geradezu an die Spitze der «zerstörungswürdigen» Monumente stellte.

101
Kopf einer Buddha-Statue im Kumbum-Kloster (Amdo). Gold, für den Gläubigen die Synthese aller Farben, steht für Reinheit, Diamant-Natur und höchste Erleuchtung.

102
Da es Nonnen-Klöster im heutigen Tibet nicht mehr gibt, dürfte diese Tashilhunpo besuchende Nonne ebenso einem «privaten», institutionell nicht gebundenen monastisch-frommen Weg folgen wie die beiden Mönche der nächsten Bilder.

103/104
Beide Aufnahmen entstanden 1979 in Kandze (Kham), wo es weit und breit keine Klöster mehr gab – Mönchstum im Untergrund und nach 1976 wieder privat geduldet. Die Ordination des Jungen fand zuhause in der Wohnung statt, wo auch der Alte im «Privatunterricht» ihm Buddhas Lehre vermittelt hatte. Ende 1980 waren 40 weitere Lamas vom Land in die Tempel von Lhasa zurückgekehrt, in Kandze muß man sie erst wieder aufbauen. Die staatliche Genehmigung gibt es schon.

105
Felsrelief der Ushnīshavijayā, der Göttin der Erleuchtungserhöhung – Wegleitung und Wegstation nach Lhasa.

103

104

◁102

Anmerkungen

I. *Die Erforschung der Bau- und Kunstdenkmäler in Tibet*

1 Der Wert dieser Aufsätze liegt auch allein darin, daß die Befunde und Photos nach den Kämpfen im Frühjahr 1959 bzw. nach den dabei verursachten Zerstörungen gemacht wurden und oft die einzigen und letzten Dokumente nach 1950 darstellen. Von den Bauten in Lhasa werden lediglich Jokhang, Potala, Ramoche-Kloster, Alte Medizinschule, Ganden, Drepung und Sera behandelt. Das dabei auffallende Fehlen des Norbulingka dürfte für weitgehende Zerstörungen sprechen.

2 Bekanntgeworden sind lediglich eine prähistorische Grabung bei Karub nahe Chamdo (1977), ferner einzelne Gelegenheitsgrabungen (s. Aufschnaiter 1956).

3 Da auch letztere Bauten in Westtibet vermutlich nicht mehr existieren, ist das Kloster Tabo in Spiti (Indien) noch das einzige Beispiel jener hervorragenden frühen tibetischen Architektur und Bildkunst des 11. und 12. Jhs. Leider ist Tabo, im Grenzgebiet zu China gelegen, noch immer für Besucher gesperrt (selbst bei spezieller Anfrage beim zuständigen Ministerium in Delhi).

4 Vom Verfasser 1981 vom Flugzeug aus identifiziert. Auch die größeren axialen Neben-Tempel, die große Thangkamauer und – bis auf Partien im östlich-südöstlichen Teil – die äußere Ringmauer existieren noch. An der Ostseite des Haupttempels waren mehrere neue, lange Gebäude erkennbar.

II. *Zur historischen Geographie Tibets*

1 Khams = «Osten» bzw. Sikang = «Westland» (von Sichuan bzw. China aus). Sikangs Hauptstadt Tachienlu war mit ihrer sino-tibetischen Bevölkerung immer schon die Pforte nach Tibet gewesen. Die auf manchen Karten eingetragenen «Grenzen» Tibets im Osten und Norden bestanden nie als einheitlich festgelegte, etwa durch einen allgemeinen tibetisch-chinesischen Vertrag verbindlich gewordene «Staatsgrenzen», sondern eher als ungefähre Abgrenzung verschiedener politischer Einflußgebiete.

2 Hierbei gelang der tibetischen Militärexpedition der Vorstoß zum Golf von Bengalen, weshalb arabische Historiker diesen «Tibetisches Meer» nannten. Nach Stein 1972, p. 64, wurden die bengalischen Pāla-Könige um 755/56 Tibet tributpflichtig.

3 Vgl. dazu den zeitgenössischen Steinobelisken (rDo ring) vor dem Potala (s. Kap. IV. 1). Während der Besetzung von Chang'an ernannten die Tibeter den Bruder der chinesischen Frau des vorhergehenden tibetischen Königs zum Kaiser von China.

4 Im Sanskrit «Bhōta» bzw. indische Bezeichnung der Tibeter als «Bhothya». Diese Bhotias (Bod pa) bildeten die ländliche Bevölkerung der Bauern – die eigentlichen Tibeter; die Nomaden dagegen die 'Brog pa, einem auf für die Weidewirtschaft günstige Berghänge bezogener Begriff.

5 Höhlen 158 und 159, zwischen ca. 787 bis 836; s. Pelliot 1914, t. 1, Pl. LXIV; Akiyama 1969, Pl. 61; Art Treasures 1980, Pl. 84; s. ferner Tibetan Review February-March 1975, p. 18f. (D. Zangmo, Tibetan Royal Costumes in Dun-huang Wall-Paintings). 787 bis 848 war Dunhuang von Tibet besetzt. 1906 fand man hier insgesamt 2981 tibetische Handschriften (heute in London und Paris aufbewahrt) vorwiegend buddhistischen Inhalts, aber auch einzigartige Texte über Legenden und den mythischen Ursprung von Tibet und seiner Könige.

6 Siehe Kap. IV. 1. Ein entsprechender Inschriftpfeiler wurde in der chinesischen Hauptstadt Chang'an aufgestellt.

7 Die Forschung weist sie aber der tibeto-birmanischen Sprachfamilie zu.

8 Stein 1972 passim.

9 Gebiet von rGyal mo rong. Nach chinesischen Annalen der Sui-Dynastie (589 bis 618) in ganz Nordtibet siedelnd, «von Osten nach Westen neun Tagesreisen, von Norden nach Süden 20», mit 80 Ortschaften, 40 000 Familien, 10 000 Soldaten. Auch hier seien neunstöckige Häuser und bis ca. 25 Meter hohe Verteidigungstürme üblich gewesen.

10 Siehe hierzu vor allem Norbu 1981, p. 23ff.

11 Also damit auch im nordwestlich-nördlichen Tibet. Nach Nordosten mindestens bis an das an alten Bön-Klöstern reiche nördliche Nagchukha (Ba Chen, Khyung po Tenchen). Vgl. Snellgrove 1967, p. 14; ferner zur Bön-Frage: Kvaerne 1976 (March, April).

12 Neben Khyunglung gab es eine zweite Hauptstadt von Zhang zhung am östlichen Dangra-Yum-tsho-Ufer (300 Kilometer nordwestlich von Shigatse), von der noch Ruinen im 20. Jh. erhalten waren.

13 Nach einem dKar chag vom Mānasarowar-See; s. Norbu 1981.

14 Norbu 1981, p. 23ff.

15 Norbu 1981, p. 29.

16 Siehe Choephel 1978, p. 23: z. B. *btsad po* und *btsan po* (König) oder *chun po* und *chud po* (Bündel).

17 Eine andere Abstammungssage des mit großem Gefolge vor den Pāndavas nach Tibet geflüchteten indischen Königs Rupati entbehrt jeder realen Grundlage.

18 Siehe Kapitel III.

19 Shambhala gilt als Ursprungsland der tantrischen Mahāyāna-Lehre des Kālacakra («Rad der Zeit»), die 1026 in Tibet eingeführt wurde. Auf jedem der als Sockel dienenden acht Lotosblätter gab es 120 Millionen Städte, die König Sucandra – der Buddhas in Rājagriha gehaltene Predigt aufgezeichnet und hier bewahrt hatte – als Inkarnation des Bodhisattva Vajrapani beherrschte. Bedeutend auch das hier von ihm errichtete dreidimensionale Mandala.

20 Wie Hummel 1975 (Zürich), S. 45, behauptet. Oder an dem in der chinesischen Mythologie als Weltenberg beschriebenen K'un lun im äußersten Norden Tibets? Siehe Hummel 1975 (Budapest).

21 Siehe Aris 1979, p. 15ff. Problematisch würde das hier gezeichnete Schema (p. 16), wollte man es als tibetisches «Weltbild» an sich ausgeben – etwa im Sinne des auf der indisch-chinesischen Kosmologie fußenden, u. a. Tibets Beziehungen zu seinen Nachbarn ausdrückenden Quadrates der Himmelsrichtungen (s. hierzu auch Stein 1972, p. 39). Am Anfang seiner Geschichte war Tibet in drei, später in vier «Hörner» *(ru)* bzw. Distrikte aufgeteilt: dbU ru («Haupthorn», Mitte), gYon ru («linkes Horn», Osten), gYas ru («rechtes Horn», Tsang), Ru lag (südwestlich von Tsang).

22 Siehe Stein 1972, p. 39: Dieses Konzept aus der früheren buddhistischen Überlieferung wurde von arabischen Autoren des 9. und 10. Jhs. übernommen.

23 Siehe hierzu Tucci 1973, S. 15 bzw. 49ff.; MacDonald 1953; ferner Hummel 1955, 1965 und 1975 (Zürich).

24 Siehe Tibetan Review, March 1981, p. 13–14.

25 Heute ist z. B. das Kloster Samye von unmittelbar heranreichenden Sanddünen bedroht (1981).

26 Siehe «China im Bild», 9/1980, und: Proceedings of Symposium on Qinghai-Xizang (Tibet) Plateau, Academia Sinica, Beijing 1980.

27 Siehe auch Stein 1972, p. 284.

28 Über eine Woche benötigt heute ein Bus für die 1950 bis 1954 ausgebaute, 2255 Kilometer lange Straße.

29 Nach freundlicher Auskunft von Herrn Peter Kessler (Wiesendangen, Schweiz). Während Stein 1972, p. 79, den Ortsnamen gLing des Epos für eine Abkürzung der gesamten Welt *('dzam gling* = Jambudvīpa) hält, lokalisiert Hoffmann 1975, p. 195, das Königreich gLing in das vermutliche Entstehungsgebiet des Epos, nach Nord-Kham und Amdo.

30 Vermutung aufgrund hier gefundener Ruinen.

31 Die nördlich von Nag chu anschließenden Areale der Nub hor und

◁ 105

Gya hor (nach P. Kessler).

32 Nebenfluß des Changjiang (Yangtse). Im Süden der Provinz Sichuan, nahe der Grenze zur Provinz Yunnan. Heute heißt der Ort in Pinyin-Umschrift: «Muli Zang zu Zizhixian».

33 Siehe Rock 1925, p. 447ff.

34 Heute in die Provinzen Qinghai und Gansu der Volksrepublik China aufgeteilt.

35 Mongolisch: Tangut; Pinyin-Chinesisch: Zhixia. Nicht zu verwechseln mit dem gleichnamigen Reich in Kham zwischen dem Nya chu (Yalung) und Tachienlu (s. Wylie 1962, p. 102f., und n. 630).

36 1906 wurden zwei tibetische Forts aus dieser Zeit bei Miran (170 Kilometer südwestlich des Lop-nor-Sees) am Ostrand der Takli-makan-Wüste und bei Mazar tag (Takli makan, vom Verfasser nicht identifiziert) ausgegraben.
Die neuen tibetischen Eroberungen von Ostturkestan, Gansu und großer Teile Sichuans wurden im Vertrag von 783 durch China anerkannt.

37 Das schon nach 900 selbständige Ladakh kann hier nicht für das eigentliche Westtibet eingeschlossen werden.

38 Aus diesem besonders wegen seiner Kunst bedeutenden buddhistischen Kulturzentrum am Südrand der Takli-makan-Wüste kamen im 8. Jh. Kunsthandwerker nach Tibet.

39 Was im Zusammenhang mit den sich deshalb häufig verändernden Flußläufen und -ufern erklären könnte, warum zum Beispiel die Straße Lhasa–Shigatse nicht dem Tsang po folgt.

40 Siehe hierzu Kapitel IV.1.

41 Davon 750 Klöster mit 50 900 Insassen «von moralischer Haltung» und 650 mit ca. 20 000 verheirateten Mönchen und Yogins, ferner 400 Klöster von durchschnittlich mittelmäßiger Disziplin. Hier sind zweifellos nur die von der Lhasa-Administration erfaß- bzw. kontrollierbaren Stätten enthalten. Siehe Tucci 1949, p. 69.

42 Rockhill 1891. Im Staat Sakya machten die Mönche ca. 12,5 % der männlichen Bevölkerung aus (basierend auf Cassinelli/Ekvall 1969).

43 Waddell 1905: ca. 1,5 Millionen Tibeter. Chinesischer Zensus von 1795: 2 Millionen Einwohner; 1953: 2,8 Millionen (und im Jahre 1957 2,77 Millionen Tibeter außerhalb der «Autonomen Region»); 1974: 1,35 Millionen und 1980 ca. 1,6 Millionen Tibeter (Autonome Region).

44 Nach offizieller chinesischer Angabe vom 10. 8. 1960: 2469 Klöster mit 110 000 Insassen, von denen sich «1700 bzw. 56 000 Mönche der revolutionären Drei-Anti-Bewegung» angeschlossen hätten. Andere Schätzungen zur Anzahl der Mönche und Nonnen vor 1959 gehen von 150 000 bis 200 000 aus, davon 1500 Inkarnationen.

45 Siehe Ch'en 1972, p. 216ff.

46 Vgl. die kosmologisch geprägten Berichte über Klostergründungen Songtsen Gampos «an den Grenzen» des Yarlung-Reiches. Ferner ein angeblich unter Khri 'du srong brtsan (676 bis 704) bei Liangzhou (heute Wuwei, 240 Kilometer nordwestlich von Lanzhou; Stein 1972, p. 60, nach einer Inschrift des frühen 8. Jhs.: «Liangchow») in der Provinz Gansu errichteter Sakralbau. 822 soll König Ral pa can anläßlich des tibetisch-chinesischen Grenzvertrages (rDo-ring-Pfeiler vor dem Jokhang in Lhasa!) ein Kloster im Kuku-nor-Gebiet errichtet haben.

47 Siehe Cassinelli/Ekvall 1969, Map 1.

48 Siehe Stein 1972, p. 60: «Liangchow». Hier wurde auch damals die neue (nicht heutige) mongolische Phags-pa-Schrift geschaffen. Sa skya Pandita verbrachte gegen Ende seines Lebens mehrere Jahre in dieser der Mongolei nahen Residenz, deren später durch ein Erdbeben zerstörtes Kloster nach Amdo, südlich von Xining bzw. südlich des Huang he, überwechselte. Hier in der Nähe befanden sich bei Guide (Kuei te, Provinz Qinghai, ca. 70 Kilometer südsüdwestlich von Xining), westlich des Siedlungsgebietes der Salar, vor 1950 die neuzeitlichen Refugien der Rotmützen-Orden. Vermutlich im Zuge der Mongolen-Mission der Sa skya pa kamen tibetische Volksgruppen bis ans Westende der Großen Mauer, wo heute noch südlich von Jinquan (Chia yü kuan bzw. Suchou, Provinz Gansu) deren Nachfahren als «nördlichste Tibeter» leben.

49 In Litang existierte schon seit 1100 ein Rotmützen-Kloster (rNying ma pa oder bKa' gdams pa?).

50 Für letzteres, schon in West-Sichuan liegendes Verbreitungsgebiet ist leider bisher nicht bekannt, ob es sich hierbei um uralte, autochthone (wie man es z. B. für die «unbekannten Bön» in Spiti annehmen muß) oder um später von Westen zugewanderte Bön handelt.

51 Während 1437 schon das erste dGe-lugs-pa-Kloster in Kham (Chamdo) gegründet wurde, waren die Niederlassungen in Amdo typische Wegstationen zur Mongolei: Kumbum 1577, Labrang 1710, Choni 18. Jh.

III. *Der heilige Berg Kailāsa*

1 Die Gräber der ersten mythischen Könige stellte man sich im Himmel vor, und da Grab und Berg als analog gelten, «berührten sie den Himmel». Vgl. R. A. Stein 1972, p. 203.

2 die Erde, Menschenwelt; im engeren Sinne das Himalaya-Land bzw. der indische Subkontinent. Mit der südlichen Himmelsrichtung verbunden.

3 Lama Anagarika Govinda 1976, S. 303ff.

4 siehe Nebesky-Wojkowitz 1975, p. 203.

5 Gyantrag und Silung im Süden, Nyanri (oder Chhuku) im Westen, Diraphuk im Norden. Tsumtulphu im Osaten; vgl. Pranavananda 1949 und 1950.

6 In der indisch-östlichen Kosmologie werden häufig die vier Haupt- und vier Nebenrichtungen unterschieden. Die acht Klöster am Mānasarowar: Yerngo (Sprang po dgon pa) und Tugu (Thog dkar dgon pa) im Süden, Gossul im Westen, Chiu (Jo bo dgon pa) im Nordwesten, Chergip (Byang skyaps dgon pa), Langbona (G'lang po sna dgon pa) und Ponri im Norden, Seralung (Gser lung dgon pa) im Osten.

7 Auch aus dem nordosttibetischen Amdo ist die rituelle Umwandlung von Seen *(khor lam)*, selbst des großen Kuku nor, als eines heiligen Ortes bekannt, wofür sogar Umwege nicht gescheut werden. Vom *khor lam* am Yamdrok tso kündet ein Volkslied über diesen – folgt man der Legende – «Lebenskraft-See» der tibetischen Nation *(bla mtsho, bla* = Lebenskraft). Wenn er austrocknet, ist die ganze Bevölkerung dem Untergang geweiht. Sehr oft wird in Tibet ein See generell als «Ort der Lebenskraft» *(bla gnas)* angesehen; vgl. Nebesky-Wojkowitz 1975, p. 481.

8 Auch der Yamdrok tso hat im kleineren Dremo tso *(dremo* = weiblicher Dämon) einen Geschwister-See, dessen wilde, den Menschen bedrohenden Wasser durch die göttliche Kraft der dem Kloster Samding vorstehenden weiblichen Inkarnation Dorje Phagmo (Donnerkeil-Sau) gebändigt werden mußten. Samding wurde als Wächter gegen die negativen Kräfte dieses Sees gegründet.
Zum Kailāsa allgemein s. auch E. Stoll 1966.

IV. *Lhasa und seine Bauten*

1 Bu ston, Übersetzung E. Obermiller 1932, p. 181–224. Kloster Ka tshe, Tha ndug, Tsan dam und Dom pa gyan. Ferner weitere vier Klöster «an den Grenzen»: Kongpo phu-chu; hLo thag khom thin; Ka-thag; Ta-thum-tse.

2 Nach dem Ma ni bka' 'bum (12. Jh.), siehe M. Aris 1979, p. 15. Vgl. einen ähnlichen Mythos in der Zangs-dkar-Chronik, Francke 1926, II, p. 156.

3 Nach M. Aris 1979, p. 293, n. 32 und Karte/Schema p. 16 (nach dem Ma ni bka' 'bum), sind dies außer dem Jokhang: Khra 'brug, Ka tshal, gTsang 'gram, Grom pa rgyang; Bu chu, Kho mthing, Bum thang (Bhutan), Pra dun rtse; sGron ma, rLung gnon, Byams sprin, sKyer chu (Bhutan). Jeweils vier Orte stehen dabei in einem konzentrischen Bezugssystem *(me btsa)* zur Mitte (Lhasa, Jokhang).
Aris verweist hier auf die vermutlich im Tibet des Songtsen Gampo bekannte geomantische Abhandlung Yu kung aus der chinesischen Schrift Shu ching, wonach China durch fünf konzentrische Zonen (fu) von der «königlichen Region» im sinozentrischen Sinne gegliedert wird. In diesem Zusammenhang hat man in Tibet auch die vier himmlischen Tiere der vier Weltgegenden übernommen: Schildkröte, Drache, Vogel, Tiger.

4 M. J. Bacot 1940, p. 114. Ferner Blaue Annalen, p. 44, und die um 806/814 entstandene Inschrift des Steinobelisken von sKar chung (Richardson 1949).

5 Brief des Jesuitenpaters Domenico da Fano von 1713: «Questa città è fondata nel piano; non è circondata da muraglie . .», L. Petech 1953, Parte III, p. 10 und 322 n. 27: 1721 von den Chinesen demoliert.

6 Seit 1562 wurde zur Erinnerung an Deichreparaturen durch Sonam Gyatso jährlich während des Mönlam-Festes eine Zeremonie durch den Abt von Kloster Ganden vollzogen.

7 Siehe Tucci 1958, p. 33.

8 Wie ein Nathan der Weise muß sich der tibetische Regent zu Huc geäußert haben: «Indessen ihr habt eine andere Religion als wir; es kommt darauf an zu wissen, welche die wahre sei. Wir wollen sie beide richtig und aufmerksam prüfen. Ist eure die bessere, so nehmen wir sie an, denn wie könnten wir uns dessen weigern. Ergibt sich aber, daß die unsere besser sei, so werdet ihr so verständig sein und euch zu ihr bekennen.» Schäfer 1965, S. 101.

9 Der Portugiese Andrade war 1624 der erste Europäer in Tibet. In Tsaparang habe er der königlichen Familie von Guge das Christentum beigebracht und ferner die «Königin von Tsang» bekehrt. 1626 gelang es ihm sogar, im sechs Reisewochen entfernten Shigatse einen Missionsaußenposten einzurichten und 1627 eine Kirche nahe Gyantse zu bauen. Vgl. de Filippi 1937 (Desideri).

10 Sis-Vaniś 1956, Taf. 156.

11 Schreibweise auch Kangda Kangsar. Waddell 1905, Plan Nr. 21. Le Tour de Monde 1904, p. 231 (Bericht und Bild von 1901). Damals war der bereits im Verfall begriffene Palast noch von armen Pilgern bewohnt. Ständige Residenz seit Lhabzang Khan (1697–1717), der 1705 im Interesse des Mandschu-Kaisers den Regenten Gangye Gyatso beseitigen ließ, eigenmächtig einen neuen (7.) Dalai Lama ernannte und das tibetische Königtum wiederherstellen wollte.
Unklar bleibt die Identität des von Desideri im frühen 18. Jh. erwähnten und damals offenbar schon vor langer Zeit zerstörten Palastes Tashi khang an der Nordseite des «Großen Platzes» am Tsug lag khang (dem nördlichen Abschnitt des Barkhor?); s. Filippi 1937.

12 *khor lam (bskor lam)* ist der (heilige) «Rundweg», *chos khor* die «religiöse Umwandlung», skr. *pradakśina.*

13 Jeder dieser jährlich neu geschmückten und aufgerichteten Masten hatte einen Namen und eine bestimmte Bedeutung: für das politische Geschick Tibets, sein religiöses Wohlergehen, für das Glück des einzelnen und eine persönliche erfolgreiche Karriere (Shen 1973, p. 158).

14 vgl. hierzu E. Schäfer 1949. Ähnliche vielgestaltige und realistische Butterfiguren werden seit 1979 wieder im dafür berühmten Kumbum-Kloster (Amdo) hergestellt.

15 Der Ursprung dieses in seiner bis 1959 lebendigen Form auf den 5. Dalai Lama zurückgehenden Festes wird auf die Wundertaten Buddhas zurückgeführt. Siehe die ausführliche Schilderung bei E. Schäfer 1949.

16 Nach F. Sierksma 1966 habe der 5. Dalai Lama hierdurch ein Ventil für die in Tibet so dominierende monastische und betont religiöse Lebensform schaffen wollen: «Not only a holiday from themselves, but also a holiday from Buddhism was needed.»

17 Der Anfang dieser im tibetischen Text zerstörten Stele enthält einen historisch wichtigen Hinweis, wonach Tibet in der T'ang- und Sung-Dynastie kein Vasall Chinas gewesen sei, nicht mehr so aber seit Kaiser Tai tsung. Nicht ganz klar ist, wer mit diesem dynastischen Titel gemeint ist. Richardson denkt hier an den Beginn der Ch'ing-Dynastie, während sehr wohl auch der Sohn des Dschinghis Khan, Ogodai (1229–1246), bzw. die nach ihm folgende Zeit gemeint sein könnte. Das Datum 1764 nach Wen wu 1960/6: im 29. Jahr der Qianlong-Regierung. Nach Richardson: 1794.

18 Nach der engl. Übersetzung von Richardson 1952. Zu seiner Zeit war der rDo ring bereits von einer Steinmauer bis zwei drittel der Höhe umgeben, so auch 1959 (Wen wu, 1960, H. 6). Außer der Präambel und dem eigentlichen Vertragstext werden auf der Süd- und Nordseite des Obelisken Namen, Titel und Abstammung der Minister unter Khri gtsug lde btsan genannt.
Eine entsprechende, offensichtlich als Pendant geschaffene Stele eines Vertrages mit Kaiser Te tsung ist verlorengegangen. Waddell (1905) hatte die heute noch erhaltene Vertragsstele irrig mit 783 datiert und auf jenen Te tsung bezogen.

19 E. Schäfer 1949, S. 67.

20 Siehe Richardson 1952, p. 15ff., mit der engl. Übersetzung der in den unteren Partien heute schon teilweise zerstörten Inschrift. 763 nahm die tibetische Armee unter Klu khong für kurze Zeit die chinesische Hauptstadt Chang'an (das heutige Xian) ein.
Weitere rDo-ring-Pfeiler des 8. und 9. Jhs. sind von Richardson nachgewiesen in Samye (um 779, s. Kap. IV), Tsurphu (ca. 830), bei Karchung (um 810), Ushangdo und Ramagan.

21 Siehe Richardson 1952. Gegen 1689 gab es Anzeichen für gemeinsame Aktivitäten der Lhasa-Regierung und der Dzungaren, die die Autorität der Mandschu-Kaiser nie anerkannt hatten.

22 nach de Filippi 1937.

23 Auskunft der Denkmalschutzbehörde in Lhasa, September 1980. Nach M. Abelein heute als Wohnquartier benutzt (Mai 1980).

24 Nach Shakabpa 1960, p. 316, sei diese aus Kham stammende Reinkarnation aber angesichts vollendeter Tatsachen als gewöhnlicher Lama nach Tashilhunpo gekommen.

25 vgl. Photo der Klosterruine in Ch. Bell 1931, p. 164. Vermutlich 1936 wurde die Ruine völlig beseitigt. In allen vier Gelbmützen-Klöstern waren die höheren Stellen den Adelssöhnen vorbehalten.

26 auch Muru-Lhakhang genannt. Nach Tucci befanden sich im Shambala-Tempel des Oberstocks nicht sehr alte, aber nach alten Vorbildern gearbeitete Skulpturen: ein zentraler Śakyamuni und acht stehende Bodhisattvas; s. auch Bu ston, II, p. 184, und Ferrari 1958, p. 41, 94f.

27 vgl. die zwei Innenaufnahmen bei Bell 1925; hier u. a. Gesar als zentrale Altarfigur. Ferner Wylie 1962, Anm. 385. Eine chinesische Schriftstele von 1793 bezeichnete offenbar das Gründungsjahr. Die Hauptkultfigur stellte für die Tibeter Gesar dar, für die Chinesen Kuan ti. Betreut wurde der Tempel von einem Mönch des Kundeling-Klosters. Auch in Shigatse gab es einen Kuan-ti-Tempel aus der Zeit vor der Gorkha-Invasion 1789, den S. Ch. Das im 19. Jh. noch gesehen hatte.

28 Von zwei weiteren 1948 noch von Tucci besuchten Sakralbauten in Lhasa ist seither nichts mehr bekannt geworden: dem 1891 errichteten Gyabum-Lhakhang (auch Shitro- bzw. zi-khro-lhakhang) zwischen Jokhang und Ramoche, der den friedlichen und schrecklichen Gottheiten im Bardo geweiht war und eine zentrale Padmasambhava-Statue enthielt. Ferner dem ehemals direkt südlich des Ramoche gelegenen Tsepame-(Amitāyus-)lhakhang.

29 Bezeichnung der Medizinschule: lCags po ri Vaidurya grwa tshang oder sMan rtsis khang. Dazu gehörte auch ein Gebäude nordöstlich des Tsug lag khang. Die Schule auf dem lCags po ri (Chagpori) hatte einen eigenen Tempel.

30 Nach Schulemann 1958, S. 105, habe bereits Tsongkhapa (gegen 1390) die Medizinschule besucht. Allerdings berichtet Rechung Rinpoche 1976, p. 22, von einer Gründungslegende, wonach der Regent sDe srid Sans rgyas rGya mtso (1653–1705) auf Geheiß des 5. Dalai Lama nach einer geeigneten Stelle für den Bau einer Medizinschule gesucht und dabei während einer Lingkhor-Umkreisung am Chagpori die Vision einer himmlischen Stadt (lTa na sdug) gehabt habe, was als gutes Omen für den richtigen Bauplatz angesehen wurde.
Die Ladakh-Chronik (s. Francke 1926, p. 83) nennt für die Zeit Songtsen Gampos Palastbauten auf dem Chagpori und Marpori, die beide mit einer Eisenkettenbrücke verbunden gewesen seien.

31 Auf dem Chagpori dem Medizin-Buddha Sangs rgyas sMan pa'i rgyal po geweiht.

32 Siehe Ferrari 1958, p. 92 n. 62.

33 Ihr Name soll sich aber von den früher nahebei wohnhaften «Yuthog-Herren» ableiten, von denen ein Vorfahre 1825 (der Bruder des 10. Dalai Lama) vom chinesischen Kaiser mit dem «Türkisknopf» als Rangabzeichen ausgezeichnet worden war. Petech 1973 hingegen meint es offenbar genau umgekehrt: Der Rang eines Yu thog leite sich von den «Herren der Türkisbrücke» ab, d. h. von der nahe bei dieser Brücke wohnhaften Familie.

34 Diese Anzahl der ehedem häufig sehr wohlhabenden muslimischen Lhasa-Bürger wurde dem Verfasser 1980 vom Imam der Gemeinde genannt. Nach Waddell 1906 waren es um 1904 ca. 200. Es gab noch zwei weitere Moscheen der sog. «Kaschmiri-Muslims» bzw. der aus den Provinzen Gansu und Sichuan stammenden chinesischen Muslims.

35 Wenn man davon ausgeht, daß der erste, inzwischen zweimal ersetzte Sommerpalast auch damals schon hier gestanden hat, wofür dem Verfasser zumindest keine gegenteiligen Belege bekannt sind.

36 Im ersten Viertel des 19. Jahrhunderts errichtet (Das 1902). Der Amban repräsentierte den chinesischen Kaiser in Tibet, wo er, chinesischen Quellen zufolge, «mit dem Dalai Lama und Panchen Lama über alle örtlichen Fragen... auf völlig gleichgestelltem Fuße zu beraten» hatte. Er befaßte sich zwar mit politischen Differenzen unter den einzelnen tibetischen Territorien, hatte aber in der internen Administration Tibets keine Autorität.

37 Das Lha-lu-Haus war nach 1850 Residenz der Eltern des 12. Dalai Lama und später der britischen Gesandtschaft. Heute ist es Sitz einer Behörde.

38 Waddell 1905, p. 346: 7000 Tibeter, 2000 Chinesen, 800 Nepalis, 200 Muslims, 50 Mongolen, 50 Bhutanesen.

39 Siehe Rockhill 1891 (nach Nain Singh); Waddell 1906; Tucci 1948. Vor 1950 gab es in Lhasa ca. 2000 Chinesen.

40 *Jo khang* bezeichnet hier eigentlich den Schrein des *Jo bo Rinpoche,* also den ältesten Kernbau der gesamten Anlage. *Tsug lag khang* ist im übergreifenden Sinne der Terminus für den gesamten Baukomplex, vom genaueren Wortsinne her die Hauptversammlungs- und Verehrungshalle oder auch «Götterversammlungs- und Verehrungshalle» (abgekürzt Tsug lha khang); *gTsug* = etwa «Versammlungsstätte»; *gTsug lag* auch «Wissen» oder die Folge «höchster Erleuchtung»; *lha khang* = «Götter-Haus», ein (einzelner) Tempel. Als *«gtsug lag khang* von Ra sa» in der Inschrift des rDo ring im Kloster Samye von ca. 779 erwähnt.

Bu ston (14. Jh.) bezeichnet den Bau als sPhrul snang = «der/das Wunderbare», die Blauen Annalen als sPhrul vihara = etwa «Tempelkloster der wunderbaren Erscheinung», aber auch als Jo khang (p. 219, 878).

Für Jo khang ist auch Jo bo khang gebräuchlich. In der neuen chinesischen Pinyin-Umschrift Da zhao si oder Zug la khang. Im folgenden soll für diesen Bau die allgemein üblich gewordene Bezeichnung Jokhang in der vereinfachten zusammengezogenen Form gebraucht werden.

Ra sa 'Phrul snang gTsug lag khang der Tradition nach auch mit «Ziegenerde-Tempel der wunderbaren Erleuchtung (oder Erscheinung)» übersetzbar.

41 Übersetzung des Tempelführers (dKar chag) des 5. Dalai Lama, Grünwedel 1919: Die ältesten Quellen zu den Tempelbauten Songtsen Gampos gehen auf das 12. Jh. zurück (Ma ni bka' 'bum). Eine Zusammenstellung der Quellen bei Aris 1979, p. 291 n. 11.

42 Im folgenden nach M. Aris 1979, p. 8ff.

43 Bu ston, Chos hbyung, um 1347; Übertragung aus dem Englischen, s. Obermiller 1931/32, II, p. 185: Songtsen Gampo errichtete «inmitten des Sees 'O thang einen mit Holz gedeckten Steinbau. Aus den Leibern der Nāgas wurde Zement hergestellt und mit Hilfe von Ziegen Erde herbeigeschafft, dann der Grund geebnet und das Kloster von Lhasa, das Rasa sPhrul snang, erbaut». Vgl. zu dieser Gründungslegende die entsprechende Darstellung auf der südlichen Westwand des Jokhang: Mandala-Grundriß, darin runder See mit Balkenfundament in Schachbrettform darüber.

44 Dieses Bauschema wurde von E. Haarh 1969, p. 384–391, irrtümlich dem Ramoche zugeschrieben.

45 Vgl. Plan bei Richardson 1977, Nr. 3/23. O thang gi mtsho, und Taring 1979, Nr. 86. «Wo thang tsho». Eine ähnliche Bedeutung dürfte eine bislang noch nicht genau identifizierte Kapelle der *klu* (dKar chag des 5. Dalai Lama: klu khang) im Durchgang vom Dukhang zum zentralen Jokhang haben, die ihrerseits mit einem zuweilen erwähnten Brunnen der *klu* im Zusammenhang stehen könnte, welcher hier zugleich als mit der Erdmitte verbundener Nabel der Welt *(sa yi phur bu)* zu interpretieren wäre; vgl. Richardson Nr. 12/13, 15/16 und Taring Nr. 75: «Chapels of the nagas and gandharvas», und Waddell 1906, p. 367f., Plan E: «Dragon Shrine». Damit verbunden ist an gleicher Stelle ein lungenförmiger heiliger Stein, auf den die Gläubigen beim Verlassen des Jokhang in der Meinung treten *(rdo sbud pa ca),* ihre Gebete werden sich erfüllen.

Harrer (1966), der wie vor ihm schon S. Chapman (1938) die 'O-thang-mtsho-Kapelle gesehen hat, berichtet von dem eine Tagreise von Lhasa entfernten kleinen Bergsee Chu mgo, der der Tradition nach mit dem unterirdischen Gewässer des Jokhang in Verbindung stehen soll und dessen Geistern man ebenfalls geopfert habe, damit er Lhasa nicht überschwemme.

Vgl. auch Grünwedel 1919, S. 51 (223): Quelle 'O ma chu nahe dem sPhrul snang. Ähnliche Berichte ferner bei A. Tafel 1914, Waddell 1906, Abbé Huc 1878.

46 Die verschiedenen Gründungsdaten 642, 644, 652 und 653 (letztere nach einer Tsongkhapa-Vita der Zeit um 1800, s. Kaschewsky 1971) variieren wegen einer nicht absolut festlegbaren Chronologie des 7. Jahrhunderts. Als Songtsen-Gampo-Gründung bezeugt in der Inschrift am Steinobelisk von sKar chung (zwischen 804–816): ra sa'i gtsug lag khang las stsigs pa, s. Richardson 1949, p. 51.

47 Die Jo-bo-Rinpoche-Statue wurde wie auch entsprechende Kapellen des Ramoche- und Samye-Klosters zugemauert; s. Bu ston II, p. 198 (Obermiller 1932).

48 dKar chag des 5. Dalai Lama: unter Zangs mkhar Lo tsa ba. Diese Erweiterung könnte sich nach Richardson 1977, p. 173, auf die reliefierte Portalrahmung der Jo-bo-Rinpoche-Kapelle beziehen, was uns aber nicht überzeugt. Der «Verfallszustand» des Jokhang um ca. 1150/60: Blaue Annalen p. 465.

49 Laut dKar chag des 5. Dalai Lama wurde diese bei einer alljährlichen Maitreya-Zeremonie um den Barkhor getragene Figur aus wunderbar aufgefundenem Silber gefertigt.

50 Siehe Grünwedel 1919 (5. Dalai Lama): Dachschmuck über Jo-bo-Kapelle im frühen 14. Jh. und über der Chenresi-Kapelle zwischen 1338–1376 gestiftet. Goldene Dächer werden in der Autobiographie des 1. Panchen Lama von 1620 erwähnt.

Vgl. die noch erhaltenen «chinesischen» Dächer in Shalu (14. Jh.); s. Kap. IX.

51 Gemeint ist zugleich auch der Ramoche-Tempel mit der «kleinen Jo-bo-Statue». Kaschewsky 1971, S. 160: Tsongkhapa-Vita des bLo bzang chul khrims (1740–1810).

Vgl. auch chinesische Zeitschrift Wen wu 1960, H. 6: Dukhang und übrige Anbauten sowie 3. und 4. Stockwerk ab Yuan-Dynastie.

52 Der 5. Dalai Lama erwähnt um 1647 eine Erneuerung von Thronlehne und Baldachin der Jo-bo-Statue. Erweiterungen sind mit ihrer religiösen, politisch-administrativen und wirtschaftlichen Funktion direkte Folge der mit dem 5. Dalai Lama begründeten tibetischen Theokratie.

53 Richardson 1977. Umfangreichere Erneuerungen sind für 1779 bezeugt. 1813 wurden einige neue Statuen gestiftet, s. Petech 1973, S. 73 passim.

54 Siehe Eastern Horizon Januar 1966, p. 10–16; Tibetan Review November 1968.

55 Siehe Pal 1974, I, fig. 13, 155, ferner auch 258–268, 165, 82. Für die Pfeiler findet sich Verwandtes z. B. auch in Nālandā (Indien). Während Richardson 1977 an eine Entstehung im 11. Jahrhundert denkt, kam Waddells (1906) Hinweis auf den Stil der indischen Höhlentempel des 8./9. Jahrhunderts der Sache schon näher. Wie die Doppelpfeiler zu deuten sind, kann nur ein genauer Baubefund klären. Vom Stil her wären auch die schlankeren Pfeiler bereits im 7. Jahrhundert möglich.

Vgl. auch die Relieffiguren an den Türpfosten der Jo-bo-Kapelle und die weiblichen Figuren über dem Eingang der Kapelle links davon mit dem Stil des ins 6./7. Jahrhundert zu datierenden Geburt-Buddha-Reliefs im Museum Kathmandu (Pal 1974, fig. 87).

56 Vgl. z. B. den von Zellen umgebenen Hof als Pfeilerhalle in Nāgārjunakonda.

57 Angeblich Diamant, Rubin, Smaragd, Lapislazuli, Indranila. Viśvakarman schuf drei Statuen des 8-, 12- und 25jährigen Buddha, von denen die letztere in das himmlische Reich lha-yul einging. Nach anderer Auffassung durch br Gya-byin veranlaßt.

58 Bus ton um 1347, s. Obermiller II, p. 184–186. Der «Kleine Jo bo» wurde zunächst im Jokhang verehrt. Nach Songtsen Gampos Tod seien beide von dessen Frauen ausgetauscht worden; s. Ferrari 1958, p. 80f; S. Ch. Das 1902, p. 151.

59 Jo-bo sbas-pa'i lha-khang; s. Richardson 1977, Plan Nr. 3/8, und Taring 1979, Nr. 99. Vgl. auch Dagyab 1977, p. 23. Nach anderer Überlieferung sei der chinesische Angriff tatsächlich erfolgt.

60 Bus ton, Obermiller II, p. 198. Auch Ladakh-Chronik, Francke 1926, p. 91.

61 Der Baldachindekor ist heute völlig anders als auf den Photos von 1953/54 (Sis-Vaniś).

62 Vgl. Dagyab 1979, p. 22, der in solchen Legenden konkrete Fakten

sehen möchte.

63 Dieses Motiv seit dem 12. Jh. In Tibet könnten solcherart gestaltete Figurenaureolen (prabhā) im Sakya-Kloster des 13. Jhs. ihren Anfang genommen haben, vgl. Tucci 1973, fig. 173/74.

64 Hier bis zur halben Höhe durch ein Holzgitter verdeckt. Vgl. Richardson 1977, Plan 3/20, und Taring 1979, Nr. 82. Photo vor 1959 bei Jisl-Sis-Vaniš 1958, Taf. 65.

65 Vgl. Ferrari 1958, p. 86, Anm. 40. Auch *nya-rang-chyung*, «selbstentstanden aus fünf Teilen»: aus dem Zweig des heiligen Bodhibaumes, der Erde einer Insel im Großen Ozean, Sand vom Fluß Nairanjana, Sandelholz und Boden von den 8 heiligen Stätten in Indien. Vgl. auch die mystische Fünfzahl solcher Substanzen beim Jo bo Rinpoche.

66 Obermiller II, p. 184. Auch Bu ston gibt die Selbstentstehung des Thugs rje chen po an: «Aus dem Arbeitsmaterial (?), das im Nordteil des Tempels aufgehäuft war, erschien aus sich selbst die Gestalt des elfköpfigen Avalokita, den man durch Gebete zum Bleiben aufforderte.»

67 Zwei davon sind – nach außen sichtbar – dem Kopfinneren der neuen Chenresi-Statue in Dharamsala eingefügt, die anderen beiden neben dieser Figur in einen verglasten Kasten gelegt. Die Köpfe – darunter der obere Amitābha – sind aus massivem stuckartigem Lehm-Häcksel-Gemisch.

68 Im Detail abweichend vom früheren Zustand. Vgl. Jisl-Sis-Vaniš 1958, Abb. 76, und das Schäfer-Photo in «Atlantis» 1939, S. 629.

69 Kapelle an linker (nördlicher) Seite, vgl. Richardson 1977, Plan 3/21, und Taring 1979, Nr. 84. Bei H. Harrer 1953 fälschlich als Sera bezeichnet.

70 Vgl. Richardson 1977, fig. 4, p. 172, und Jisl-Sis-Vaniš 1958, Abb. 60 (Königsgruppe 1, frei vor der Wand, Mandala-Hintergrund); sowie idem, Abb. 55–57: Königsgruppe 2, direkt an der mit Tārās, Bodhisattvas und Schutzgöttern bemalten Wand im Untergeschoß, Südosten der Pfeilerhalle. Durch die Tsongkhapa-Statue im gleichen Stil ist ein Terminus post quem gegeben. Auch die stilistische Nähe zu den Königsskulpturen des Palkhor-Tempels in Gyantse (um 1400, s. Abb. Nr. 63) bestätigt diese Datierung.

71 Nach Wen wu 1960/6. Tucci (1956) sah keine älteren Wandmalereien als 15./16. Jh. und in den Kapellen um das Jo-bo-Sanktuarium «deutlich Spuren von sehr alter Malerei». Von den Restaurierungen der 1970er Jahre liegen keinerlei Berichte vor, die angeben, inwieweit lediglich gereinigt oder neu übermalt worden ist. Hierzu fehlen zur Zeit auch noch genauere Beobachtungen am Objekt.

72 E. Schäfer 1952; Jisl-Sis-Vaniš 1958; Richardson 1977.

73 chinesisch Xia-zhao-Kloster. Bu ston (Obermiller II, p. 185): «Die chinesische Königin On co errichtete den Tempel von Ramoche.» Die Erbauung im 7. Jh. ist auch in der Ladakh-Chronik bezeugt (Francke 1926, p. 83).

74 Bu ston, Obermiller II, p. 185 (auch durch den 5. Dalai Lama überliefert). Wie der Jo bo des Jokhang sei auch der den achtjährigen Buddha darstellende Akshobya unter Indras Anleitung vom göttlichen Schöpfer Viśvakarman geschaffen worden (Grünwedel 1919, S. 66f.). Vgl. auch Ferrari 1958, p. 87. Tucci 1956: nicht älter als 12. Jh. Nach exiltibetischen Quellen befindet sich die Büste des Kleinen Jo bo heute in der Byams-pa-mched-bzhi-Kapelle des Jokhang, s. Richardson 1977, Plan 3/7. Nach Dagyab 1977, S. 23, wurde der Große Jo bo wegen eines drohenden Angriffs der Chinesen im 7. Jahrhundert aus Sicherheitsgründen in den Jokhang verbracht.

75 Kaschewsky 1971, S. 182.

76 1959 befanden sich im Ramoche noch getriebene Bronzereliefs des ca. 15. Jhs. (oder früher?), vgl. Liu Yisi 1957, Abb. 63 (Elefant) und 64 (der zu Pferde ausziehende Buddha).

77 Siehe Chandler 1905, p. 274, und Waddell 1905, p. 375. Nach Tuccis Besuch 1948 ist über eine kultische Benutzung nichts mehr bekannt geworden.

78 Tibet under Chinese Communist Rule, Dharamsala 1976, p. 30f.; Paljor 1977, p. 54ff.; Tibetan Review 1976/3, p. 6.

79 Die an sich schon sehr spekulative «Rekonstruktion» des Ramoche unter Berufung auf das Ma ni bka' 'bum durch E. Haarh (1969, p. 384ff.) beruht offensichtlich auf einer Verwechslung mit dem Jokhang.

80 dKar chag des 5. Dalai Lama: «Auf diesem Berge, der eigentlich der „rote" oder Potala heißt, hatte in alter Zeit die nepalesische Gattin Khri btsun einen Palast...» Die Bezeichnung Potala meint also sowohl den Palast als auch den gesamten Berg. Nach Ferrari 1958, p. 88, von Potaraka, einem legendären, dem Avalokiteshvara als Residenz dienenden Hügel an der Indusmündung. Aus dem 11. Jh. ist «Potari» (Po ta ri) überliefert.

81 Auch «Westliche Haupthalle» oder «Halle der heiligen Pagode» (chinesisch: Ling ta dian) genannt. Hier erzwang General Younghusband am 7. 9. 1904 von Tibet die Unterzeichnung des britisch-tibetischen Vertrages, u. a. über die Grenzfestlegung zwischen Sikkim und Tibet, die Einrichtung von Handelsniederlassungen und über den Ausschluß ausländischer Einflußnahme auf die Politik Tibets. Eine Einweihungsstele ist vor dem Roten Palast erhalten.

82 Obgleich in diesem Zusammenhang der unterschiedlich interpretierte Besuch in Peking nicht näher erörtert werden kann, sei doch auf ein dafür interessantes Potala-Wandgemälde dieser Audienz hingewiesen: 5. Dalai Lama und Kaiser Shun zhi sitzen sich auf den ersten Blick zwar gleich hoch gegenüber, dennoch ist der Kopf des Kaisers deutlich höher plaziert als derjenige seines tibetischen Gastes. Diese scheinbare Herabsetzung ist indessen durch hoch hinaufreichende Gelbmütze und Heiligenaureole aufgehoben, die sonst eine Überhöhung *über* den Kaiser verursacht hätten. Füße und Thronsockel beider schließen auf gleicher Höhe ab, und der sitzende Kaiser ist nicht größer dargestellt als der am Boden hockende Dalai Lama. In einem hochpolitischen Balanceakt stehen sich zwei Gleiche gegenüber, allenfalls erscheint der Hausherr des Potala durch etwas größeres «Gesamtvolumen» leicht hervorgehoben.

83 Schreibweise auch: *la btsas, la rdzas, laptse;* vgl. auch *lha btse* und *lha mtho*. Repräsentiert nach R. A. Stein (1972, p. 206) Kriegsgottheiten der Berge und ist daher oft auf Bergspitzen *(tse)* und Pässen *(la)* zu finden. Der Marpori-Schutzgott gNyan chen thang lha war zugleich eine sehr volkstümliche Berggottheit des Nordens und «Wächter der Schätze» (Wächter Tibets); s. Nebesky-Wojkowitz 1956, p. 206. Vgl. auch Sis-Vaniš 1956, S. 46, und Wen wu 1960/6.

84 Diese Waffen nachbildenden Stangen gehen auf mythische Rituale zurück, bei denen sie als Opfergabe den Kriegsgottheiten zu ihrer Unterstützung angeboten wurden (Stein, s.o.).

85 Siehe Ferrari 1958, p. 51 und 89. Diese Ursprungslegenden könnten durchaus einen wahren Kern haben, da nach alten Quellen Songtsen Gampo Künstler von außerhalb berief.

86 Schulemann 1958, S. 294.

87 Desideri (Filippi 1937); nach Petech 1973, p. 165, eine weitere Restaurierung 1831.

88 Nach Wen wu 1960/6 sei die Östliche Haupt-Sutrenhalle 1959 von «tibetischen Rebellen» zerstört worden.

89 Am 4. Tag des 6. Monats. Ferner hatten Besucher an einigen weiteren Tagen des 4. Monats Zutritt zu den sonst verschlossenen Räumen.

90 nach Filchner 1933 und Govinda 1976.

91 V. Ronge 1978, S. 111.

92 Die 1959 letztmals gezeigten Thangkas sollen laut Auskunft in Lhasa 1980 noch im Potala vorhanden sein. 1966 wurden an der gleichen Stelle zwei kulturrevolutionäre Spruchbänder befestigt: «Lang lebe die chinesische KP» und «Lang lebe der Vorsitzende Mao». Zehn Jahre später las man hier an Buddhas Stelle die vorläufig letzten chinesischen Wünsche nach Unsterblichkeit: «Ewiger Ruhm dem Vorsitzenden Mao Zedong, dem großen Führer und großen Lehrer» (Time 4. 10. 1976). Mit solcher unbeabsichtigten historischen Kontinuität hätte man sich sogar auf den «Ur-Potala», den «Palast der Unsterblichkeit» des 7. Jahrhunderts, berufen können. Und auch in der Östlichen Sutrahalle wird dem Kaiser Qianlong unter seinem Bild viersprachig langes Leben gewünscht. Gleichlautende Mao-Parolen haben sich noch auf der Thangka-Mauer in Tashilhunpo erhalten.

93 rNam rgyal grwa tshang. Die Anzahl der Mönche nach Waddell 1906; nach Chapman 1938: 170; Harrer 1966: 250; Gelder 1962: noch ca. 30. Nach 1966 sollen die Bildwerke der Jigje-Kapelle völlig zerstört worden sein.

94 Vgl. Nāga*(klu)*-Verehrung an solchen «Unterweltswassern» beim Jokhang und Samye-Kloster. Der pavillonartige Bau wird auch als «Schlangen-Tempel», der Teich als «Drachenkönigssee» bezeichnet.

95 Siehe Denwood 1971.

96 Selbst wenn der Shigatse Dzong in seiner heutigen Gestalt erst im 18. Jh. errichtet worden sein sollte, spräche dies noch nicht gegen die

These innertibetischer Vorläufer für den Potala. Der Leh-Palast dürfte seinerseits zentraltibetische Bauten reflektieren.

97 Ferrari 1958, p. 101 n. 86: nach dem hier zugrundeliegenden Text von ca. 1820 ehemals an den Bergausläufern westlich des Sera-Klosters; später Residenz der ersten tibetischen Mönche.

98 Ferrari 1958, p. 166 n. 679. Nach Bu ston ein Palast.

99 Solche z. B. auch aus den südlichen Provinzen Lho brag und rKong po bezeugten Bauten könnten sehr wohl in einem architekturhistorischen Zusammenhang mit den hier zuvor genannten «Hochhäusern» stehen. Noch bis in die späte Mandschu-Zeit waren in Südosttibet derartige Turmhäuser in Gebrauch. Vgl. auch auf Wandgemälden im Potala die «Wohntürme» am Marpori der Songtsen-Gampo-Zeit (Sis-Vaniš 1956, Taf. 116). Solche Wohn- bzw. Aufenthaltstürme sind – auf freilich recht unterschiedliche Art – durch entsprechende Ton- und Keramikmodelle bereits seit der Han-Zeit aus China bekannt.

100 Nach Ferrari 1958, p. 47 und 88, habe Songtsen Gampo auf dem Marpori einen elfstöckigen Palast gebaut.

101 rGyal po bka'i thang yig, E. Haarh 1969, p. 291.

102 Vgl. Sis-Vaniš 1956, Taf. 142.

103 Abgebildet in Bell 1925.

104 Rockhill 1891, p. 76 n. 4. Der Sommerpalast ist später zunehmend zur Jahresresidenz geworden, im Potala hielt sich der Dalai Lama gewöhnlich nur noch während der drei Wochen des Mönlam-Festes auf.

V. Die Bauten im Yarlung-Tal

1 Übertragung nach Th. Bacot 1940, p. 81, 85f.

2 So die Roten Annalen (Deb ther dmar po) von 1346 und die Ladakh-Chronik (La dwags sgyal rabs) um 1610/40.

3 E. Haarh 1969, p. 192 (nach B. Laufer, Über ein tibetisches Geschichtswerk der Bonpo).

4 E. Haarh 1969, p. 271ff., mit ausführlicher Untersuchung zum «horizontalen» Weltbild der Tibeter, die unseren Ausführungen hier zugrundeliegen. Die in alten Quellen übereinstimmend genannte «Ebene des bTsan mit vier Toren» (bTsan thang sgo bzi) dürfte nicht mit dem geographischen Ort gleichen Namens im westlichen Yarlung-Tal identisch sein, sondern nur eine allgemeine Metapher für die Erde (Menschenwelt) sein.

5 E. Haarh 1969, p. 271: «Prototyp des tibetischen Weltbildes». Der Name für Tibet: «Bod khams ru bzi» = «Das aus vier *ru* (Hörnern oder Flügeln) bestehende Tibet».

6 rGyal po bka'i thang yig; Übertragung aus dem Englischen in Haarh 1969, p. 233f.

7 Siehe G. Tucci 1950; W. Hoffmann 1950; Wen wu 1961/4–5; H. E. Richardson 1963; E. Haarh 1969, p. 380ff.

8 Um 677, Ende 11. Jh. und 1717/18.

9 E. Haarh 1969, p. 395 hier folgend: der Könige Songtsen Gampo, Mang srong man btsan, 'Dus srong, Mes ag tshoms (Khri lde gtsug btsan), Khri srong lde btsan, Mu ne btsan po, Sad na legs (Khri lde srong btsan), Mu rug btsan po.
Provisorisch identifiziert: Gung srong gung btsan.
Nicht als Grab identifiziert: Ral pa can, 'Od srung. Provisorisch rekonstruiert und zum Teil auf Schriftquellen gestützt: Jang tsha lha dbon und gLang darma.

10 Wen wu 1961/4–5: «ca. 180 Schritt»; noch bis zu 19 erhaltene Schichten seien jeweils in vier je 70 bis 80 Zentimeter hohen Lagen errichtet, die ihrerseits durch Steinplatten voneinander abgetrennt sind. Jede dieser Lagen enthält eine ca. einen Meter tiefe sechseckige Nische, in die kleine figürliche *tsha-tsha*-Reliefs und -Chörten (s. Wen wu, hier Abb. S. 83) gelegt wurden. Das ca. 10 Meter hohe Songtsen-Gampo-Grab ist «in 20 Stufen mit Steinen aufgeschichtet».

11 *bzens kyi lha khang* oder *gTsug lag lha khang;* eine Art Ahnenschrein und Opferhalle für den Beerdigungs- und den alljährlich am Todestag stattfindenden Gedenkritus.

12 Nach chinesischen Annalen aus einem Lehm-, Seiden- und Papiergemisch.

13 Nach der englischen Übersetzung der Inschrift bei G. Tucci 1950, p. 36ff.; 2,30 m hoch, an der Basis 0,83×0,43 m und oben 0,36×0,39 m. Ein weiterer Gedenkstein wurde von H. E. Richardson (1963) vor 1950 beim Dorf 'Phyong rgyas laut Inschrift König Khri srong lde btsan (ca. 755–797) zugewiesen, der mit demjenigen «mitten im Phyong-Fluß» (Wen wu) identisch zu sein scheint. 3,56 m hoch, unten 0,86×0,42 cm (Wen wu, Abb. 19). Vgl. für das Totengedächtnis geschaffene Steinmäler in Ladakh und Lahoul.

14 Tucci 1950, p. 34f. Vgl. außer dem «Mandala-Grundriß» auch die Analogie von Grab und Berg: Die meisten der – hier nicht eigens genannten – Namen der Gräber sind mit dem Wort für «Berg» verbunden. Der Songtsen-Gampo-Tumulus ist auch als rMu ri smug po, d. h. als «Brauner Berg Mu» bekannt. Die Gräber «berühren den Himmel», sind ihm nahe. Hier wären durchaus die mit den Megalithen verbundenen Vorstellungen denkbar, wonach jene meist auf das Leben nach dem Tod bezogen zu sein scheinen und bei Riten gesetzt wurden, die auf den Schutz der Seele vor Gefahren in der Unterwelt abzielten; sowie auch den Lebenden, die sie errichten, die Lebenskontinuität zusichern – also eine mit magischer Potenz geladene Verbindung zwischen Toten und Lebenden.

15 Vgl. neben allgemeinen Dachformen auch die Grabpfeiler der späten Han-Dynastie in Sichuan oder Sutren-Pfeiler der T'ang-Epoche. Im Dorf Shizhu bei Dingxing Xian (Provinz Hebei) hat sich ein ähnlicher Steinpfeiler mit «Dach» und Lotos(?)-Sockel (siehe Chinesische Architektur [Wen-wu-Verlag], Peking 1958, Abb. 24) erhalten, dessen Funktion allerdings nicht geklärt ist.

16 Siehe Kaschewsky 1971. Nach Wen wu 1961/4–5 1959 noch zwei Löwen, die offenbar auf einer Plattform des gestuften(?) Grabes standen. Höhe: 1,55 m; Länge: 1,20 m; Breite: 0,76 m.

17 So Richardson 1963 und Hoffmann 1975.

18 Siehe Tucci 1973, Abb. 44, und Wen wu 1961/4–5, Abb. 14, S. 85: Auf der Westwand dieses Tempels gab es eine die Königsgräber beschreibende Inschrift.

19 Vor diesem Hintergrund entstand die 1508 überlieferte Legende, wonach Songtsen Gampo und seine beiden Frauen nicht eines natürlichen Todes gestorben, sondern in die Statuen des Jokhang in Lhasa eingegangen seien (der König in den Chenresi). Daher konnte auch kein eigentliches Begräbnis stattfinden, und beschrieben wurde die Bestattung der Grabfigur (E. Haarh 1969).

20 E. Haarh 1969, p. 360: womöglich, um genügend Zeit für das Austrocknen des Leichnams zu haben.

21 Hier übertragen nach der englischen Übersetzung bei E. Haarh 1969, p. 345.

22 E. Haarh 1969, p. 348: Minister, Verwandte, Freunde. Möglicherweise darunter auch eine Art Leibwächter zu Lebzeiten des Königs, unter renommierten Adelsfamilien ausgesucht. Bei Verstorbenen «von Rang» wurde die nach einem Jahr eigens eingesargte Haut abgezogen, Knochen und Fleisch mit Goldstaub vermengt und in einem Metallbehälter beigesetzt. Ritueller Königsmord sei ursprünglich erfolgt, wenn der Erbe sein 13. Lebensjahr erreicht hatte.

23 R. A. Stein 1972, p. 201.

24 Nach dem Ma ni bka' 'bum des ca. 12./13. Jhs.; nach der Ladakh-Chronik von gNya khri btsan po erbaut, nach einer anderen Quelle von 1508 und nach dem 5. Dalai Lama (1643) durch sPu de gung rgyal.

25 Siehe Wylie, n. 508; Wen wu 1961/4–5, S. 86.

26 Auch: Yum bu bla mkhar oder Yum bu bla sgang oder Ombulakhang. Der wirkliche Name angeblich Gan dan khang sar, d. h. «Der neue freuderfüllte Palast»; Ferrari 1958, n. 244.

27 Vgl. E. Haarh 1969, p. 104, 192, 99. Nach dem dPag bsam ljon bzang des Sum pa mKhan po von 1748: «Der älteste König von Bod, gNya khri btsan po, residierte im Schloß Yum bu bla sgang» bzw. im rGyal po bKa'r thang yig («Wie die Residenzburgen der Könige gebaut wurden»): «Zu seinen Lebzeiten baute König Tho ri snan zhal im südlichen Teil der vier Regionen von Yar mo die Herrschaftsburg Yum bu bla mkhar.»

28 Bu ston, Obermiller 1931, p. 183.

29 Aus der Yarlung-Dynastie stammen allenfalls die Fundamente und unteren Partien.

30 Siehe E. Haarh 1969, p. 352, und Rekonstruktion p. 355: «An der höchsten Stelle des Bergrückens von Yum bu bla mkhar gab es in der Mitte eines großen roten Felsens ein Schatzgrab mit fünf Raumteilen.»

31 Siehe E. Haarh 1969, p. 354f.

32 Snellgrove-Richardson 1968 mit Abb. p. 32.

33 Siehe Kap. IV. 1 – Der Mythos bei Bu ston, Obermiller 1931, p. 184; Ferrari 1958, n. 237. Laut Blaue Annalen durch Songtsen Gampo errichtet.

34 siehe Wen wu 1961/3, S. 43ff. und Abb. 14ff.: «Changzhu-Kloster». Hier auch genauere Beschreibung der Ausstattung. Unter anderem gab es Skulpturen Songtsen Gampos und seiner zwei Frauen.

VI. *Samye*

1 Obermiller 1931, p. 189f.: An die nördliche Mauer seien die Bildnisse der geistlichen Vorfahren dieser ersten Mönche gemalt worden.

2 Siehe Padma bkahi thang 1978, 55. Gesang. Manuskript des 17. Jhs. mit Biographie Padmasambhavas von dessen Gemahlin Yeshe Tsogyal.

3 B. Laufer 1908, S. 21.

4 Übertragung aus dem Englischen nach dem Padma bkahi thang (1978).

5 Das *bindu*-Zeichen von Sonne und Mond als Symbol der Vajrayana-Polarität, Lotosthron. Weitere ähnliche Stelen ehemals in sKar chung, mTshur phu, Zhailhakhang, dDe mo sa.

6 Von Nain Singh 1874 hier noch angetroffen.

7 G. Tucci 1958, II, p. 56.

8 Dunhuang-Chronik (ca. 800): nach 763 noch im Bau, Bu ston (1322): 786–798, Blaue Annalen (1476/78): 763–767 bzw. 787/791, dKar chag 5. Dalai Lama (1647): 762–766, Hoffmann 1956: 787 vollendet, Tucci 1956 und 1958: ca. 775 bzw. 763–787, Haarh 1963: 766 vollendet.

9 Nach Bu ston wurden damals wie beim Ramoche in Lhasa Tempeltore und Kapellen zugemauert.

10 Restaurierungen: 16. Jh. (Das 1902: «extensively»); unter 5. Dalai Lama im 17. Jh. (L. Chandra 1961); 1722 (L. Chandra 1961); nach 1749 (Das 1902); 1806 (L. Chandra 1961); umfassend nach einem Großbrand 1816–1822 (Petech 1973), wo offenbar auch alle alte Ausstattung verloren gegangen war; 1849–1854 (Petech 1973), für die wohl bis anhin durchgreifendste Erneuerung aus Kham geholtes Kupfer bezeugt, nach Das 1902 damals die «Kuppel» durch Erdbeben eingestürzt und schwere Schäden an Wandmalereien usw.; 1935/36 (Petech 1973); vor 1950 Dach restauriert (Ferrari 1958).
Die für Samye wichtigen «Königsannalen» (rGyal rabs) konnten hier leider nicht mehr ausgewertet werden.

11 A. David-Néel 1931. Am Eingang zum Ugs khang sah die Autorin Lederbehälter als Symbole der unsichtbaren Hüllen des Lebensodems.

12 Siehe Wen wu 1961/6.

13 Wie dem Verfasser von Vertretern des Denkmalschutzamtes in Lhasa (die aber Samye seit 1966 nicht mehr besucht hatten) 1980 gesagt wurde, sei das Kloster zwischen 1966–1976 teilweise zerstört worden und befände sich seit kurzem «in der Obhut lokaler Denkmalschutz-Gruppen».

14 Waddell 1906; Filippi 1932; Tucci 1965.

15 Nach Stein 1972, p. 203, ohne daß hier aber eine nähere Evidenz dafür gegeben wird. Deshalb kann der Befund hier nur unter Vorbehalt gelten.

16 Mit Recht wohl weist hier Stein (1972) auf die leider noch nicht identifizierten zwei Steinpfosten des Jokhang hin, die in einer tibetischen Handschrift «Himmelssäule» *(gnam gyi ka ba)* und «Nabel der Erde» *(sa yi phur bu)* genannt werden. Und als letzterer wäre dann auch der angebliche, von einem *klu* bewohnte Brunnen im Zentrum des gleichen Tempels zu deuten.

17 Vgl. eine Empfehlung Padmasambhavas an König Khri srong lde btsan, er solle in Bumthang (Bhutan) einen «Tempel mit drei Dachgeschossen» bauen, s. M. Aris 1979, p. 6.

18 tantrische Form des elfköpfigen Avalokiteshvara.

19 Hier D. I. Lauf 1972 folgend. Bei Tucci 1958, II, p. 27, der 'Jam dpal gling im Westen und Tshe dpag med im Osten.

20 R. A. Stein 1961. Diese sBa-bzehd-Chronik hier in einer Redaktion von ca. 1050.

21 H. Hoffmann 1975.

22 Auf Thangka-Darstellungen ist diese Mauer polygonal, und auf alten Photos möchte man eine fragmentarisch erhaltene, hinter der Rundmauer liegende Mauer mit den 1030 kleinen Chörten (Nain Singh 1874) ebenfalls damit gleichsetzen.

23 Zu Atishas Zeit im 11. Jh. wurden hier insbesondere viele indische Texte aufbewahrt (Blaue Annalen).

24 Reihenfolge nach B. Laufer 1908 und R. A. Stein 1961, p. 35f. Bei G. Tucci 1956 das Untergeschoß im chinesischen Stil, bei D. I. Lauf 1972 (von unten nach oben) chinesisch-indisch-zentralasiatisch (Khotan). Beschreibung sonst nach Tucci 1956, p. 120f.

25 R. A. Stein 1961.

26 G. Tucci 1958, II.

27 Siehe F. A. Bischoff 1978.

28 Nach B. Laufer 1908 sei Padmasambhava eher der gefürchtete Dämonenbezwinger gewesen, ein vom Adel als Günstling und Emporkömmling gehaßter persönlicher Freund und Berater von König Khri srong lde btsan, während die eigentlichen schöpferischen Impulse für Samye und für den tibetischen Buddhismus von Śāntaraksita ausgegangen seien.

VII. *Nethang*

1 Sein ursprünglicher bürgerlicher Name: Candragarbha; seit seiner Ordination: Dīpankara; Śri Atiśa oder der Große Herr (mahā jo bo) und Eine Gott (ekadeva) von Tibet, der «zweite Nāgārjuna» und «ewige Lebensretter» ('Brom ston).
Atiśa von ati+īśa = «der höchste Herr».

2 Vgl. hierzu neben den älteren Arbeiten von G. Tucci vor allem die Photo-Dokumentation von Li Gotami Govinda 1979.
In Vorbereitung ist vom Verfasser eine Publikation «Tibet – Verlorene Bauten und Bildwerke», wo neben neuerem Bildmaterial zerstörter Denkmäler möglichst umfassend ältere Photographien nicht mehr erhaltener oder seither veränderter Stätten dokumentiert werden sollen.

3 Hier Tucci 1956, p. 69ff., und Ch. Bell 1931, p. 58 folgend. Blaue Annalen (Roerich 1949, p. 262): Die an mehrere Schüler verteilte Asche Atishas in Silberschreinen und in einem «Hauptschrein» wurde in Rva sgreng beigesetzt. Nach mündl. Mitteilung S. H. des 14. Dalai Lama an den Verfasser hätten tibetische Flüchtlinge ihm in Dharamsala Reliquienteile übergeben, während die eigentlichen Hauptreliquien angeblich (aus Reting?) von den Chinesen der Regierung von Bangladesh geschenkt worden seien.

4 siehe Ch. Bell 1931, opp. p. 58: dieser ca. 5 Meter hohe Chörten mit einer Malerei des *Jo bo Atiśa* könnte durchaus dem 11. Jh. angehören. Nach einer durch S. Ch. Das überlieferten Quelle wäre er von dem Inder Ācārya Manu geschaffen worden (Tucci 1949, I, p. 89).

5 Tucci 1956, p. 70: in dem anderen Chörten die Reliquien des Gründers der bKa'-brgyud-pa-Schule, Marpa († 1098); Blaue Annalen (Roerich 1949, p. 406f.). Berichte über von Atisha nach Tibet mitgeführte Naropa-Reliquien in sNye thang erscheinen allein chronologischer Probleme wegen reichlich zweifelhaft (siehe Chattopadhyaya 1967, p. 140, 413. 439).

6 Blaue Annalen, p. 263; 1205 wurde dem Nethang-Tempel Kloster und Schule angeschlossen.

7 Von Tucci 1956 viel zu früh ins 11. Jh. datiert; allenfalls 18. Jh. Der Tārā-Kult geht wesentlich auf Atisha zurück.

VIII. *Sakya*

1 Mit der monastischen Zucht nahm man es nicht sehr genau: Im «heiligen Land der Emanationen» (Sherab Gyaltsen Amipa) wurde eigenes Land verpachtet oder von Lohnarbeitern bestellt, Verleih von Geld und Getreide waren keine Seltenheit, man sammelte regelmäßig Geld auch bei Nomaden ein; hielt sich Pferde und Feuerwaffen, aber nichts vom Zölibat.

2 Nach Sherab Gyaltsen Amipa, Geistesschulung im Mahāyāna-Buddhismus, Rikon 1981, S. 5f. Vor dieser Vision habe Atisha hier angesichts zweier Yaks die Erscheinung zweier Emanationen Mahākālas prophezeit, der von den Sa skya pa als besonderer Beschützer ihrer Lehre angesehen wird.

3 Als geistiger Urheber wird der Atisha-Zeitgenosse 'Brog mi angesehen, der nach achtjährigem Studium an der Kloster-Universität Vikramaśīla in Tsang 1043 das Kloster Myu gu lung gegründet hatte.

4 Diese wie auch mehrheitlich die folgenden Angaben basieren auf der Monographie von Cassinelli/Ekvall 1969. Im 12. Jh.: 21780 Einwohner bei 3630 Familien. Von den 7000 hauptstädtischen Sakya-Einwohnern gehörten ca. 20 den beiden königlichen Familien und ca. 70 den 10 Adelsfamilien an, waren 25 Palastbeamte (Mönche), 85 Regierungsbeamte, 75 Palastdiener, 550 Mönche und Nonnen, 180 Ladenbesitzer, 835 Handwerker und 5160 Bauern.

5 Stand der Jahre 1936/50.

6 Straßen-, Brücken- und Hausbau, Bewässerung, Transport und Proviant für reisende Beamte (Cassinelli/Ekvall).

7 Ausgenommen: die dem Adel und den zwei königlichen Familien unterstellten Einwohner, Nepalis, hauptberufliche Kaufleute und Handwerker sowie Farmpächter, die ihre Pacht zum Teil mit ihrer Ernte bezahlten. Von ca. 2200 Familien wurden jeweils ca. 400 Mönchskandidaten bestimmt (Cassinelli/Ekvall).

8 Die sich im 18. Jh. in die beiden Zweige sGrol ma und Phun tshogs gespalten hatte.

9 Auch in Lhasa gab es ein kleines, von wenigen Sakya-Anhängern bewohntes Viertel (Tsha zur).

10 G. Tucci 1949, p. 172, 156.

11 Die Medizinbibliothek soll angeblich zerstört worden sein.

12 G. Tucci 1949, p. 682.

13 Auch das Südkloster war früher rot getüncht und hatte die charakteristische Streifung. Jeden Herbst wurde die Bemalung erneuert (freundliche Mitteilung von Lama Sherab Gyaltsen Amipa, Kloster Rikon, Schweiz).

14 Der älteste unter ihnen, der sGo rum gZim spyl dkar mo, wurde bei der Gründung Sakyas 1073 errichtet, gehört aber in seiner späteren Form dem 16. Jh. an (Tucci 1949).
Einige Gebäude des Nordklosters waren bereits 1959 verfallen (Wen wu 1960/8).

15 siehe Wen wu 1960/8, Abb. 39; Tucci 1949, fig. 17. Die Wandmalereien waren nur partiell unter später darüber gelegten Putz- und Wandschichten freigelegt. Der Bericht in Wen wu zeigt, daß noch 1959 mehr Bausubstanz erhalten war, als Tucci zwanzig Jahre früher angenommen hatte.

IX. *Shalu*

1 Gesprochen Shalu. Bekannt auch als rGya gnas und der Haupttempel als Zha lu gSer khang (Wen wu 1960/8: Zha lu Lhakhang). Der Verfasser war seines Wissens nach im September 1980 der erste ausländische Besucher in diesem offiziell erst 1981 wieder zugänglichen Kloster seit G. Tucci (in den 1940er Jahren).

2 Diese Zahl wird sowohl für die Zeit um 1355 (Rüegg 1966 nach rNam-thar-Text des 14. Jhs.) als auch vor 1959 (mündlich dem Verfasser) angegeben.

3 Nach Wen wu 1960/8. Bu ston (Rüegg 1966) gibt die Gründung mit 1040 an. Siehe auch Tucci 1949, p. 169, 177f., 657ff.

4 Wesentlich war Bu stons Beitrag zur bKa'-'gyur-Ausgabe und seine Kompilation und Edition des bsTan'gyur, die eine erweiterte Version der ersten, in Tibets berühmtester Druckerei, sNar thang, erschienenen Ausgabe war und Grundlage für alle späteren bsTan-'gyur-Ausgaben wurde. In seinem «bsTan-'gyur-Lhakhang» bewahrte Bu ston alle seine für die neue Ausgabe benötigten Unterlagen auf (Rüegg, S. 35; Tucci, p. 660).

5 Tucci 1949, I, p. 281.

6 Tucci 1949, I, p. 177f. Außer den wenigen hier reproduzierten Photos gibt es bisher nur noch einige überaus schlechte Abbildungen in Wen wu 1960/8. Leider gibt es auch hiervon noch keinerlei ikonographische Untersuchung.

7 Darstellungen des ländlichen Alltags wie Pflügen, Ernten, Dreschen, Töpfern, Weben, Holzhacken, Entenfang, Drucken usw. Leider oft von groben Übermalungen bedeckt.

8 Selbst von Bu ston genannt. Vgl. Rüegg 1966, p. 17f., oder Tucci 1949, fig. 21, p. 178, mit einer eindeutig chinesisch beeinflußten Statue.

9 Nach dem «Leben des Bu ston Rin po che» (rNam thar) von dessen Schüler sGra tshad pa Rin chen rnam rgyal von 1355, Rüegg 1966, S. 141f. 1959 waren angeblich vergoldete Dächer des Haupttempels (hinter dem hier abgebildeten Vordertempel) noch vorhanden, siehe Wen wu 1960/8.

10 1961/62 wurde ein offensichtlich besonders verehrter Jo-bo-Buddha neu vergoldet, siehe Xiandai foxue (Moderner Buddhismus), Beijing 1962, Heft 2.

11 Wen wu 1960/8, Abb. 33.

12 Tibetan Review, Dec. 1976, p. 5ff. Siehe auch Wen wu 1960/8, Abb. 26.

13 siehe A. David-Néel 1931 und Lama A. Govinda 1976, S. 140ff.

X. *Gyantse und seine Bauten*

1 Siehe Ferrari 1958, n. 416: Unklar bleibt hier die Identifizierung des Dzong-Berges als rTse chen (oder Sam bu rtse dgu) und der Unterschied zur einige Kilometer entfernten rTse chen dgon pa. Wie könnte außerdem der Bau erst 1904 beim britischen Angriff als Dzong benutzt worden sein?
Für 1719/20 sind durch I. Desideri Restaurierungs- und Erweiterungsbauten bezeugt; s. L. Petech 1955, Parte VI, S. 22.

2 Wie auch die folgenden Angaben nach S. Ch. Das 1902.

3 Ältester Name: dPal khor bde chen. *dPal khor* = «bedeutender Kreis», *chos sde* = «religiöser Bezirk». In der chinesischen Pinyin-Umschrift Baiju-Kloster bzw. Cuoqing-Tempel (Tsug lag khang).

4 L. Petech 1955, Parte VI, S. 21. Das Oberhaupt auch Lhabrang tse genannt.

5 So wurde von A. Waddell die Frage nach dem Grund für die Mauer beantwortet. Nach Wen wu 1961/1 wurde sie sieben Jahre vor dem Kumbum, also um 1407, errichtet.

6 Eine Schule des Kālacakra-Systems. Die Sa skya pa hier in ihrer Untergruppe der Ngor pa vertreten.

7 Auch Bu ston pa genannt.

8 Siehe Ch. Das 1904, p. 124. Eine ähnliche Klosterstadt soll früher auch in Tsethang (Yarlung-Tal) existiert haben.

9 Ein Photo von zwei in Gyantse aufgehängten Riesenthangkas mit dem sitzenden Śakyamuni im Fleckengewand und zwei Bodhisattvas sowie ein schmales hohes Thangka mit einem sitzenden Bodhisattva und Siddhas in «Atlantis», 1951, S. 140.

10 Oberhalb des dPal-khor-Tempels das Kloster Rending und links vom Kumbum das kleine Gandeng-Kloster; s. Wen wu 1961/1, Plan S. 49, Nr. 13 bzw. 7. Zum alten Zustand vgl. das Photo in Li Gotami 1979, I, p. 74.

11 Hier Wen wu 1961/1 folgend: «nach den schriftlichen Aufzeichnungen». Ferrari 1958: um 1418; Tucci 1949: 1440.

12 Wen wu 1961/1: Malerei und Skulptur der Vairocana-Kapelle Ende 14. Jh.; s. auch Tucci 1941 (Indo-Tibetica IV. 3), fig. 70–72.

13 Siehe Tucci 1941 (Indo-Tibetica IV. 3), fig. 75, 76, und Liu Yisi 1957, Abb. 66; hier ferner Abb. 67–73.

14 Tucci 1941 (Indo-Tibetica IV. 1), p. 155, und IV. 3, fig. 86.

15 Tucci 1949, II, p. 675.

16 dbu rtse. Tucci 1941 (Indo-Tibetica IV. 1), p. 158ff., und IV. 3, fig. 105ff.

17 Tibet – Kunst des Buddhismus 1977, Nr. 130–135.

18 Vgl. Tucci 1949, I, fig. 11, p. 175.

19 Tucci 1973, Abb. 83 bzw. 79.

20 Nach Wen wu 1961/1. Nach G. Tucci (1973) um 1427 errichtet oder vollendet bzw. «ca. 1440» laut Gyantse-Chroniken durch Si tu Rab brtan (Tucci 1949, p. 666).

21 Der Lotos(-Thron) des rDo rje chang gilt als dem Mond zugehörig. Die Basis symbolisiert zugleich die Vier Unerschütterlichkeiten des Buddha (Vaiśaradya).

22 20+16+20+12 Kapellen, s. Tucci 1941 (Indo-Tibetica IV. 1), p. 171. Im zweiten Kapellengeschoß fehlen in den Achsen eigene Räume, da die Kapellen vom unteren Geschoß bis hier hinaufreichen. Tucci stützt sich bei der Beschreibung – u. a. bei den Maßangaben – teilweise auf einen dKar chag von Gyantse. Nach Wen wu 1961/1: «108 Türen und 76 Altarräume».

23 Tucci 1941 (Indo-Tibetica IV. 1), p. 218.

24 Nach Tucci 1941 (Indo-Tibetica IV. 1), p. 291.

25 Vgl. zur bereits dem Bön-Glauben heiligen Zahl Neun Kap. IV., 4, S. 91ff.

26 Tucci 1941, p. 170: cubito del re (khru), die die Normal-Elle um vier Fingerbreiten übersteigt. Nach dem von Tucci (1941) zitierten Gyantse dKar chag haben die Kapellenstockwerke 1–3 je einen Umfang von 354, 293 und 262 Ellen und eine Höhe von 8, 7½, 7 sowie 7½ Ellen für das 4. Geschoß.

27 Vgl. die 108 Handlungen Buddhas, Glieder der Gebetsschnur, Bände des Kanjur, Votivlampen, Chörten, heilige Umwandlungen usw. 108 Fingerbreiten bestimmt auch das Proportionssystem für Yidams und Titulargottheiten (Tucci).

28 Vor allem Bu stons Kriyātantra-Abhandlung, die offensichtlich von den Malern benützt wurde. Vgl. Tucci 1941 (Indo-Tibetica IV. 1), p. 14, 18, und IV. 2, p. 240, 252, sowie Tucci 1949, p. 666. Nach Ferrari 1958 (Petech) ist die Ikonographie des Kumbum vom liturgischen Hauptwerk der Sa skya pa, dem sGrub thabs rgya mtsho, inspiriert.

29 Nach S. Ch. Das 1904, p. 122, seien an den den Buddhisten heiligen Vollmondtagen alle Kapellen öffentlich zugänglich gewesen. Leider ist uns über die spezielle kultisch-liturgische Benutzung des Kumbum, vor allem seiner oberen Stockwerke, nichts bekannt, und man wird dafür lediglich auf Tuccis ikonographische Beschreibungen (1941) zurückgreifen können.

XI. Die drei Staatsklöster

1 Nach der von Kaschewsky 1971, S. 185ff., übersetzten Tsongkhapa-Vita des bLo bzang chul khrims (1740–1810).
Zur Ortswahl darin ferner: Nachdem sich deshalb die Gefährten und Schüler Tsongkhapas an den Mahāsiddha Nam mkha'rgyal mchan gewandt hatten, wurde jenem von Vajrapani bedeutet: «An den Abhängen des dBang-bskur-Berges, in Richtung auf den bCun-mo-Bergrücken, werden sich ohne Unterlaß Kleriker versammeln … Die Gestalt des Berges, auf dem das dGa-'ldan-Kloster errichtet ist, ist die einer Krone, und da der Platz, auf dem damals König Sron bcan sgam po den Herrschaftsthron bestieg, eben dieser Berg war, deshalb wird er so genannt. Darauf hat der heilige Tsongkhapa selbst vor dem Heiligen Jo bo von Lhasa Verehrungen vollzogen, Gebete verrichtet und so in hohem Maße Frömmigkeit geübt … Außerdem untersuchte er auch Träume. (Bei all diesen Orakelzeichen) erwies sich der (große) Einsamkeitsberg als der beste unter allen Orten. Auch der Heilige Mañjuśrī hat diesen großen Einsamkeitsberg als gut bezeichnet …» (S. 185).
Nach anderer Version «sah» Tsongkhapa vor dem Jo-bo-Buddha im Jokhang und durch Deutung seiner Träume den für den Klosterbau günstigen Ort (nach Kyabje Ling Rinpoche, Dharamsala).

2 Kaschewsky 1971, S. 185ff.

3 Laut Kyabje Ling Rinpoche, Dharamsala.

4 Nach dem zitierten Quellentext (Kaschewsky 1971) habe es bereits zu Tsongkhapas Lebzeiten so viele Mönche in Ganden gegeben.

5 Ferrari 1958, n. 108.

6 Angeblich ein Geschenk des mongolischen Dzungaren-Fürsten von 1717.

7 Nach Tucci 1956, p. 111, vielleicht erst 17. Jh.; Wen wu 1960/6: «wohl frühe Ming-Zeit».

8 Standort nicht ganz klar, wenn identisch mit den zehn Reliquienschreinen der Khri pa (Ober-Äbte): nach Tucci 1956, p. 111, im Yan-pa-chen-Lhakhang; nach Wen wu 1960/6 «über» dem Tsongkhapa-Grabraum, andererseits hier gleichzeitig der goldene Tsongkhapa-Chörten genannt (?). Zur Beschreibung: s. auch Bell 1931 mit Photo opp. S. 100.

9 Bell 1931. Andere Beschreibungen erwähnen eine ebenso große Figur am Grab-Chörten selbst.

10 Wen wu 1960/6 mit Abb. 5: hier noch 1959 vorhanden.

11 In chinesischer Pinyin-Umschrift: Yangbajian. Identisch offenbar mit dem Mausoleumsbau, obgleich «Kathedrale» bzw. «Haupttempel» hier mißverständlich auf den rechts benachbarten gTsug lag khang zu weisen scheinen.
Wen wu 1960/6: «Das Obergeschoß des Yangbajian ist das Sidongtuo, in dieser Kapelle befindet sich der Gedenkstupa des Tsongkhapa.»

12 Kaschewsky 1971, S. 204.

13 Siehe Tucci 1956, p. 111; Wen wu 1960/6.

14 Wen wu 1960/6: Laji-Tempel. Identisch mit dem Chamba-Lhakhang bei Tucci 1956, p. 111f.?

15 Nach Lodrö 1974. Oder sind hier die Vorsteher der Fakultäten Śar rtse und Byang rtse gemeint?

16 Nach 1959 wurde Neu-Ganden zunächst mit 130 geflüchteten Mönchen in Buxa (Nordost-Indien) gegründet.
Siehe zu den voranstehenden Angaben Kaschewsky 1970.

17 Information nach der 2. Delegation aus Dharamsala, Sommer 1980. Das hier reproduzierte Farbphoto wurde dem Verfasser freundlicherweise von Prof. M. Abelein (Bonn) zur Verfügung gestellt, der, so weit wir sehen, Ende März 1980 als erster Ausländer das zerstörte Ganden besuchen konnte.

18 Laut L. Lamdark (Bad Ragaz) 1979 auch um die völlig zerstörte Kandze-Gömpa (Kham).

19 Dies offenbar auch in Anspielung auf den Brauch der früheren Klostergründer, die wie in Ganden selber oder zum Beispiel auch in Tashilhunpo während der Bauarbeiten zumeist in der Nähe in einem weißen Zelt lebten.

20 Laut Pekinger «Volkszeitung» vom 17. 11. und Radio Lhasa vom 19. 11. 1980.

21 Auch 'Bras dkar spungs pa; in chinesischer Pinyin-Umschrift: Zhebung.

22 Nach Kyabje Ling Rinpoche, Dharamsala. Über den Gründer existiert unter anderem eine 1529 verfaßte Biographie. Zwar gibt es keinen eigentlichen dKar chag für Drepung, wohl aber eine zwischen 1682 und 1762 entstandene Beschreibung der Verehrungsgegenstände; s. G. Lodrö 1974.

23 Siehe Kaschewsky 1971.

24 Nach Lodrö 1974, S. 158ff.

25 Ferrari 1958, n. 75.

26 Lodrö 1974.

27 F. Sp. Chapman 1938: «ungewaschene, unverschämte Parasiten …, nie habe ich einen so teuflisch aussehenden Haufen Menschen gesehen.»

28 Lodrö 1974, S. 339ff. Diese Herkunfts- bzw. Mutterklöster der Drepung-Lamas hatten minimal 10, maximal 3000 (Kloster Kumbum, Amdo) Mönche und insgesamt über 36165 Insassen. Nicht eingerechnet sind die Mönche aus mongolischen Klöstern.

29 Auszählung nach Lodrö 1974, S. 339ff. Eine restliche Anzahl von Herkunftsgruppen konnte keiner bestimmten Fakultät zugeordnet werden.

30 Früher waren es offenbar sieben Fakultäten, s. Kaschewsky 1974.

31 «Chairman of the Management Committee of the monastery» (1974).

32 Ist Kun dga 'ra ba mit dem dGa'ldan Pho brang identisch? Erstere Bezeichnung als Residenz eines Kirchenfürsten bereits in den «Blauen Annalen» von 1478 (Roerich 1949, p. 583).

33 Diese Grab-Chörten konnten vom Verfasser leider noch nicht identifiziert werden. Nach Wen wu 1960/6 befinden sie sich «unter den Seitenräumen der Hauptversammlungshalle»; nach Lodrö 1974, S. 172ff., «direkt oberhalb der Hauptversammlungshalle», zusammen mit den 21 Tārās und 35 Buddhas der Sündenvergebung. Sie enthielten Herz, Zunge, Augen und Gehirn der Verstorbenen (!).

34 Siehe Schulemann 1958, S. 202f., 215f. Der 2.–4. Dalai Lama wurde nominell bereits mit acht, neun bzw. 13 Jahren Abt von Drepung und war zeitweise zugleich auch Vorsteher von Tashilhunpo, Sera bzw. Ganden.

35 nach Lodrö 1974, S. 168ff.

36 nach Lodrö 1974.

37 Vgl. das große Thangka mit den Bauten von Lhasa im Ethnographischen Museum Antwerpen (2. Hälfte 19. Jh.). Ältere Photographien zeigen, daß in Drepung diese Fest-Thangkas auch über dem schrägen Berghang ausgebreitet werden konnten.

38 419 Folios; s. die Ausgabe von Lokesh Chandra, Delhi 1959/60.

39 Nach L. Chandra (Journal Asiatique) 1961, p. 504–507.

40 Wandmalereien hier zum Teil 17. oder 18. Jh.

41 Gelder 1965.

42 Refugee Statement, Present State of Religious Institutions, in: Glimpses of Tibet today, Dharamsala 1978, p. 50–60. Hiernach wurden 1966 im Tshogs chen und im bDe-yangs-Tempel Figuren beschädigt und die Pho-'brang-Lhamo-Halle völlig zerstört. Leider sind die

exiltibetischen Angaben oft nicht sehr zuverlässig, wie zum Beispiel die in dieser Art unzutreffende Behauptung: «There remains nothing of the Nechung Monastery» (p. 57), zeigt.

43 Siehe Nebesky-Wojkowitz 1956, p. 94ff. Eine der sehr mannigfaltigen Ursprungslegenden läßt Padmasambhava selber Pehar aus dem Lande Hor (Zentralasien) nach Samye bringen.

44 Weitere ikonographische Attribute Pehars: der mittlere Kopf wie die Hautfarbe weiß, die beiden seitlichen rot und blau; vier scharfe Eckzähne, zornige Physiognomie, drittes Auge, von flammender Aureole umgeben, schirmartiger Hut mit Donnerkeilspitze, mit Tigerfell und Schal bekleidet, in den Händen Eisenhaken, Pfeil und Bogen, Schwert, geschwungenes Beil und Stock, auf einem Sattel aus Menschenhaut sitzend.

45 Siehe Nebesky-Wojkowitz 1956, p. 105, und 1948, S. 145f. Nach anderer Version sei Pehar damals in den Leib eines Einwohners gedrungen, der daraufhin in einen todesähnlichen Schlaf verfiel und in den dann in den Fluß geworfenen Holzkasten gelegt wurde. Beim Öffnen desselben vor Drepung sei eine Flamme herausgeschlagen, die in einen nahen Baum verschwand, während der Scheintote wieder erwachte und später von Drepung aus die neue Residenz Nechung bezogen habe. Oder: Der Geist sei aus dem geöffneten Kasten herausgesprungen, habe «Nechung, Nechung» gerufen, weshalb dort die Pehar-Kultstätte errichtet worden sei. Älteren Quellen zufolge soll das Nechung-Orakel das mit Sera verbundene Karma-Khya-Orakel ersetzt haben, das unter dem 5. Dalai Lama seinen Einfluß einbüßte. Dieses vielleicht vorangehende tibetische Staatsorakel hätte aber bis in unser Jahrhundert immer noch durch öffentlich angeschlagene Vorhersagen zu Staat und Klerus gewissen politischen Einfluß gehabt (Nebesky-Wojkowitz 1948, S. 139). Schäfer (1949) berichtet von einem in Nechung vorhandenen Tauben-Reliquiar.

46 Vgl. Nebesky-Wojkowitz 1956, Grundriß p. 447, Nr. 15.

47 Siehe Schüttler 1971, S. 37f.

48 Landon 1905, II, p. 246–64; Nebesky-Wojkowitz 1956, p. 430; Schüttler 1971 passim (hier die in zum Teil problematischen Folgerungen diskutierten medizinischen und psychiatrisch-neurologischen Aspekte); Govinda 1976, S. 286ff. (ferner S. 278ff.). In der Beschreibung folgen wir hier im wesentlichen Nebesky-Wojkowitz.

49 Vermutet wurden indischer Hanf (Nebesky-Wojkowitz 1948), aus Baumharz hergestellter Weihrauch und Haschisch («ein tabakfeinschnittähnliches Pflanzengemisch», Schüttler 1971), ferner Fliegenpilzabsud und Wacholderdämpfe.

50 Als gesamthafte Dauer gibt Schüttler (1971) eine halbe bis anderthalb Stunden an.

51 Nach Schüttler 1971 zwischen 10–40 Kilogramm, nach anderen Angaben ca. 25 Kilogramm.

52 Siehe J. F. Rock, National Geographic Magazine, October 1935, p. 475ff.

53 Rock (s. Anmerkung 49) bringt auf Tafel V davon einen photographischen Beleg.

54 *thugs kyi me long* = «Spiegel des Geistes», mit einer magischen Silbe im Zentrum (zum Beispiel *hūm*).

55 Auf die Verkündung des Orakels hin suchten die hohen Lamas – mit Erfolg – die neue Wiedergeburt in Nordost-Tibet.

56 Was freilich erst nach einer wiederholten Befragung geschah, als die Chinesen schon in Lhasa standen.

57 Nach Lodrö 1974, S. 335. Eine Pehar-Statue ist auch im mGon khang von Drepung vertreten.

58 Nach Nebesky-Wojkowitz (1948) erfolgten die Prophezeiungen für das neue Jahr in Lhasa.

59 Siehe Kapitel XI. 1.

60 Prince Peter of Greece and Denmark 1978. Hier auch die sich offenbar auf die Zeit vor 1959 beziehende Angabe, wonach der Nechung «nahezu jede Woche privat vom Dalai Lama empfangen worden» sei, um im Trancezustand zu Regierungsangelegenheiten befragt zu werden.

61 Nebesky-Wojkowitz 1956, p. 444.

62 Andere allgemeine Bezeichnung für das Orakelmedium.

63 Siehe Tibetan Review, August 1976, p. 19.

64 Vgl. Nebesky-Wojkowitz 1948. Gegen letzteres spräche die Tatsache einer Hauptschutzgottheit Pehar in Drepung, falls das nicht eine spätere Zuordnung ist.

65 Vgl. eine Photographie in Bell 1946.

66 Schäfer 1949, S. 160. Eine ausführliche Beschreibung des Nechung-Tempels bei Nebesky-Wojkowitz 1956, p. 444–48 (mit Grundriß).

67 Nebesky-Wojkowitz 1956, p. 448. Der eigentliche tibetische «Staatsschatz» soll sich dennoch bis in unser Jahrhundert im Kloster Samye befunden haben.

68 Der Name Se ra wurde auch mit *gSer* = «Gold» in Verbindung gebracht, das heißt mit den goldgedeckten Tempeln bzw. der «goldenen», rechtgläubigen Lehre. In chinesischer Pinyin-Umschrift: Se la si. Das allgemein genannte Gründungsdatum 1419 bei Ferrari 1958, n. 81, und Wen wu 1960/6. Bei Schulemann (1958) 1417/18, während nach der von Kaschewsky benutzten Tsongkhapa-Biographie 1419 der (um 1416 begonnene?) Klosterbau bereits vollendet war.

69 Siehe T. Terzani in «Der Spiegel» vom 10. 11. 1980, S. 203 mit Photo.

70 Vgl. hierzu das von 1938/39 stammende Photo in Harrer 1953, S. 142 unten. Nach Paljor (1977) sei nach 1959/66 in der Sera-smad-Fakultät eine Agrarbehörde und ein Leprösen-Heim untergebracht gewesen, und andere Gebäude seien als Armeeunterkünfte benutzt worden.

71 Um 1697 ca. 2850 Mönche (Ferrari 1958, n. 81), gegen 1900 ca. 5500 bzw. 6000 (Landon 1904, Waddell 1905). Nach Gelder (1965) gab es 1962 in Sera 110 Jung-Lamas und 25 Neueintritte seit 1959. Trotz der für 1980 genannten «Novizen» sah der Verfasser in keinem der noch «aktiven» Klöster zwischen Lhasa und Shigatse jugendliche Insassen.

72 Ferrari 1958, n. 81: Folgende vier Schulen seien später auf drei reduziert worden: Sera stod, Sera smad, rGya und 'Brong steng.

73 Auf dem Weg weiter nach oben und Osten folgen die Tempel der Tantra-Fakultät sNags pa, dann derjenige von Sera byes (Sera che) und schließlich rechts oben an einem großen terrassenartigen Hof der Tsug lag khang.

74 Westlich der Hauptversammlungshalle (Tsug lag khang) benachbart. Sein heutiger Verbleib ist dem Verfasser unbekannt. Die Angaben zum Sera Phur bu machte freundlicherweise der aus Sera stammende Lama Gönsar Rinpoche, Kloster Rikon (Schweiz).

75 Siehe hierzu Richardson 1964, S. 184ff.

XII. *Shigatse und Kloster Tashilhunpo*

1 Siehe Ferrari 1958, n. 439, und Tucci 1949, p. 27, 30, 45, 64, 66.

2 Siehe Hedin 1909, I, S. 340f.

3 Die letzte, 1959 gemachte Photographie des noch intakten Dzong wurde in Wen wu 1960/8, S. 54, Abb. 5, publiziert. Siehe ferner die Abbildung in Bell 1946 sowie die zwischen 1948–1951 gemachten Photographien von F. Mele, P. Aufschnaiter und H. Harrer im Bildarchiv des Völkerkundemuseums der Universität Zürich. Wie eine Aufnahme Harrers zeigt, wurden die Dzong-Burgen in Tibet, dem Potala vergleichbar, offenbar in Abständen weiß getüncht – ein höchst seltener, wenn nicht einzigartiger Beleg.

4 Siehe Tucci 1949, fig. 87–89; Liu Yisi 1957, Abb. 77 («15. Jh.»); Wen wu 1960/8, Abb. 24, S. 60. Stilistisch vergleichbar die Skulpturen des 15. Jhs. in Gyantse und entsprechende Arhats ehemals in Ngor bei Shigatse.

5 Hedin 1909, I, S. 296.

6 In chinesischer Pinyin-Umschrift: Zhaxilhunbo oder Za shen lun bu.

7 Siehe Kaschewsky 1971 (Tsongkhapa-Biographie des 18. Jhs.), S. 222; Schulemann 1958, S. 186.

8 Wir folgen hier der historisch korrekteren «tibetischen» Zählung, wonach die vom 5. Dalai Lama erklärte Reinkarnation der erste Panchen Lama ist und nicht, wie heute in China üblich, dem vierten Panchen Rinpoche entspricht. Vgl. dagegen Encyclopaedia of Buddhism 1971, p. 163ff: «He was the fourth incarnation of Tsong-kha-pa's great disciple mKhas-grub-rje». Hier auch ausführliche Biographie.

9 Auch Große Versammlungshalle bzw. Tsug lag khang genannt.

10 S. Ch. Das 1893, p. 66ff.

11 Die Schule Labrang lobta war untergebracht im Lobta khang; s. S. Ch. Das 1893.

12 Der äußere Umgang um ein Kloster = *Phyi bskhor;* vgl. ferner *gLing bskhor* = ritueller Rundweg generell *(bskhor = khor).*

13 Geschenk der «Zentralen Volkskunstvereinigung».

14 Vgl. zum Beispiel Rückwand des zentralen Sanktuariums im dPal-

khor-Tempel von Gyantse; dort auch die charakteristisch geformten Trennpfeiler der Arkadennischen.

15 Vgl. Encyclopaedia of Buddhism 1971, p. 154f. Danach wäre die mittlere, Reliquien enthaltende Tārā offenbar aus Metall, während die seitlichen zutreffend als aus Stuck angegeben sind. Die genannte Säulenzahl ist hier offensichtlich falsch und wäre es auch bei der «Incense Hall», falls diese mit dem von uns beschriebenen Śakyamuni-Sanktuarium als identisch gemeint ist. In diesem Falle würde die heutige zentrale Buddhastatue dieser Kapelle auf das Jahr 1447 zurückgehen, was vom Stil her nicht auszuschließen ist. Offenbar war es jene bedeutendste, bei der Gründung geschaffene Buddhafigur, die die Hirnschale von Śes rab seng ge, dem Lehrer des Tashilhunpo-Gründers, und den Umhang Tsongkhapas enthielt (Schulemann 1958, S. 186). Unklar bleibt leider auch in der Encyclopaedia die Identität einer Maitreya-Kapelle («The right wing of the adjoining hall») und des mGon khang. Die in Wen wu 1960/8 genannte «Maitreya-Kapelle im westlichen Hinterraum» dürfte mit unserem Śakyamuni-Sanktuarium identisch sein; die zur Buddhastatue gehörende Sockelfigur Abb. 17 würde die Datierung gewisser Skulpturen und Dekorationen dieser Kapelle ins 15. Jh. nur unterstützen.

16 Encyclopaedia of Buddhism 1971: Der 1. Panchen Lama habe am 11. Tag des 12. Monats 1616 die «main shrine hall of the Mantra Court» begonnen.

17 Wenn man auf dem Dach des südlichen Hofflügels steht: das vorderste und kleinste der Golddächer, rechts vorn das die Große Versammlungshalle bekrönende Metalldach, das seinerseits aus dieser Perspektive vom noch größeren des Grabbaus des 2. Panchen Lama (1663–1737) überragt wird. Im Gesamtgrundriß liegt es genau über der Achse der großen Treppe des Fest-Hofes.

18 Vgl. zum Beispiel Liu Yisi 1957, Abb. 22.

19 Vgl. Tucci (Indo-Tibetica IV. 3) 1941, fig. 184.

20 Die lokalen Führer sprechen bei diesem Bau stets irrtümlich vom «4. Panchen Lama» (womit nach korrekterer Zählung also der 1. Panchen gemeint ist), dessen heute völlig verschwundenes Mausoleum sich über dem Nordflügel des Großen Hofes erhob, was auch eindeutig von S. Hedin (1909) und der Encyclopaedia of Buddhism 1971, p. 156, bestätigt wird.

21 bLa brang rgyal mtshan mthon po = «Palast der hochaufragenden (Sieges-)Banner». Heute leider nicht zugänglich.

22 Die Wandmalereien hier aus der Bauzeit, 2. Viertel 18. Jh. An der Westwand unter anderem Darstellungen des Tsongkhapa, Sa skya Pandita, Panchen Lama; an der Rückwand (Norden): Tausend Buddhas; die Ostwand ist stark geschwärzt.

23 A. David-Néel 1931 (bzw. 1981), S. 77. Die Forscherin besuchte Tashilhunpo im Jahr 1916.

24 Alle noch (bezogen auf 1959) von Wen wu 1960/8 als existent genannt. Die Identifizierung der einzelnen Mausoleen erfolgte mit Hilfe verschiedener Photos (Bell, um 1906; Hedin, um 1907; David-Néel, 1916; Cutting, vor 1947; Aufschnaiter, 1951; Anonym, vor 1959; Wen wu, 1959; Henss, 1980/81), Wandmalerei-Darstellungen (z. B. in Tashilhunpo selber, nach 1917, s. Liu Yisi 1957, Abb. 41) sowie mit Hilfe von Thangkas des 18. und 19. Jhs. (Brüssel, Sammlung Schleiper; Kloster Karcha in Zanskar; Antwerpen, Sammlung Van der Wee).
Die bis lediglich zum Mausoleum des 2. Panchen Lama reichende Ausdehnung der Klosterstadt auf dem vor 1780/83 entstandenen Thangka der Brüsseler Sammlung Schleiper kann wohl kaum wörtlich genommen werden, da dies auf dem ebenfalls erst zwei Mausoleen zeigenden Thangka in Karcha nicht wiederholt ist und Tashilhunpo damals auch bereits so viele Mönche beherbergte wie im 20. Jh., also eine ähnliche Ausdehnung gehabt haben dürfte.
Der bekannte, den Grabbau des 3. Panchen Lama (1738–1780) frei im Gelände stehend wiedergebende Kupferstich bei S. Turner von 1783 hat die tatsächlichen Gegebenheiten offenbar in der Phantasie verändert.

25 1780 in Peking während einer Besuchsreise zu Kaiser Qianlong gestorben, später aber in Tashilhunpo bestattet. 1774/75 weilte bei ihm der erste britische Gesandte in Tibet, George Bogle. – Sein Grabmal gibt auch der Kupferstich bei Turner (s. hier Abb. S. 213) wieder, es muß daher zwischen 1780–1783 entstanden sein.

26 Siehe Hedin 1909, I, Abb. 125, und S. 297 sowie Wen wu 1960/8, Abb. 16, S. 57; von beiden eindeutig als Grabbau des 1. Panchen Lama bezeichnet.

27 Datum laut Wen wu 1960/8 («nach der Überlieferung»). Das dort reproduzierte letzte bekannte Photo des Mausoleums muß im Laufe des Jahres 1959 entstanden sein. Wie auch eine Photographie in S. Cutting, The Fire Ox Year, 1947, bezeugt es eine auf Hedins Aufnahme noch nicht vorhandene bauliche Veränderung: Zwei breite, niedrige Flügelbauten wurden nach 1907 den Seitenpartien vorgesetzt.

28 Zu seiner Biographie s. Encyclopaedia of Buddhism 1971, p. 163–169.

29 Siehe S. Ch. Das 1902, p. 117, 198–200; Waddell 1895, p. 508. Sollte mit dem von Das erwähnten, vom hohen Mast im Großen Hof zur Thangka-Mauer gespannten Seil unter anderem der Segen der dort gezeigten Gottheiten wie über eine magische Antenne in das Zentrum des Klosters übertragen werden? (Siehe Hedin 1909, I, Abb. 125.)

30 Siehe Waddell 1895, p. 272f. Dieser Verwendungszweck ist dem Verfasser sonst von keiner anderen Thangka-Wand bekannt.

31 In Tashilhunpo soll es eine aus dem 18. Jh. stammende Tafel mit folgender Inschrift geben: «Der (chinesische) Kaiser lebe lang, ewig lebe er!» – in einer Halle, «speziell für die Verehrung der Tafel, was auf die hohe Achtung gegenüber dem Inhaber der damaligen Staatsmacht, dem chinesischen Kaiser, hinweist.» (Wen wu 1960/8.)

32 Siehe Peyronnet 1979 mit Photo auf S. 36 und 37. Auf letzterer Abbildung von links nach rechts: Grab des 5. Panchen Lama, Maitreya-Tempel und folgend die Grabbauten des 4., 3. und 2. Panchen Lama (rechts am Bildrand). Vgl. auch Bell 1931, Abb. bei p. 100, wo auf dem 1906 gemachten Photo der Maitreya-Tempel noch fehlt.
David-Néel 1931 (1981), S. 76f.: «Gerade als ich in Schi-ga-tse war, legte man letzte Hand an den Tempel, den der Taschi Lama dem künftigen Buddha Maitreya, der verkörperten Allgüte, erbaut hatte. Ich sah das ungeheure Standbild in seiner Halle, umgeben von Emporen, die den Gläubigen zuerst zu ebener Erde den Rundgang um die Füße gestatteten, um dann im ersten, zweiten und dritten Stockwerk um Gürtel, Schulter und Kopfhöhe der Gottheit herumzuführen. Im Augenblick waren gerade etwa zwanzig Goldschmiede dabei, die Kleinodien für den riesigen Maitreya herzustellen. Die adligen Frauen Tsangs, die Mutter des Taschi Lamas an der Spitze, hatten ihnen dafür den eigenen Schmuck zum Umarbeiten zur Verfügung gestellt.»

33 Hierzu ist dem Verfasser lediglich ein Hinweis in den Blauen Annalen (Roerich 1949, I, p. 339) bekannt, wonach dGe 'dun grub und sein Lehrer Śes rab seng ge bei der Klostergründung (1447) auch ein «großes Bildwerk» errichtet hatten.

34 Zur Herstellungstechnik, rituellen Weihung und Verehrung sowie zur Stilentwicklung und Verbreitung tibetischer Metallfiguren siehe von Schroeder 1981.

35 Diese Bezeichnung wäre zwar ikonographisch korrekter, doch ist dann der Bodhisattva natürlich auch ein «zukünftiger Buddha», was wegen der der Figur eigenen Doppelwertigkeit schließlich ebenfalls zutrifft.

36 Vgl. das Photo in S. Cutting, The Fire Ox Year, 1947.

37 bLo bzang Phrin las lhun grub chos kyi rgyal mtshan wurde nach offiziellen chinesischen Angaben 1938 als Choskyi Gyaltsen im heutigen Kreis Xunhua (Provinz Qinghai bzw. ehemals Amdo) geboren; laut der exiltibetischen Zeitschrift «News Tibet» jedoch am 30. 11. 1937 in Lihwa, im ehemaligen Ost-Turkestan nahe der Grenzregion zu Tibet. Nachdem er 1941 von einer Panchen-Administration zum neuen Panchen Lama gewählt (!) und zur Erziehung ins Kumbum-Kloster geschickt worden war, ist 1950 seine «Auffindung» von Peking als authentisch anerkannt worden.

XIII. Bauten in Osttibet – Amdo und Kham

1 Der eine mit Reliquien gefüllte Maitreya-Statue enthaltende Byams pa mgon Jo bo khang neben dem Golddach-Tempel. Daher auch sKu 'bum byams pa gling.

2 B. Laufer schlägt im Vorwort zu Filchner 1933 folgende Übersetzung vor: «Stätte der zahllosen Bilder (des Simhadhvani) und Tempel des Maitreya», da der Maitreya nichts mit dem auf den Blättern des heiligen Baumes erscheinenden Bildern Buddhas gemein habe. Der Buddha Simhadhvani (Seng ge nga ro) sei auf die Biographie Tsong-

khapas bezogen. In chinesischer Pinyin-Umschrift: Gumbum bzw. mongolisch Ta er si («Pagoden-Lamakloster»), Kreis Huangzhong. Grundlegend zu Kumbum und darüber hinaus das mit Abstand Beste, was je über tibetische Baudenkmäler geschrieben wurde: Filchner 1933 (Aufenthalte in Kumbum: 1904 und 1926/27).

3 Ein Teil der Reliquien gelangte ins Kloster Drepung, falls es sich dort nicht um einen leeren Gedenk-Chörten handelt.

4 Nach einer Legenden-Version habe der im fernen Zentraltibet weilende Tsongkhapa seiner greisen Mutter empfohlen, anstelle eines ihm selber nicht möglichen Besuchs einen Chörten am Ort seiner Geburt bzw. des Sandelholzbaumes zu errichten (Filchner 1933, S. 29). Gemäß der Tsongkhapa-Vita sei der Baum aus dem Blut der abgeschnittenen Nabelschnur hervorgewachsen. Von den Tibetern Tsan dan dkar po, «Weißer Sandelholzbaum», genannt, wurde die Art als Syringa villosa (Tafel 1914) bzw. als Fliederart Sirium myrtifolium (Filchner 1933) bestimmt.

5 Neuere Abbildungen: «China im Bild» 2/1981.

6 Als nach einer durch Kumbum unterstützten Rebellion 1723 gegen den Kaiser dieser mit (wie weitgehender?) Zerstörung reagierte und danach Wiederaufbauten nötig wurden, könnte dies zu noch größerem chinesischem Stileinfluß geführt haben.

7 Siehe Anm. 1. Die eigentümliche Verbindung des zwölfjährigen Śakyamuni (Jo bo) mit dem Maitreya zeigt die ikonographische Unverbindlichkeit der mit Filchner (1933, S. 49) als Ehrenname aufzufassenden Bezeichnung «Jo bo» an, was andererseits der Fixierung dieses Titels an ganz bestimmte, hochverehrte Kultfiguren nicht widerspricht. Ebenso als Jo bo wird der Buddha des nördlich dem Golddach-Tempel benachbarten Dīpankara-Tempels bezeichnet. – Die Beschreibung der einzelnen Bauten erfolgt hier von einem im Nordosten oberhalb der acht den Zugang zum inneren Klosterkomplex markierenden Chörten angenommenen Standpunkt aus (s. Farbabbildung).

8 Der offizielle Name dieses «Tsongkhapa-Tempels», 'Jigs byed (skr. Bhairava, Form des Yamāntaka), spielt auf die hier ferner vorhandenen zornigen Schutzgottheiten an; s. Filchner 1933, S. 59ff.

9 Filchner 1933, S. 79ff: «Große Klassiker-Halle». Bauzeit ab 1606; ein Teil 1925 abgebrannt und danach erneuert.

10 So viele waren vermutlich vor 1950 ständig anwesend bzw. «in den Listen von Lhasa und Peking als vollordiniert eingetragen» (Tafel 1914, S. 213). Tafel 1914: «an die 4000»; andere Angaben vor 1950 bei ca. 3000, darunter 70 bis 80 Inkarnationen. Die Zahl von 7000 (Filchner, um 1926) gibt vermutlich alle zu Kumbum gehörenden, aber nicht zur gleichen Zeit anwesenden Mönche an.

11 Nach Gelder 1965 gab es 1962 in Kumbum noch ca. 400 Mönche.

12 In Kumbum werden die besten Butterbilder nach dem Fest noch längere Zeit im Kloster ausgestellt («China im Aufbau», 2/1980; von Filchner so nicht erwähnt).

13 Siehe Filchner 1933, S. 274ff.

14 Daher auch zuweilen der Name «Laternen-Fest» («China im Aufbau», 2/1981, S. 51 bis 52).

15 Dieser dKyil 'khor (hier von Filchner gebrauchter Ausdruck, eigentlich «Kreis», «Mitte», oder «Mandala») führt im wesentlichen um den Tshogs chen 'du khang, schließt nach Süden den großen Hof der Cham-Tänze und nach Westen den gSer lha khang und den Dīpankara lha khang ein (nach Filchner 1933, Plan S. 284). Der eigentliche dKyil 'khor für den täglichen *khor lam* führt außen vier Kilometer lang um das Kloster.

16 «China im Aufbau», 2/1980. Hier auch das während eines anderen der vier heute jährlich in Kumbum stattfindenen Klosterfeste entstandene Photo eines auf dem Abhang ausgebreiteten, riesigen Tsongkhapa-Thangkas. Kumbum ist auch das zurzeit (1981) einzige tibetische Kloster in der Volksrepublik China, wo noch die traditionellen Cham-Maskentänze aufgeführt werden.

17 Die französischen Lazaristen-Patres Huc und Gabet 1845.

18 Baudatum laut «China im Aufbau», 2/1981, S.52. Nach lokaler Überlieferung wurden diese «Stupas der Ruhe derer, die in Tugend dahinwandelten» *(dge gsegs cam mchod rten)*, zum Gedenken an acht von einem Prinzen getötete Lamas errichtet, der deshalb seinerseits bei den alljährlichen Cham-Tänzen in Form eines symbolischen Substitutes vom König des Totenreiches, Yama, zerhackt wurde (Tafel 1914, S. 212).

19 Dank eigens errichteter Fortifikationen konnte Kumbum 1895 ebenso wie Labrang der Muslim-Belagerung widerstehen.

20 Nach Tafel 1914. Der Abt von Kumbum galt als Inkarnation von Tsongkhapas Vater (A Kya Rin po che). Bis 1951 war der älteste Bruder des 14. Dalai Lama, Thubten Jigme Norbu, Abt von Kumbum.

21 Die Klosterdruckerei mit dem alten Namen «Götterhaus der Drucke, wunderbarer, köstlicher Tempel» (B. Laufer in Filchner 1933, S. V) war 1980 in Betrieb. Nach «China im Bild», 6/1981 (mit Abb.) sind in dem seit dem 17. Jh. existierenden «Maler-Dorf» Wutun, Ost-Qinghai, in den letzten zwei Jahren fast 100 Thangkas gemalt und auch neue Buddhastatuen für das «Long-wu-Kloster» (= Rong po dgon chen) gefertigt worden.

22 Das heißt: ein Glück und Segen verheißender Ort, wo sich das Gute «wie ein Wasserstrudel» ansammelt. Labrang (Pinyin: La bu leng) entspricht bzw. gehört zur heutigen Kreisstadt Xiahe in der Tibetischen Autonomen Region Gan Nan (Provinz Qinghai).

23 Im Vergleich mit Photographien aus der Zeit um 1910/20: s. Tafel 1914, Alonso 1979 (von 1923), Peyronnet 1979 (David-Néel 1921). Die Anzahl der Mönche zwischen 1912 bis 1950 unterschiedlich mit 3600, 4000 und 5000 angegeben.

Von der für Labrang wichtigen, dem Verfasser zurzeit nicht erreichbaren Literatur seien genannt: B. Baradijn, Reise nach Labrang, Mitteilungen der Kaiserlichen Russischen Geographischen Gesellschaft, Bd. XLIV, 1908; derselbe, Die Statue des Maitreya im Goldtempel von Labrang, Bibliotheca Buddhica, Bd. XXII, Leningrad 1924 (98 S.). Ferner Vicomte d'Ollone, In Forbidden China, London 1912. Da weder der Verfasser bisher Labrang besuchen konnte, noch detaillierte neue Informationen vorliegen, kann das Kloster hier nur sehr unzulänglich beschrieben werden.

24 Filchner 1933, Anm. 47, und S. 333. Am 6. März 1952 wurde die Inaugurationszeremonie der 6. Inkarnation abgehalten.

25 Die Datierung vor 1823 ergibt sich indirekt nach Filchner 1933, Anm. 50.

26 J. F. Rock in «National Geographic Magazine», Febr. 1930. Die Häuser der Mönche hatten einen großen Raum mit Feuerstelle in der Mitte und einem Lichtschacht, der zugleich als Kamin diente. Ein kleineres zweites Stockwerk enthielt ein bis zwei nur im Sommer benutzte Räume.

27 Siehe Abb. p. 42 in Alonso 1979. Bei Peyronnet (David-Néel) 1979, p. 54, am linken Bildrand erkennbar.

28 Siehe Filchner 1933, S. 310ff.

29 Chinesischer Name heute: Jone; ca. 150 Kilometer Luftlinie südlich Lanzhou, bei Taozhou (T'ao chou), am Lu-chu-Fluß (Tao he), Provinz Gansu. Name übersetzt: «Zwei Kiefern» *(cho myi)*. Nach der Darstellung bei Rock 1928 – kaum überzeugend – müßte das Kloster bereits dem 15. Jh. angehören.

30 Nach der Tradition vielleicht eine tibetische Militärgründung des 8. oder 10. Jh.; 1925 ca. 2000 Einwohner.

31 Rock 1928 mit vielen großartigen Photo-Dokumenten, vor allem zu den Klosterfesten. Ferner Alonso 1979, Abb. p. 90 bis 91. Leider konnte für Osttibet das Buch von Teichmann 1922 vom Verfasser nicht berücksichtigt werden. Das erreichbare ältere Bild- und Textmaterial zu Choni soll in größerem Zusammenhang in einer vom Verfasser vorbereiteten Publikation zum Thema «Tibet – Verlorene Bauten und Bildwerke» erscheinen.

32 Eher nordwestlich von Labrang; westlich von Lanzhou, am Dgu chu in der Region Rong po. Chinesisch «Long-wu-Kloster» (Wylie 1962, n. 721). Hier wurden kürzlich nach «China im Bild», 6/1981 neue Buddhastatuen von Künstlern des «Malerdorfes Wutun» gefertigt. Aus dem Rong-po-Kloster stammt der derzeitige, dritte, in Amdo geborene Abt vom Kloster Rikon (Schweiz) Geshe Gedün Zangpo!

33 Nach V. Vasiljev, Geografia Tibeta, Sankt Petersburg 1895, S. 47, gab es im Gebiet von Derge gar keine Gelbmützenklöster. Schulemann 1958, S. 212, gibt für dieses Derge-Kloster irrtümlich die rNying ma pa an.

34 Chinesisch (Pinyin) «Dege», früher Teko; heute zur Provinz Sichuan gehörend, die hier am Changjiang (Yangtse) an die Autonome Region Tibet grenzt.

35 Tibetischer Name der Druckerei: sDe dge par khang chos mjod chen mo.

36 Nach Chandra 1961.

37 Laut chinesischer Presseinformation 1980 (wo von Holzdruckstöcken die Rede ist).

38 Nach Rock 1928, p. 581; in Choni verwendete man Walnußholz für die angeblich zum Teil aus dem 15. Jh. stammenden Druckstöcke, Kiefer für die Buchdeckel. Die Anzahl der Kanjur-Bände nach Ausgabe verschieden: gewöhnlich 108, in Narthang 100; die des Tanjur: häufig 225, 209 in Choni, 213 in Derge. Es wurde keine «Auflage» gedruckt, sondern nur jeweils ein komplettes Exemplar auf Bestellung.

39 Übersetzt «Ein paar Wege»; chinesisch: Qamdo, am rDza chu (Mekong) gelegen, heute Provinz Sichuan.

40 Laut Tibetan Review 1970 habe sich die heute in Lhasa eine politische Funktion ausübende Inkarnation Ende 1964 aktiv an der Kampagne gegen den 7. Panchen Lama beteiligt. Die Informationen zum gegenwärtigen Zustand der Baudenkmäler Osttibets verdankt der Verfasser Mitgliedern der 2. und 3. Delegation, die im Auftrag der tibetischen Exilregierung in Dharamsala 1980 Tibet besuchten.

41 Vorgenannter Delegation wurde von Einheimischen gesagt, daß das neue 'Ba-chos-sde-Kloster 1956 stark zerstört worden sei und nochmals 1979 (?).

42 Wylie 1962, p. 102. Bereits 1905/07 während der tibetisch-chinesischen Kämpfe schon einmal zerstört. Vor 1959 soll es in Litang 4000 bis 5000 Mönche gegeben haben, nach anderer Angabe um 1930 600 dGe-lugs-pa-Lamas (A. Heim, Minya Gongkar, 1933).

43 Bei Wylie 1962, p. 189: «Gam rtse». Pinyin: Garze, Provinz Sichuan. Siehe Abb. 117 in Heim 1933 und Abb. 26, 39 in Sis-Vaniš 1956.

44 1979/80 unbenutzt, nicht restauriert. Hier fanden früher die wesentlichen Zeremonien zum Neujahrsfest statt.

45 Vermutlich identisch mit Sis-Vaniš 1956, Abb. 10.

46 Siehe Rock 1925. Chinesisch: Muli Zang zu Zizhixian, am Litang, einem Nebenfluß des Yalung; heute Provinz Sichuan.

47 Siehe Abb. im «National Geographic Magazine», July 1931.

48 Zum Beispiel Kloster Tagonse am Oberlauf des Li chu; s. Imhof 1974, Abb. 42/43.

49 Zum Beispiel Bawolung (Pa wo lung oder Baurong), ca. 145 Kilometer Luftlinie südsüdwestlich von Tachienlu (Kangding); s. «National Geographic Magazine», Oct. 1930.

50 Siehe Heim 1933, Abb. 98, 100 (Aufnahmen von 1930). Heute vermutlich die Region am Xianshui he (Yalung bzw. Nya chu) bei Bajoi-Xinlong, Provinz Sichuan.

51 Alle in der heutigen Provinz Sichuan: z. B. östlich von Yajiang (Yachiang bzw. Hokou), ca. 60 Kilometer Luftlinie westlich von Tachienlu, s. Heim 1933, Abb. 82; Region von Xiaojin (Hsiao chin) – Dawe (Ta wai), ca. 150 Kilometer Luftlinie westlich von Chengdu, nordöstlich vom erstgenannten Gebiet, s. Stötzner 1924 (Expedition: 1914); westlich vom Litang-Fluß, ca. 170 Kilometer Luftlinie südlich von Litang (ca. 28° 25' n. Br., 100° 35' ö. L.), 1. Hälfte 17. Jh. Die Türme werden chinesisch «tiao» genannt.

52 Denwood 1971 erinnert an von A. Stein ausgegrabene Ruinen ähnlicher Bauten im Swat-Tal (Pakistan) aus den frühen Jahrhunderten unserer Zeit. Vgl. auch die für das osttibetische «Königreich der Frauen» (s. Kap. II) und ebenso für Zentraltibet überlieferten Turmhäuser.

Literaturverzeichnis

Akiyama T., und S. Matsubara, Arts of China. Buddhist Cave Temples. New Researches. Tokyo 1969.

Aris M., Bhutan. The Early History of a Himalayan Kingdom. Warminster 1979.

«Art Treasures of Dunhuang». Edited by the Dunhuang Institute for Cultural Relics. Hongkong 1980.

Aufschnaiter P., Prehistoric sites discovered in inhabited regions of Tibet. In: East and West VII, 1956, p. 74ff.

Bacot J., Kunstgewerbe in Tibet. Berlin 1924.

Bacot M. J., F. W. Thomas und G. Ch. Toussaint, Documents de Touen-Houang relatifs à l'histoire du Tibet. Annales du Musée Guimet, t. 51, Paris 1940.

Baumgardt U., Die Hierarchie des tibetischen Klerus, Terminologie und Exegese. Rikon 1977.

Bell Ch., Tibet einst und jetzt. Leipzig 1925.

– The Religion of Tibet. London 1931.

– Portrait of the Dalai Lama. London 1946.

Bischoff F. A., Padmasambhava est-il un personnage historique? In: Proceedings of the Csoma de Körös Memorial Symposium (1976). Budapest 1978, p. 27–33.

Bleichsteiner R., Die Gelbe Kirche. Wien 1937.

Cassinelli C. W., und R. B. Ekvall, A Tibetan Principality. The Political System of Sa-skya. Ithaca, N. Y., 1969.

Chandra L. (Ed.), The Samye Monastery. History of the temple of bSamyas and of its restoration, by bKa'-blon bSad-sgra, written by the bKa'-blon himself in 1854. Delhi 1961 (in Tibetisch).

– Les Impriméries tibétaines de Drepung, Derge et Pepung. Journal asiatique 1961, p. 503–517.

Chapman F. Sp., Lhasa – The holy City. London 1938.

Chattopadhyaya A., Atiśa and Tibet. Calcutta 1967.

Ch'en K. K. S., Buddhism in China. Princeton, N. J., 1972.

Choephel G., The White Annals. (Deb the dKar po). Translated from the Tibetan by Samten Norboo. Dharamsala 1978.

Dagyab L. S., Tibetan religious art, 2 vols. Wiesbaden 1977.

Das S. Ch., Indian Pandits in the land of snow. Calcutta 1893 (Repr. 1965).

– Journey to Lhasa and Central Tibet. London 1902.

David-Néel A., Heilige und Hexer. Leipzig 1931/Wiesbaden 1981.

Denwood Ph., Forts and Castles – An Aspect of Tibetan Architecture. Shambhala, Occasional Papers no. 1, Tring/Herts 1971, p. 7–17.

– Tibetan Architecture. (In Vorbereitung.)

Eimer H., Berichte über das Leben des Atiśa. Eine Untersuchung der Quellen. Wiesbaden 1977.

«Encyclopaedia of Buddhism». III.1. Colombo 1971.

Fang-Kuei L., The inscription of the Sino-Tibetan treaty of 821–822. T'oung Pao. Vol. 44, p. 1–99. Leiden 1956.

Ferrari A., mK'yen Brtse's Guide to the Holy Places of Central Tibet, completed and edited by L. Petech and H. E. Richardson. Roma 1958.

Filchner W., und W. A. Unkrig, Kumbum Dschamba Ling. Leipzig 1933.

– Kumbum. Lamaismus in Lehre und Leben. Zürich 1954.

Filippi F. de, An Account of Tibet, The Travels of Ippolito Desideri of Pistoia, 1712–1727. London 1937 (Repr. Taipei 1971).

Francke A. H., Antiquities of Indian Tibet, 2 vols. New Delhi 1926 (Repr. 1972).

Gelder S. und R., Visum für Tibet. 1965.

Getty A., The Gods of Northern Buddhism. Vermont und Tokyo 1962 (1927).

«Glimpses of Tibet today». Dharamsala 1978, p. 50–60.

Gordon A. K., The Iconography of Tibetan Lamaism. Vermont und Tokyo 1959.

Gotami-Govinda Li, Tibet in pictures, 2 vols. Berkeley 1979.

Govinda Lama A., Der Weg der weißen Wolken. Zürich 1976.

– Der Stupa. Freiburg 1978.

Grünwedel A. (Hrsg.), Die Tempel von Lhasa. Gedicht des ersten Dalai Lama, für Pilger bestimmt. (Sitzungsberichte der Heidelberger Akademie der Wissenschaften.) Heidelberg 1919.

Gyaltsen Amipa S., Geistes-Schulung im Mahāyāna-Buddhismus. Rikon 1981.
Gyatsho T.L., Gateway to the Temple. A Guide to Tibetan Monastic Architecture. Kathmandu 1980.

Haarh E., The Identity of Tsu-chih-chien. The Tibetan «King», who died in 804 A.D. Acta Orientalia, vol. 25, 1963, 121–170.
– The Yar-lun-Dynastie. Kobenhavn 1969.
Hamsa B., The holy Mountain, being the Story of a Pilgrimage to Lake Manas and of Initiation on Mount Kailas in Tibet. 1934 (Repr. 1980).
Harrer H., Meine Tibet-Bilder. Zürich 1953.
– Sieben Jahre in Tibet. Frankfurt 1966.
Hedin S., Transhimalaya, Bd. I, Leipzig 1909.
Heim A., Minya Gongkar. Bern 1933.
Heißig W., Ein mongolischer und zeitgenössischer Bericht über den Ölöten-Einfall in Tibet und die Plünderung von Lhasa. Zeitschrift der Deutschen Morgenländischen Gesellschaft, Bd. 105, 1954, 391ff.
Henderson G. D., Traditional Tibet. A selected and annotated Bibliography of European-Language Materials on the Pre-Communist Period. 1980.
Hoffmann H., Die Gräber der tibetischen Könige im Distrikt 'Phyongs rgyas. Nachrichten der Akademie der Wissenschaften in Göttingen, Phil.-hist. Klasse, 1950, S. 1–14.
– Die Religionen Tibets, Bon und Lamaismus in ihrer geschichtlichen Entwicklung. Freiburg 1956.
– Tibet – A Handbook. Bloomington 1975.
Huc E. R., Souvenirs d'un Voyage dans la Tartarie, le Thibet et la Chine, pendant les années 1844, 1845 et 1846. 2 vols. Paris 1878 (gekürzte engl. Ausgabe New York 1952).
Hummel S., Geschichte der tibetischen Kunst. Leipzig 1953.
– Grundzüge einer Urgeschichte der tibetischen Kultur. Jahrbuch des Museums für Völkerkunde zu Leipzig, Bd. 13, 1955.
– Heilige Berge in Tibet, Anthropos 1957, Bd. 52, S. 944–949.
– Der Bauplatz der Kathedrale von Lhasa und seine kosmologische Bedeutung, Kairos 1960, S. 240–244.
– Tibetische Architektur. Bulletin der Schweizerischen Gesellschaft für Anthropologie und Ethnologie. Bern 1963/64.
– Die Steinreihen des tibetischen Megalithikums und die Gesar-Sage. Anthropos Bd. 60/1965, S. 833–838.
– Das tibetische Megalithikum. Ethnologische Zeitschrift, Zürich, II, 1975, S. 31–54.
– Das heilige Land der Bon po und das mythologische K'un Lun der Chinesen. In: A Körösi Csoma Sándor Intézet Közleményei. Budapest 1975, S. 28ff.

Imhof M., Die Großen Kalten Berge von Szetschuan. Zürich 1974.
International Commission of Jurists, Tibet and the Chinese People's Republic. A Report to the International Committee of Jurists by its Legal Inquiry Committee on Tibet. Geneva 1960.

Jisl L., V. Sis und J. Vaniš, Tibetische Kunst. Prag 1958.

Kalsang J., Grundsätzliches zur Füllung von mc'od rten. Zentralasiatische Studien 3, 1969, S. 51–53.
Karmay H., Early Sino-Tibetan Art. Warminster 1975.
Karmay S. G., Vestiges of the Tibetan Occupation of Central Asia. Tibetan Review, July 1977, p. 10–12.
Kaschewsky R., Die Äbte von dGa ldan. Zentralasiatische Studien 4, 1970, S. 239ff.
– Das Leben des lamaistischen Heiligen Tsongkhapa Blo-Bzaṅ-Grags-Pa (1357–1419), dargestellt und erläutert anhand seiner Vita «Quellort allen Glückes». 2 Bde. Wiesbaden 1971.
Kircher A., China monumentis qua sacris, qua profanis, nec non variis naturae et artis spectaculis, aliarumque rerum memorabilium argumentis illustrata. Amstelodami 1667. (Gewöhnlich als «China illustrata» zitiert.)
Kußmaul F., Geographische Aspekte der Kulturgeschichte Tibets. In: Hermann-von-Wißmann-Festschrift. Tübingen 1962, S. 222–237.
Kvaerne P., The Genesis of the Tibetan Buddhist Tradition. Tibetan Review, March 1976, p. 9–15.
– Who are the Bonpos? Tibetan Review, September 1976, p. 30–33.

Landon P., Lhasa. 2 Bde, London 1905.
Lauf D. I., Das Erbe Tibets. Bern 1972.
Laufer B., Die Bru-ža-Sprache und die historische Stellung des Padmasambhava, T'oung Pao, 1908.
Liebert G., Iconographic Dictionary of the Indian Religions. Leiden 1976.
Lipton B., The Western Experience in Tibet. Newark 1972.
Liu Yisi (Hrsg.), Xizang fojiao yishu (Buddhistische Kunst Tibets). Beijing 1957.
Lodrö Geshe L., Geschichte der Klosteruniversität Drepung. Wiesbaden 1974 (in Tibetisch).

MacDonald A.W., Une note sur les mégalithes tibétaines. Journal Asiatique, t. 241, 1953, p. 323–338.
Mallmann M.-T. de, Introduction à l'iconographie du tantrisme bouddhique. Paris 1975.
Markham C. R. (Ed.), Narratives of the Mission of George Bogle to Tibet and of the Journey of Thomas Manning to Lhasa. London 1876.

Nebesky-Wojkowitz R. de, Das tibetische Staatsorakel. Archiv für Völkerkunde III, 1948, S. 136ff.
– Oracles and Demons of Tibet. Den Haag 1956 (Repr. Graz 1978).
Neven A., Etudes d'Art lamaique et de l'Himalaya. Bruxelles 1978.
Norbu N., The Necklace of gZi. A Cultural History of Tibet. Dharamsala 1981 (44 p.).

Obermiller E., History of Buddhism (Chos-hbyung) by Bu-ston; II. Part: The History of Buddhism in India and Tibet. Heidelberg 1931/32.
Olschak B. Ch., Mystik und Kunst Alttibets. Bern-Stuttgart 1972.
Olson E., Catalogue of the Tibetan Collection and other Lamaist articles. The Newark Museum. Vol. II und III. Newark, N. J., 1950, 1971.

Padma bKa'i Thang, The Life and Liberation of Padmasambhava. Emeryville 1978.
Pal P., The Art of Tibet. New York 1969.
– The Arts of Nepal, vol. I. Leiden 1974.
Paljor K., Tibet – The undying flame. Dharamsala 1977 (tibetisch 1970).
Pelliot P., Les Grottes de Touen-houang. Paris 1914.
Petech L., Tibet. In: Handbuch der Orientalistik, Bd. V.5 (Geschichte Mittelasiens), S. 311–347.
– I Missionari italiani nel Tibet e nel Nepal. Parte VI. Roma 1955.
– Aristocracy and Government in Tibet 1728–1959. Roma 1973.
Peyronnet M.-M. (Ed.), Le Tibet d'Alexandra David-Néel. Paris 1979.
Pott P. H., Tibet. In: Griswold A. B., Kim C. und Pott P. H., Burma-Korea-Tibet, Reihe Kunst der Welt. Baden-Baden 1963.
Pranavananda S., Kailas – Manasarovar. Calcutta 1949.
– Exploration in Tibet. Calcutta 1950.
Prince Peter of Greece and Denmark, Tibetan Oracles in Dharamsala. In: L. Ligeti (Ed.), Proceedings of the Csoma de Körös Memorial Symposium (1976). Budapest 1978, p. 327–333.

Rechung Rinpoche, Tibetan Medicine. Berkeley-Los Angeles 1976.
Reynolds V., Tibet – A Lost World. New York 1978.
Richardson H. E., Three ancient inscriptions from Tibet. Journal of the Royal Asiatic Society of Bengal, vol. 15, 1949, p. 45–64.
– Ancient Historical Edicts at Lhasa. Royal Asiatic Society, vol. XIX, 1952.
– Early burial grounds in Tibet and Tibetan decorative art of the VIIIth and IXth centuries. Central Asian Journal, vol. 8, 1963, p. 73–92.
– Tibet. Geschichte und Schicksal. Frankfurt-Berlin 1964.
– Ch'ing Dynasty Inscriptions at Lhasa. Roma 1974.
– The Jo-khang, «Cathedral» of Lhasa. In: MacDonald, A.-Y. Imaeda, Essais sur l'art du Tibet. Paris 1977, p. 157–188.
Rock J. F., The Land of the Yellow Lama. National Geographic Magazine, April 1925, p. 447–491.
– Life among the Lamas of Choni. National Geographic Magazine, Nov. 1928, p. 569–619.
Rockhill W. W., Tibet. A Geographical, Ethnographical and Historical Sketch, derived from Chinese Sources, Journal of the Royal Asiatic Society 1891, p. 1–133, 185–291.
Roerich G. N., The Blue Annals (Deb-ther-sngong-po). 2 vols. Calcutta 1949 und 1953.

Ronge V., Das tibetische Handwerkertum vor 1959. Wiesbaden 1978.
Ruegg D. S., The Life of Bu ston Rinpoche. Roma 1966.

Schäfer E., Dokumente zur Entdeckungsgeschichte. Tibet und Zentralasien. Stuttgart 1965.
– Fest der weißen Schleier. Braunschweig 1949.
Schlagintweit-Sakünlünski H. von, Reisen in Indien und Hochasien (1845–58). Bd. III Tibet. Jena 1872.
Schmid T., Saviours of Mankind, I, Dalai Lamas and Former Incarnations of Avalokiteśvara. Stockholm 1961.
– Saviours of Mankind, II, Panchen Lamas and Former Incarnations of Amitāyus. Stockholm 1964.
Schroeder U. von, Indo-Tibetan Bronzes. Hongkong 1981.
Schüttler G., Die letzten tibetischen Orakelpriester. Psychiatrisch-neurologische Aspekte. Wiesbaden 1971.
Schulemann G., Geschichte der Dalai Lamas. Leipzig 1958.
Schulemann W., Der Inhalt eines tibetischen mc'od rten. Zentralasiatische Studien (Bonn), Bd. 3, 1969, S. 55–76.
Shakabpa W. D., Tibet. A Political History. New Haven/London 1967.
Sierksma F., Tibet's Terrifying Deities. Vermont and Tokyo 1966.
Sis V., und J. Vaniš, Der Weg nach Lhasa. Prag 1956.
Snellgrove D., The Nine Ways of Bonn. London 1967.
– The Image of the Buddha. Paris-London 1978.
– und H. E. Richardson, A Cultural History of Tibet. New York 1968.
Stein R. A., Une Chronique Ancienne de bSam-yas: sBa-bźed. Paris 1961.
– Tibetan Civilization. London 1972.
Stötzner W., Ins unerforschte Tibet. Leipzig 1924.
Stoll E., Ti se, der heilige Berg in Tibet. Geographica Helvetica, Bd. 21, 1966, S. 162–167.

Tafel A., Meine Tibetreise. 2 Bde., Berlin-Stuttgart-Leipzig 1914.
Taring D. J., Lhasa Tsug-lag khang gi sata and Karchhag (The index and plan of Lhasa Cathedral in Tibet). Rajpur o. J. (1979).
Teichmann E., Travels of a consular officer in Eastern Tibet. Cambridge 1922.
«Tibet – Kunst des Buddhismus». Katalog Ausstellung Haus der Kunst, München 1977.
«Tibet under Chinese Communist Rule». A Compilation of Refugee Statements 1958–1975. Dharamsala 1976.
Tsang-Lien Shen und Shen-Chi Liu, Tibet and the Tibetans. New York 1953.
Tucci G., I templi del Tibet occidentale e il loro simbolismo artistico. Indo-Tibetica II, Roma 1936.
– Gyantse ed i suoi monasteri. Indo-Tibetica IV.3 und IV.1. Roma 1941.
– Tibetan Painted Scrolls. 3 vols. Roma 1949.
– The Tombs of the Tibetan Kings. Roma 1950.
– To Lhasa and beyond. Roma 1956.
– The Symbolism of the Temples of bSam yas, East and West, vol. VI, 1956, p. 279ff.
– Minor Buddhist Texts, II. Roma 1958.
– und W. Heißig, Die Religionen Tibets und der Mongolei. Stuttgart 1970.
Turner S., An Account of an Embassy to the Court of the Teshoo Lama in Tibet. London 1800.

Waddell L. A., The Buddhism of Tibet or Lamaism. London 1895 und Reprint 1978 (Buddhism and Lamaism of Tibet).
– Lhasa and its Mysteries. London 1905.
Walsh E. H. C., The Image of Buddha in the Jo wo khang Temple in Lhasa. Journal of the Royal Asiatic Society of Great Britain and Ireland, 1938.
«Wen wu» 1960, Nr. 6, S. 42–48, 51 (Erfahrungsbericht über die Kulturgüter Tibets; Lhasa, Ganden, Drepung, Sera)
– 1960, Nr. 8, S. 52–65, (desgl.; Shigatse, Narthang)
– 1961, Nr. 1, S. 43–53, (desgl.; Gyantse)
– 1961, Nr. 3, S. 38–48, (desgl.; Nedong, Yarlung-Tal)
– 1961, Nr. 4/5, S. 81–87, (desgl.; Königsgräber)
– 1961, Nr. 6, S. 55–63, (desgl.; Samye, Mindroling)
Wylie T. V., A Standard System of Tibetan Transcription. Harvard Journal of Asiatic Studies, vol. 22, 1959, p. 261–267.
– The Geography of Tibet according to the 'Dzam-gling-rgyas-bshad. Roma 1962.

Zimmel B., Der erste Bericht über Tibets Hauptstadt Lhasa aus dem Jahre 1661. Biblos, Österreichische Zeitschrift für Buchwesen II, Heft 3/4, 1953, S. 127–145.

Bildnachweis

Farbphotos

Abelein, Manfred, Bonn: 66
Baader, Joachim, Stuttgart: 35
Collection Schleiper, Brüssel: 73
Dorjee, Tsering, Winterthur: 53, 56, 60, 62, 63, 64, 98
Essen, Gerd-Wolfgang, Hamburg: 10
Etnografisch Museum, Antwerpen: 40
Gansser, Augusto, Zürich: 27, 97
Information Office der Regierung Seiner Heiligkeit des 14. Dalai Lama, Dharamsala, H.P., Indien: 7, 52, 81, 94, 95, 96, 100, 101
Lamdark, Lygia, Bad Ragaz, Schweiz: 65, 99, 103
Lutz, Christian, Basel: 32, 57, 59
Musée Guimet, Paris: 11, 33, 34
Musées royaux d'art et d'histoire, Brüssel: 69
The Newark Museum, Newark N.J., USA: 42
Rijksmuseum voor Volkenkunde, Leiden: 51, 58
von Schroeder, Ulrich, Zürich: 15, 20, 25, 39, 43, 83
Soghatsang, L.N., Wald/ZH, Schweiz: 104
Staatliches Museum für Völkerkunde, München: 82

Alle übrigen Photos stammen vom Verfasser (1980/81).

Schwarzweiß-Photos

Agenturphotos: S. 33, 90
Archiv von «China im Bild», Peking: S. 234
P. Aufschnaiter, Archiv Völkerkundemuseum der Universität Zürich: S. 133, 135, 137, 151, 152, 159, 216
Joachim Baader, Stuttgart: S. 65 rechts
G.-W. Essen, Hamburg: S. 65 links
A. Gansser, Zürich: S. 42, 43
Heinrich Harrer, Archiv Völkerkundemuseum der Universität Zürich: S. 25 rechts, 54, 57, 124, 125, 201, 218, 252
Information Office der Regierung Seiner Heiligkeit des 14. Dalai Lama, Dharamsala, H.P., Indien: S. 112
F. Mele, Archiv Völkerkundemuseum der Universität Zürich: S. 89
The Newark Museum, Newark N.J., USA: S. 230, 238, 247, 249, 250 links
U. von Schroeder, Zürich: S. 119

Alle übrigen Photos stammen vom Verfasser (1980/81).

Stiche, Pläne, Reproduktionen

S. 11: Aus: Li Gotami-Govinda, Tibet in Pictures, I, Berkeley 1979, p. 44
S. 27: Aus: J. Mac Gregor, Tibet, A Chronicle of Exploration, New York 1970
S. 39: Nach einer Farbreproduktion, Photo Edward H. Worcester
S. 41: Karte gezeichnet von A. Welti, Berikon
S. 48: Aus: «Le Tour du monde» 1904
S. 71: Nach: D.J. Taring, Lhasa Tsug-lag khang gi sata and Karchhag, Rajpur o.J. (1979)
S. 87: Aus: Athanasius Kircher, China illustrata, Amsterdam 1667, S. 74
S. 94: Aus: «Geschichte der alten Architektur Chinas», Peking 1980, Abb. 199-1
S. 110: Nach: E. Haarh, The Yar-lun-Dynastie, Kobenhavn 1969
S. 115: Aus: H. Hoffmann, Die Religionen Tibets, Freiburg 1956
S. 122 links: Nach «Wen wu» 6/1961
S. 149: Nach «Wen wu» 1960/8
S. 154: Nach «Wen wu» 1961/1
S. 157: Nach «Wen wu» 1961/1
S. 158: Aus: Li Gotami-Govinda, Tibet in Pictures, I, Berkeley 1979, p.79
S. 173: Aus: Ch. Bell, The Religion of Tibet, London 1931
S. 213: Aus: S. Turner, An Account of an Embassy to the Court of the Teshoo Lama in Tibet, London 1800
S. 214: Nach «Wen wu» 1960/8
S. 232: Aus: W. Filchner und W. A. Unkrig, Kumbum Dschamba Ling, Leipzig 1933
S. 250 rechts: Aus: W. A. Fergusson, Adventure, Sport and Travel on the Tibetan Steppes, London 1911

(Die Zeichnungen nach «Wen wu» und E. Haarh stammen von Alban Welti, Berikon.)

Erläuterungen zu den beiden folgenden Tibet-Karten: (Osttibet S. 273, Zentraltibet S. 274/275); Schreibweise gemäß Karte

■ Stadt
■ Ort, Provinzstadt
■ Städtchen, Dorf, Burg
○ Kloster, Heiligtum
□ Ruinen
✲ Gipfel
—·—·—·— Landesgrenze
– – – – – – Verwaltungsgrenze
⊓⊔⊓⊔ Chinesische Mauer
········ Ausbreitung der Tibeter

Niederlassungen religiöser Schulen und Traditionen:

1 Nyingmapa, Urgyenpa, Zogchenpa, Kathogpa
2 Kargyütpa, Karmapa, Dugpa, Drigungpa, Talungpa
3 Sakyapa, Norpa, Tsarpa, Zhalupa
4 Gelugpa, Kadampa
5 Bon
6 Hindus
7 Moslems
8 Christen

(Karten gezeichnet von P. Kessler, Tibet Institut, Rikon, Schweiz)

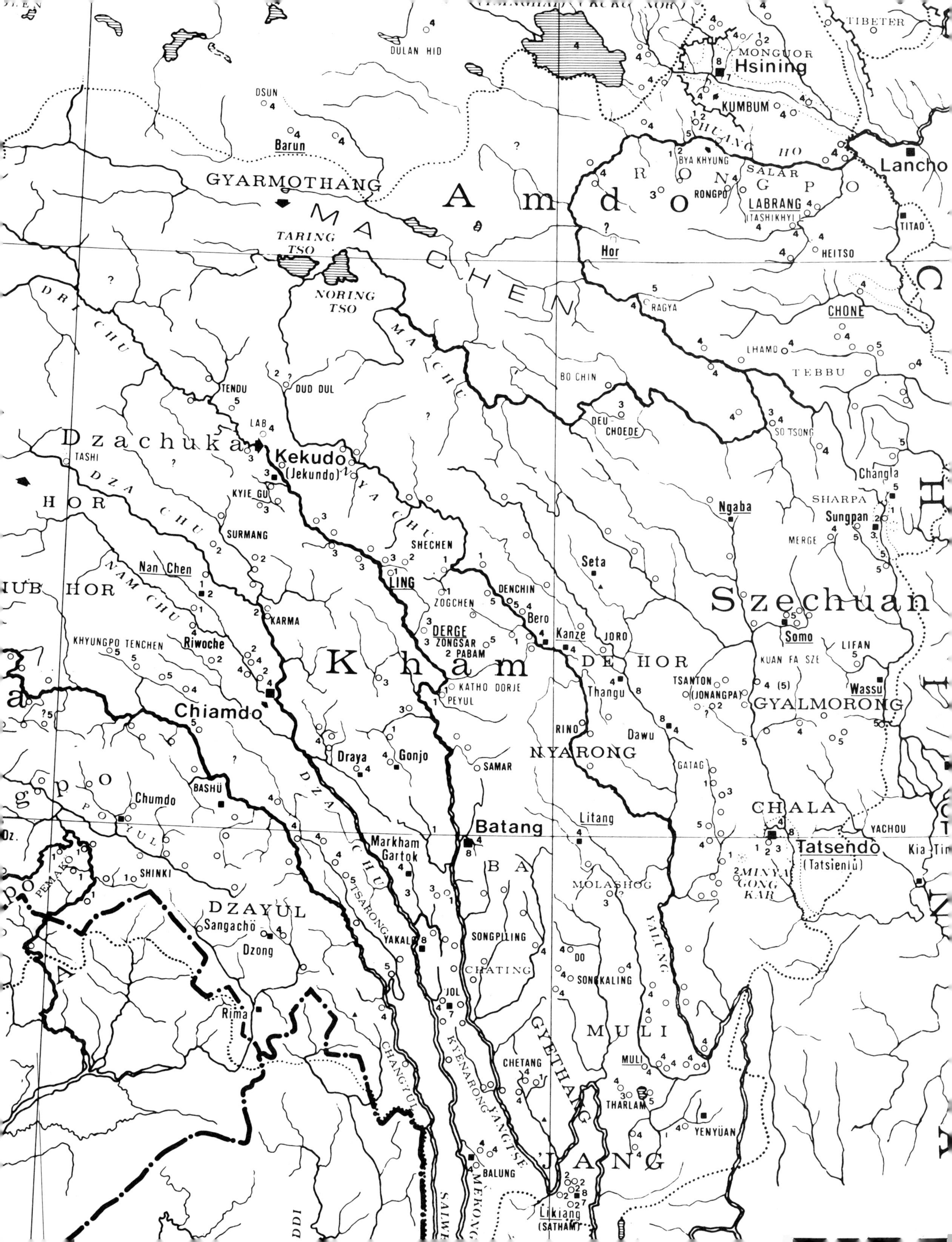

TIBETER
MONGUOR
Hsining
DULAN HID
KUMBUM
DSUN
Barun
HUANG HO
BYA KHYUNG
SALAR
Lancho
GYARMOTHANG
A m d o
RONGPO
LABRANG
(TASHIKHYIL)
TITAO
MACHEN
TARING TSO
Hor
HEITSO
RAGYA
CHONE
NORING TSO
DRI CHU
MA CHU
LHAMO
TEBBU
TENDU
DUD DUL
BO CHIN
LAB
DEU CHOEDE
SO TSONG
Dzachuka
TASHI
Kekudo
(Jekundo)
NYA CHU
Changla
DZA CHU
KYIE GU
SHARPA
HOR
Ngaba
Sungpan
SURMANG
SHECHEN
MERGE
Seta
Nan Chen
NAM CHU
LING
DENCHIN
HOR
ZOGCHEN
Szechuan
KARMA
Bero
Somo
DERGE
Kanze
JORO
KHYUNGPO TENCHEN
Riwoche
ZONGSAR
PABAM
LIFAN
DE HOR
KUAN FA SZE
Kham
TSANTON
(JONANGPA)
Thangu
Wassu
KATHO DORJE
PEYUL
GYALMORONG
Chiamdo
RINO
Dawu
Draya
Gonjo
NYARONG
SAMAR
GATAG
Chumdo
BASHÜ
CHALA
Batang
Litang
YACHOU
Markham
Gartok
Tatsendo
(Tatsienlu)
BA
SHINKI
MINYA GONG KAR
MOLASHOG
PEMAKO
DZAYUL
TSARONG
Sangachö
Dzong
YAKALO
SONGPILING
CHATING
DO
SONGKALING
YALUNG
JOL
Rima
MULI
GYETHANG
CHETANG
MULI
THARLAM
CHANGYUL
KYENARONG
YANGTSE
YENYÜAN
BALUNG
JANG
SALWEEN
MEKONG
Likiang
(SATHAM)

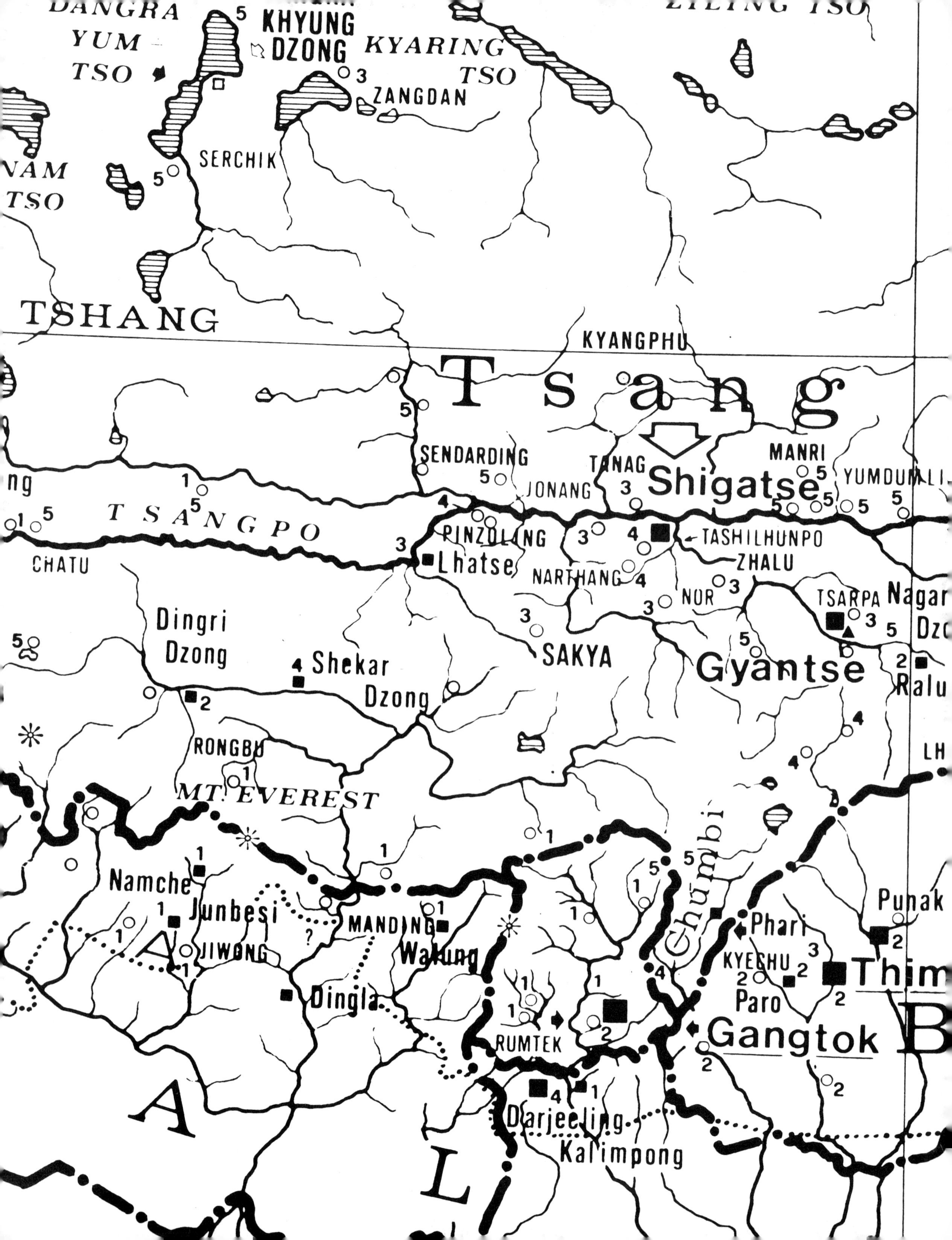

DANGRA YUM TSO
KHYUNG DZONG
KYARING TSO
ZANGDAN
SERCHIK
TSHANG
KYANGPHU
Tsang
SENDARDING
TANAG
Shigatse
MANRI
JONANG
TSANGPO
PINZOLING
TASHILHUNPO
CHATU
Lhatse
NARTHANG
ZHALU
NOR
TSARPA
Dingri Dzong
Shekar Dzong
SAKYA
Gyantse
Ralu
RONGBU
MT. EVEREST
Chumbi
Namche
Junbesi
MANDING
Phari
JIWONG
Walung
KYECHU
Paro
Dingla
RUMTEK
Gangtok
Darjeeling
Kalimpong

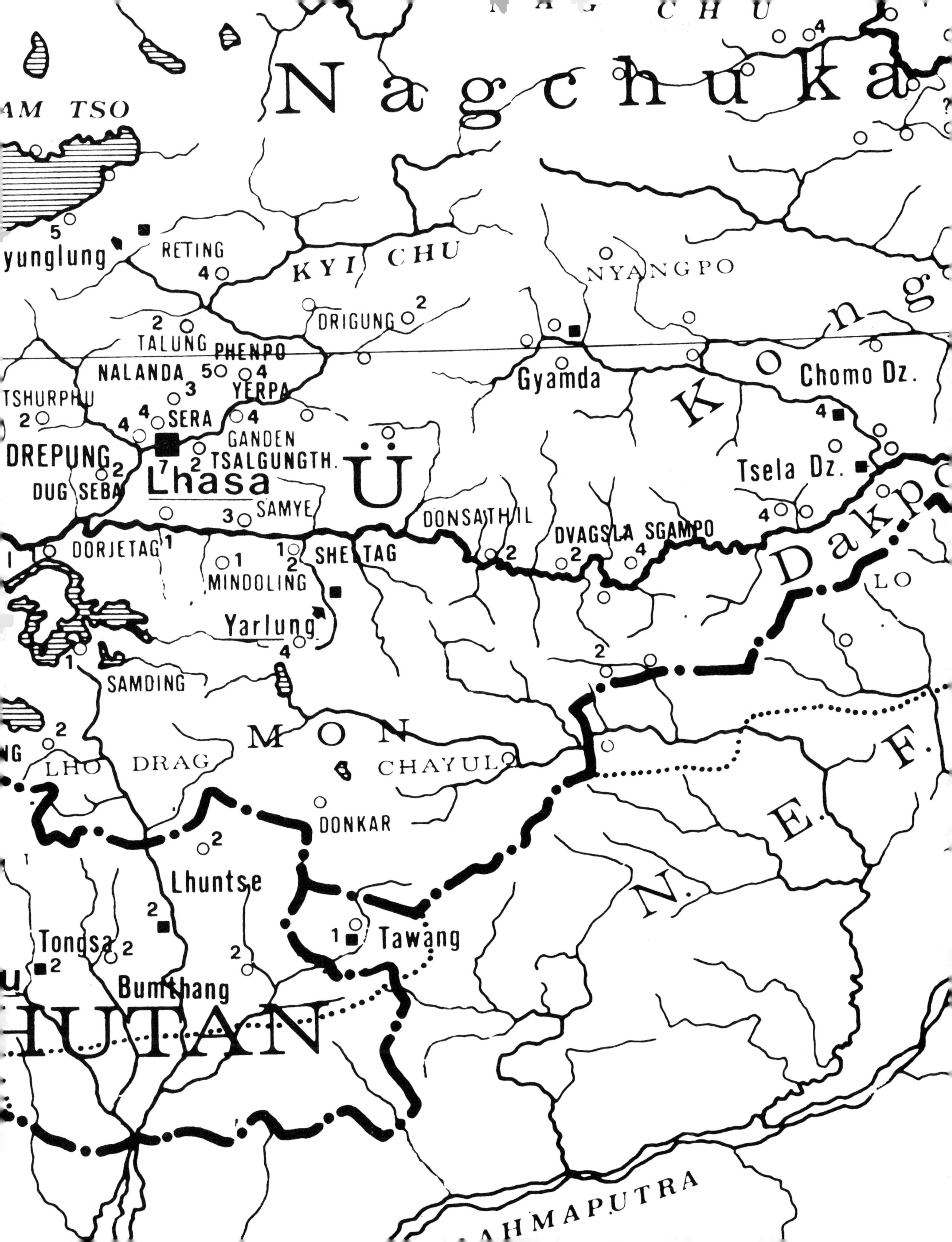

NAG CHU
Nagchuka
AM TSO
yunglung
RETING
KYI CHU
NYANGPO
DRIGUNG
TALUNG
PHENPO
NALANDA
YERPA
TSHURPHU
SERA
GANDEN
DREPUNG
TSALGUNGTH.
DUG SEBA
Lhasa
Ü
SAMYE
Gyamda
Chomo Dz.
Kong
Tsela Dz.
Dakpo
DONSATHIL
DVAGSLA SGAMPO
DORJETAG
SHELTAG
MINDOLING
Yarlung
SAMDING
LO
MON
LHO DRAG
CHAYUL
DONKAR
N.E.F.
Lhuntse
Tawang
Tongsa
Bumthang
BHUTAN
BRAHMAPUTRA

Index/Glossar

Im ganzen Index/Glossar wurde eine Auswahl von in ihrer Aussage für den Text wesentlichen Begriffen getroffen, ebenso bei den angeführten Seitenverweisen. Es werden also nur die für das Verständnis eines Begriffes wichtigen Textstellen genannt. Die Bild-Nummern der Farbabbildungen erscheinen *kursiv*. Die alphabetische Reihenfolge der Namen und Titel richtet sich nach den wirklichen Radikalbuchstaben, alle übrigen (klein geschriebenen) Begriffe sind unter ihrem ersten Buchstaben eingereiht.

I. Geographisch-topographische Begriffe

Einschließlich bestimmter Namen von einzelnen hervorragenden Kunstdenkmälern, von Ethnien und Begriffen der mythischen Geographie. Alle Bauwerke, die nicht auf der Liste der religiös benutzten bzw. zugänglichen Stätten (S. 251) erwähnt werden, sind verloren, ruinös oder bestenfalls leerstehend bzw. zweckentfremdet benützt. Ein Hinweis wurde nach Möglichkeit bei den Denkmälern gegeben, die seit 1979 besucht werden konnten.

1700) an der Nordflanke des Potala. S. 64, 89f., 94.

Drepung ('Bras spungs, «Reishaufen»), 1416 gegründetes dGe-lugs-pa-Kloster bei Lhasa. Vollständiger Name: Chos sde chen po dpal ldan 'bras spungs. S. 86ff., 175, 177ff., 181, 183, 185, 203, 251; Anm. XIII 3; Farbabb. *67–69*.

Dri chu, s. 'Bri chu.

Drigung (Digung), s. 'Bri gung.

Dunhuang (Tunhuang), um 366 gegründeter buddhistischer Klosterkomplex von heute noch 492 Höhlen im Westen der Prov. Gansu. Skulpturen und Malereien 5.–14. Jh.; 781–848 von Tibet besetzt. S. 11, 24, 45, 66, 107.

Dvags po (sprich Dagpo), Distrikt am Tsang po östl. von Yarlung. Eines der vier «ru» («Hörner») des antiken Zentraltibet. S. 28, 108f.

rDza chu (Mekong).

Dzungaren, westmongolisch-orjatisches Volk aus der Dzungarei, dem Norden der heutigen Prov. Xinjiang (Sinkiang), deren Invasion in Zentral- und Südtibet 1717/18 erhebliche Verwüstungen verursachte. S. 51f., 70, 87, 94, 199, 200.

Dzungaren-Edikt (von 1721), wohl erst 1724 vor dem Potala in einem kleinen Pavillon errichtete Stele über die Befriedung Tibets durch Kaiser Kangxi. Nach 1959 östl. des Potala-Berges versetzt. S. 51.

Eisenberg (lCags po ri), s. Chagpori.

Ferghana, Becken im östlichsten Usbekistan, am Oberlauf des Syr Darya (heute UdSSR). S. 24, 117.

dGa' ldan, s. Ganden.

dGa' ldan khang gsar (auch Kangda khangsar), ehemals in der Nähe des Ramoche gelegener Königspalast von Lhasa (17. Jh.). S. 49; Abb. S. 48.

dGa' ldan pho brang, Regierungspalast der dGe-lugs-pa-Hierarchen vor der Fertigstellung des Potala.

Gam pa rdzong, s. Khamba dzong.

Gampa La (Kampa La), wörtl. «Naher Paß», d. h. nahe dem Yamdrok-See gelegen. An der Straße zwischen Lhasa und Gyantse, 4794 m ü. M. Farbabb. *1*.

Ganden (dGa' ldan, «Das Freuderfüllte» = skr. Tushita), 1409 gegründetes erstes Kloster der dGe lugs pa. Vollständiger Name: dGa' ldan rNam par rGyal wa'i gling = «Der Kontinent der völlig siegreichen Glückseligkeit», auch: dGa' ldan phun tshogs gling. S. 14, 171ff., 179, 227. Abb. S. 173; Farbabb. *64, 66*.

Gansu, Gebiete von Amdo einschließende Provinz der Volksrepublik China. S. 23, 117.

Gelber Fluß, s. rMa chu (Huang he).

Gesar lha khang (chines. Kuan ti miao), 1792 in der Nähe des Chagpori in Lhasa errichteter Tempel. S. 54.

Ghyang (rGhyang), Großer Chörten (Kumbum) des späten 14. Jhs. mit Wandmalereien des 14./16. Jhs. bei Lhartse (Südtibet). S. 156.

Ghyang mtho, heiliger Berg in Kong po, wo der Erste König von Tibet, gNya khri btsan po, zur Erde herabgestiegen sein soll.

Gilgit, ehemals von indo-arischen Darden bevölkertes Tal nördlich des Indus zwischen Karakorum und Hindukusch, das antike Land Bru zha; 737 von Tibet erobert (heute Pakistan). S. 24.

mGo log, bis um 1950 unabhängige, wegen ihrer räuberischen Natur gefürchtete Nomadenstämme in Amdo, am Oberlauf des rMa chu. S. 32.

sGo mang, bedeutende Fakultät (grwa tshang) in Drepung. S. 178.

Gongga shan (Minya gongkar), höchster Berg der Prov. Sichuan, 7556 m ü. M., etwa im östlichsten tibet. Kulturraum.

Gorkhas, nepalesische Dynastie seit 1769, 1789 in Tibet eingefallen. S. 52.

Gorkha-Edikt, 1792 in einem kleinen Pavillon vor dem Potala errichtete Stele anläßlich des chines.-tibet. Sieges über die Gorkhas. Nach 1959 östl. vom Potala-Berg aufgestellt. S. 52, 94.

Grab-Chörten der Dalai Lamas. S. 88.

sGrol ma lha khang, heute noch existierender Tempel in Nethang, s. dort.

Gu ge (dGu ge), Königreich in Westtibet (Distrikt Ngari) und hervorragendes Kulturzentrum im 11./12. Jh. S. 33, 129.

Gyantse (rGyal rtse, «Königlicher Gipfel»; chines. Gyangze), Stadt in gTsang. Siehe auch dPal khor chos sde, Palkhor-Kumbum, Palkhor-Tempel. S. 91, 138, 150ff., 171, 251; Abb. S. 151; Farbabb. *53*.

rGyud smad, Untere Tantra-Schule in Lhasa. S. 54.

rGyud stod, Obere Tantra-Schule in Lhasa (rGyud = Tantra). S. 83.

Himalaya (skr.), «Schnee-Heimat», hima = Schnee/Winter, alaya = Wohnstätte/Heimat.

Hor, im Altertum gebrauchter Begriff für Gebiete und Stämme im nördl. Zentralasien, vom nördl. Kham bis Turkestan. S. 31, 147, 181.

Huang he («Gelber Fluß»), s. rMa chu. S. 32.

Hunza, Tal am westlichen Karakorum (heute Pakistan). S. 23, 117.

Indien (tibet. rGya gar), indisch. S. 83, 149.

Indus, entspringt beim Kailāsa-Berg.

Iwang, Tempel mit bedeutender Ausstattung des ca. 12./13. Jhs. bei Samada, zwischen Gyantse und Phari. Abb. S. 11.

Jambudvīpa (skr.; tibet. Dzam bu gling), «Erdteil des Rosenapfelbaumes», in der buddhistischen Kosmologie der südl. der den Meru-Berg umgebenden Kontinente; die irdische Welt der Menschen. S. 28, 38, 40, 123.

Jitkot-Kloster, Kailāsa-Region, westl. des Gurla Mandata. Abb. S. 43.

Jo-bo-Buddha (Buddha Rin po che, – Śākyamuni) im Jokhang, die höchstverehrte Buddhastatue Tibets. Auch nur als Jo bo bezeichnet; Jo = etwa «Herr», «Meister», als eine Art Ehrentitel. S. 34, 63, 68ff., 83, 105, 154, 188, 233; Anm. IV 47, 52; Abb. S. 65 r.; Farbabb. *22, 35*.

Jokhang (Jo khang, «Haus des Meisters»), Haupttempel in Lhasa bzw. dessen historischer Kernbau. Einen Jo khang gibt es z. B. auch im Kumbum-Kloster; s. auch gTsug lag khang. S. 45, 49f., 59ff., 83, 118, 251; Anm. VI 16; Abb. S. 65 r., 67 o., 68, 72, 73, 92; Farbabb. *11, 16–22, 24–26*.

Jo mo gangs dkar (chines. Qomolangma), Mount Everest, 8848 m ü. M.

Jori dgon pa (auch: Joro), ca. 50 km südöstl. Kandze/Kham. S. 248.

«Jugend-Kloster», s. Brag lha klu phug dgon pa.

Jyekundo (Khyer dgun mdo, oder: Skye rgu mdo), Stadt im nördl. Kham am 'Bri chu.

Kailāsa (Kailash, tibet. Ti se oder Kang Rinpoche, Pinyin: Kangrinboqe Feng), der gYung drung dgu brtsegs der Bön-Anhänger (sprich Yungrung gutseg), heiliger Berg der Tibeter im alten Bön-Land Zhang zhung. Mit dem Meru, dem König der Berge, in der buddhist. Kosmologie gleichgesetzt. 6714 m ü. M., 31° 04′ 02″ nördl. Breite, 81° 18′ 50″ östl. Länge. In seinem Umkreis entspringen Indus, Sutlej, Karnali und Tsang po (Brahmaputra). S. 28, 33, 37ff., 48, 94; Abb. S. 39, 41 (Karte), 42.

Kalsang-Palast im Norbulingka (Lhasa). S. 106.

Kampa La, s. Gampa La.

Kandze (dKar mdzes, wörtl. «weiß und schön»), Stadt in Kham, dGe-lugs-pa-Gömpa. S. 190, 246, 248, 252.

Kangda khangsar, s. dGa 'ldan khang gsar.

Kangding, s. Tachienlu (identisch).

Kang Rinpoche, s. Kailāsa.

Kapuzinerkirche in Lhasa, um/nach 1707 errichtet, 1745 abgerissen. S. 49.

sKar chung, rDo ring von 804/816. Anm. IV 4, 46.

Karma gdan sa dgon, Gründungskloster der Kar ma pa (1147). S. 35.

Karo La, der zweite Paß zwischen Lhasa und Gyantse, 5045 m ü. M. Farbabb. *2*.

Karub, prähistorische Grabung bei Chamdo (Kham). Anm I 2.

Kaschmir. S. 33, 49, 57, 117, 149.

Kaschmiri-Moschee in Lhasa. S. 52, 57.

Kashgar (Kashi), Stadt im äußersten Westen der Prov. Xinjiang (Sinkiang). S. 24.

Ka thog rdo rje gdan, 1162 gegründetes rNying-ma-pa-Kloster in Kham, südl. Derge. S. 35.

Kham (Khams, chines. Qamdo), das kulturgeographische Osttibet etwa zwischen dem Nag chu (Salween) im Westen und östl. über den Nya chu (Yalung) hinaus. Heute gehört die Hälfte östl. des 'Bri chu zur Prov. Sichuan. S. 23, 30f., 35, 231, 246f., 248ff., 251.

Khamba Dzong, ca. 115 km südwestl. Gyantse, nahe der Grenze zu Sikkim. S. 91.

Khotan (tibet. Li yul; Ho t'ien, Hetian; Pinyin: Hotan), im 7./8. Jh. bedeutendes buddhist. Kulturzentrum am Südrand der Taklimakan-Wüste, heute im Süden der Prov. Xinjiang (Sinkiang). S. 24, 28, 33.

Khra 'brug lha khang, im Yarlung-Tal, ca. 8 km südl. Nedong. Gehört zu den ältesten, im 7. Jh. errichteten Sakralbauten Tibets. 1980 als Vorratsspeicher und Viehstall benützt. S. 116; Anm. IV 3; Farbabb. *35*.

Shigatse an der Straße nach Sakya. 1730-1742 die für Tibet autoritative Narthang-Ausgabe des Kanjur und Tanjur, deren Holzstöcke 1966 zerstört wurden. Bedeutender zweigeschossiger Großer Chörten mit 16 Kapellen (2. Hälfte 14. Jh.). S. 123, 155f., 247.

Nechung (sprich Nätschung; gNas chung dgon pa, «Kleiner Ort»), Kloster des tibet. Staatsorakels bei Drepung. S. 175, 181ff., 251; Abb. S. 184-186; Farbabb. *69–71.*

Nedong (sNe gdong), ehem. Residenz der Tibet im 14. Jh. beherrschenden Phag-mo-gru-Familie am östl. Yarlung-Ufer unweit südl. des Tsang po.

Nepal (tibet. Bal yul), nepalesisch. S. 24, 30, 57, 68, 73, 83, 87, 117, 125, 136, 138, 145, 149, 155, 177, 189.

Nethang (sNye thang), Sterbeort des Atisha, 30 km südwestl. Lhasa an der Straße; sGrol ma lha khang. S. 129ff., 251; Abb. S. 130 r., 130 l., 131; Farbabb. *44–46, 49, 50.*

Nga ba, bis vor 1950 völlig unabhängige Volksgruppe in Süd-Amdo, etwa am großen Knie des rMa chu (Huang he). S. 32.

Ngari (mNga' ris), das ehemals Gu ge, Purang und Ladakh (Mar yul) umfassende Westtibet, das von einem nach Ngari übergesiedelten Urenkel König Langdarmas auf diese Art unter seine Söhne dreifach aufgeteilt worden war. Heute Distrikt des westl. Drittels der Autonomen Region Tibet. S. 32.

Ngor Evam, 1429 durch Kun dga' bzang po gegr. Zweigkloster der Sa skya pa («Ngor pa»), ca. 25 km südl. Shigatse. Bedeutende, von Nepal beeinflußte Malerschule. S. 30, 138, 145; Anm. XII 4.

Nojinkangsang, 7191 m hoher Berg nördl. des Karo La an der Straße Lhasa–Gyantse. S. 14.

Norbulingka (Nor bu gling ka, «Edelsteingarten»), Park der Sommerresidenz des Dalai Lama in Lhasa seit 1755. Der heutige Hauptpalast (Chensel Phodrang) von 1954–1956. S. 105f., 57; Abb. S. 106; Farbabb. *36–39.*

Nya chu (Yalung-Fluß), Kham. Nördlich von Litang hier früher bedeutende Wehrbauten. S. 30.

Nyang chu. Fluß und entsprechende Ebene zwischen Gyantse und Shigatse. S. 151.

Nya rong, Gebiet in Kham, wo der Yalung den Namen Nya chu annimmt.

Odantapurī (Uddandapura, heute Bihar Sharif), buddhist. Kloster in Māgadha (Bihar), nach der Tradition Vorbild für den Bau von Samye. S. 117, 181.

Ombu Lhakhang, s. Yumbu lhakhang.

'O-thang–See ('O thang gi mtsho), heiliger See, über dem im 7. Jh. der Jokhang gebaut wurde und zu dessen mythischen Wassern die gleichnamige Kapelle dieses Tempels führen soll. Eine andere Tradition verbindet damit den eine Tagesreise von Lhasa entfernten kleinen Bergsee Chu mgo. S. 63ff.

sPal 'khor chos sde (sprich Pekor chode; Pinyin: Bajiao qu deng), umfriedete Klostersiedlung mit ehemals 18, verschiedenen Schultraditionen angehörenden Kleinklöstern in Gyantse; gegr. Ende 14. Jh. Allen gemeinsam «gehörten» die beiden herausragenden, bis heute erhaltenen Bauten des gTsug lag khang (Palkhor-Tempel) und der Große Chörten (Kumbum). S. 151ff., 171, 251; Abb. S. 152; Farbabb. *53, 55, 58.*

Palkhor-Kumbum (dPal 'khor sku 'bum), Großer Chörten des dPal 'khor chos sde von Gyantse. S. 123, 156ff., 216, 251; Abb. S. 154 (Grundriß), 157 (Querschnitt), 158, 161; Farbabb. *55, 56, 60–63.*

Palkhor-Tempel (dPal 'khor gTsug lag khang), Hauptversammlungshalle des dPal khor chos sde von Gyantse. S. 151, 153ff., 251; Abb. S. 154 (Grundriß); Farbabb. *54, 57, 59.*

Peking (Pinyin: Beijing). S. 86, 88, 138, 211, 247.

Pha bong kha, neungeschossiges Meditationsgebäude des Songtsen Gampo bei Sera. S. 93.

Phari Dzong (Phag ri rDzong), die nach den britischen Zerstörungen von 1904 wieder aufgebaute Festung im nördl. Chumbi-Tal ist heute (1980) nur noch eine Ruine.

'Phrul snang (sprich Thul nang, «Wunderbare Erleuchtung», «magischer Glanz»), alte Bezeichnung für den Jokhang (z. B. Blaue Annalen: 'Phrul snang vihāra). Auch als Ra sa 'Phrul snang gTsug lag khang für den gesamten Bau verwendet. S. 70.

Phying yul (sprich Tschingyül), mit der Yarlungtal-Region identische Landschaft, Ursprungsgebiet der tibet. Könige.

'Phyong rgyas (sprich Tschonghghie; Chonggye), Königsgräber. Das Phyong po der alten Texte, Ort am Oberlauf des in den Yarlung-Fluß einmündenden 'Phyong rgyas chu, an dessen jenseitigem Ufer die 8 identifizierten Königs- und 2 Prinzengräber der Yarlung-Dynastie liegen. S. 94, 109ff.

'Phyong rgyas rDzong, oberhalb der gleichnamigen Siedlung auf dem 'Phying-ba-Berg; auch 'Phying ba stag rtse («Tiger-Gipfel von 'Phying ba») genannt. 1959 noch intakt. S. 113.

'Phyong rgyas Ri bo bde chen, Kloster oberhalb 'Phyong rgyas. 1959 noch intakt. S. 113.

Pocken-Stele, 1764 vor dem gTsug lag khang in Lhasa errichtete Schrifttafel, einen Aufruf des chinesischen Amban zu größerer Hygiene enthaltend. S. 49f.; Farbabb. *13.*

Potala (skr. und tibet.), zwischen ca. 1642–1693 neu gebaute Winterresidenz der Dalai Lamas. Der Begriff bezieht sich letztlich auf den dem Avalokiteshvara heiligen Berg (auch: dMar po ri = «Roter Berg»), auf dem schon unter König Songtsen Gampo im 7. Jh. Palastbauten errichtet worden waren; s. ferner: rNam rgyal grwa tshang, Roter Palast, Weißer Palast. S. 85ff., 178, 201, 251; Abb. S. 87, 89, 92, 94 (Grundriß); Farbabb. *27–35.*

Purang, im 10. Jh. gegr. Teilreich von Ngari (Westtibet) westl. vom Kailāsa.

Qinghai («Blaues Meer», s. Kuku nor), Provinz der VR China, die nördl. und nordöstl. (Amdo) Gebiete Tibets einschließt.

Rakastal (skr. Rakas tal, «See des Rakas», eines mythischen indischen Helden oder Dämonen?), See westl. neben dem Mānasarowar in der südl. Kailāsa-Region. Tibetisch Lag ngar mtsho (Wylie 1962) oder Lha nag mtsho, «See der dunklen Gottheiten». Gilt als Ort der dunklen Mächte. S. 44.

Ralung (Rva lung), um 1150 von Dpag bsam dbang po gegr. Zentrum der 'Brug-pa-Rotmützen. Das ehemalige Kloster befand sich 6 km vom Ort entfernt. S. 35, 132.

Ramoche-Kloster in Lhasa (Ra mo che, «Große Einfriedung», Pinyin: Xia zhao si). Nach der Tradition von Prinzessin Wen ch'eng im 7. Jh. gegründet. Vermutlich ist auch hier, wie beim Ra sa 'Phrul snang, das «Ra» auf die Ziegen bezogen, die die Erde für den Bau herangeschafft haben. S. 48, 70, 83f.; Anm. IV 47, 51; Abb. S. 84; Farbabb. *11, 35.*

Ra sa («Ziegen-Erde», zuweilen auch mit «Umfriedeter Ort» übersetzt), alte Bezeichnung für Lhasa. S. 45.

Ra sa 'Phrul snang (wörtl. «Ziegenerde – Wunderbarer Glanz»). Alte Bezeichnung für den Jo khang in Lhasa. S. 63.

Regentenklöster in Lhasa: Tsho smon gling (Chomoling); Kun bde gling (Kundeling), rTse mchog gling (Tsecholing), bsTan rgyas gling (Tengyeling). Aus einem dieser Klöster kam jeweils der tibet. Regent. S. 53.

Reting (Rva sgrengs), um 1057 durch den Atisha-Schüler 'Brom ston gegr. Stammkloster der bKa' gdams pa, ca. 80 km nördl. Lhasa. S. 35, 53, 129, 190.

Ri bo bde chen, s. 'Phyong rgyas Ri bo bde chen.

Rikon, 1968 gegr. Kloster bei Rikon (13 km von Winterthur), Schweiz, mit z. Zt. 6 Lamas und einem Abt, davon 6 dGe lugs pa (aus Sera) und ein Sa skya pa (aus Sakya). S. 91.

Rino, Ort mit einer hervorragenden Dzong-Architektur im Nya-chu-Tal (Yalung) nördl. von Litang, Kham.

Rin spungs (sprich Rimpung), Ort mit bedeutendem Dzong am Rong chu nahe dem südl. Tsang-po-Ufer zwischen Shigatse und Kyi chu.

Rong po dgon chen (Pinyin: Longwu si), noch existierendes Kloster im äußersten Osten der Prov. Qinghai. S. 246, 251; Anm. XIII 21, 32.

Roter Berg (Lhasa), s. Marpori.

Roter Palast (Pho 'brang dmar po) des Potala, der zentrale, rotgetünchte Bau, um 1690–1693 errichtet. S. 86, 93. Rva lung, s. Ralung.

Sakya (Sa skya, «Gelbbraune Erde», chines. Sagya), ca. 150 km südwestl. Shigatse, um 1073 von dKon mchog rgyal po gegr. Stammkloster der Sa skya pa. Seit 1244 Verbindung zum Mongolen-Khan. Um 1268 Baubeginn des Südklosters, das noch ältere Nordkloster nach 1959 zerstört; s. auch Muschelreliquie in Sakya. S. 35, 132ff., 150, 155, 171, 251; Anm. II 42, IV 63; Abb. S. 133, 135, 137; Farbabb. *52.*

Sa skya gDan sa, Bezeichnung der «Hauptstadt» des Sakya-Staatsterritoriums, d. h. Nord- und Südkloster und dazwischenliegende Siedlung. Vor 1959 ca. 7000 Einw. S. 133.

Salween, s. Nag chu.

II. Götter, Personen, Titel, Dynastien, Schulrichtungen

Pāla, nordindische Dynastie im Ganges-Tal, 730–1197. S. 137.
dPal ldan lha mo (sprich Pelden Lhamo), auf dem Maultier reitende spezielle Schutzgottheit von Lhasa, des Dalai und Panchen Lama; Kriegsgöttin, Fruchtbarkeitspenderin, die Würfel für das Schicksal der Menschen und todbringende Mittel für die Feinde der Lehre haltend. Ihr Ritt über den Blutsee soll die Überwindung des Ozeans der Leidenschaften darstellen. S. 83, 180, 184, 211; Farbabb. *26*.
Panchen Lama, Abkürzung von Pandita chen po («Großer Gelehrter»), Titel des 1650 von seinem Schüler, dem 5. Dalai Lama, zur Reinkarnation des Buddha Amitābha erklärten Panchen Rinpoche in Tashilhunpo. S. 88, 190, 211f., 214, 227, 229f.; Farbabb. *82*.

1. bLo bzang chos kyi rgyal mtshan (1570–1662). S. 211, 213, 215, 217, 227; Farbabb. *91*.
2. bLo bzang ye śes (1663–1737), sein Mausoleum in Tashilhunpo existiert noch als einziges. S. 216f.; Abb. S. 216; Farbabb. *73, 75*.
3. bLo bzang dpal ldan ye śes (1738–1780). S. 217; Abb. S. 213.
4. bLo bzang bstan pa'i nyi ma (1782–1853). S. 217.
5. bLo bzang dpal ldan chos kyi grags pa (1855–1882). S. 217.
6. bLo bzang chos kyi nyi ma (1883–1937). S. 217; Abb. S. 218.
7. bLo bzang 'phrin las lhun grub chos kyi rgyal mtshan (geb. 1937). S. 229, 237; Anm. XII 37; Abb. S. 33.

Pehar (Pe har rgyalpo; dPe kar, Pe dkar usw.), sich im Nechung-Orakel mitteilende Schutzgottheit. S. 120, 124, 181ff.; Farbabb. *69, 71*.
Phag mo gru pa (sprich Pagmodupa), im 14./15. Jh. über Tibet herrschende Dynastie aus dem Tsang-po-Tal. Trägt 1354–1642 den Königstitel von Tibet. S. 133, 199.
'Phags pa (1235–1280, sprich Phapa), Neffe und als Großlama der Sa skya pa Nachfolger des Sa skya Pandita. S. 138.
'Phags pa dpal bzang po, Ende 14. Jh. Erbauer des dPal khor chos sde in Gyantse und Gründer der lokalen Dynastie. S. 150.
sPrul sku, s. Tulku.

Qianlong (Chien lung), chines. Kaiser von 1736–1795. S. 25, 52, 90, 174; Anm. IV 92.

Rākshasa, rākshasī (skr.; tibet. Srin po), weiblicher Dämon, Dämonengattung. S. 120.
Ral pa can (Ralpachan; Khri gtsug lde btsan, ca. 817–836), letzter buddhistischer König der tibet. Yarlung-Dynastie. S. 51, 53, 94, 111f., 154, 157; Anm. V 9; Farbabb. *63*.
Regent: (Sde srid), weltlicher Stellvertreter des minderjährigen Dalai Lama (in diesem Sinne seit 1757). Seit 1642 Repräsentant der zivilen und politischen Verwaltung. Übte weltliche Rechte des Dalai Lama aus, ohne unter dessen persönlicher Führung zu stehen. Kam jeweils aus dem Mönchsstand. S. 53, 69, 183, 190.
Reinkarnation, Wiedergeburt bestimmter heiliger Personen, während dagegen eine Inkarnation für jede Seele möglich ist. Erste authentische Lama-Reinkarnation nach Vorläufern der Sa skya pa und Karma pa: Tsongkhapa-Nachfolger dGe 'dun grub (1391–1475, 1. Dalai Lama).
Religionskönige, s. Dharmarājas (Gesetzeskönige). S. 154, 157; Farbabb. *63*.
Reting Rinpoche, 1941 abgesetzter Regent Tibets, der 1947 während einer Verschwörung in Konflikt mit der Lhasa-Regierung geriet und in Haft starb. S. 190.
Rin chen bzang po (958–1055), Lama-Gelehrter, Baumeister. Leitete in Westtibet die «buddhistische Renaissance» ein und brachte aus Kaschmir 32 Künstler dorthin. S. 129.
Rinpoche (Rin po che), wörtl. etwa «Kostbarer», «Verehrungswürdiger», Respekttitel für hohe, besonders für inkarnierte, in der Lehre hochentwickelte Lamas. (Tulkus). Etwa im Sinne von «Eure Heiligkeit». Titel ohne Gelübde.
Rotmützen-Orden, s. bKa' brgyud pa.

Śākyamuni (skr.; Sha kya thab pa), «Der Weise aus dem Śākya-Geschlecht», der historische Buddha. S. 157, 177; Farbabb. *91*.
Śakti (skr.), weibliche Entsprechung einer Gottheit, die schöpferische Energie in ihrem weiblichen Aspekt. S. 38.
Samvara, s. bDe mchog.
Śāntiraksita (skr.; tibet. Zhi ba 'tsho), buddhistischer Gelehrter aus Nālānda (Nordindien), 705–762. Riet König Trisong Detsen, für den Bau von Samye Padmasambhava kommen zu lassen. Titel: Āchārya Bodhisattva. S. 117, 126; Anm. VI 28; Farbabb. *41*.
Śāriputra, s. Maudgalyāyana.
Sa skya khri 'dzin (sprich Sakyatrizin) «Thronhalter von Sa skya», Titel der Hierarchen von Sakya. S. 134.
Sa skya pa, Reformorden des 1073 gegründeten Klosters Sakya. S. 35, 131ff., 138, 145, 149, 151f., 154f, 160, 171, 231, 246.
Sa skya Pandita (Kun dga rgyal mtshan, 1182–1251), 4. Großlama der Sa skya pa, unter dem Sakya zu einer Theokratie auf eigenem Staatsterritorium wurde. S. 35, 132ff., 138, 189, 246; Anm. II 48; Farbabb. *51*.
gShen rab myi bo (sprich Shenrab miwo), historisch nicht nachweisbarer Begründer der Bön-Religion aus Zhang zhung, als Buddha dieses Zeitalters verehrt. S. 26.
Siddha (skr. «Vollendeter»; tibet. Grub thob), heiliger Gelehrter, asketischer Yogin, erleuchteter Weiser, der sich um den Buddhismus verdient machte. Indische Wanderasketen des 7.–10. Jhs. S. 157.
Simhanāda Avalokiteśvara (skr.; tibet. sPyan ras gzigs seng ge sgra), «Chenresi mit der Löwenstimme».
Sitātapatrā (skr.; tibet. Thug khar), einem weiblichen Chenresi gleichende tausendarmige und tausendköpfige Göttin, die mit ihrem Schirm alle Lebewesen vor drohendem Unheil beschützt. S. 180.
Songtsen Gampo (Srong btsan sgam po), tibet. König, ca. 609–649 S. 26, 34, 45, 63f., 73f., 85f., 93f., 109f., 112f., 116f., 154, 157; Anm. IV 41; Abb. S. 110; Farbabb. *15, 31, 63*.
Staatsorakel (Nechung). S. 181ff.

sTag lung pa, 1178 gegründete bKa'-brgyud-pa-Schultradition. S. 35.
sTag sgra klu khong, Minister unter Trisong Detsen. Führte tibet. Feldzug gegen China 763. S. 51.
Tai zong (T'ai tsung), chines. Kaiser der Tang-Dynastie, regierte 626–649. S. 34, 70.
T'ang-(Tang-) Dynastie in China, 618–908.
Tārā (skr.; tibet. sGrol ma, sprich Dölma), «Retterin», «Erlöserin». Weiße Tārā (sGrol dkar), Grüne Tārā (sGrol ljang). S. 123, 131, 157, 215; Farbabb. *44, 47, 60*.
Tashi Lama, Titel des Panchen Lama (von Europäern gebraucht).
Tathāgata (skr.; tibet. De bzhin gshegs pa), ein «Unveränderlicher», vollkommen Erwachter. Name der fünf tantrischen Weltenbuddhas (tibet. rGyal ba rigs lnga). Vairocana, Ākshobhya, Ratnasambhava, Amitābha, Amoghasiddhi. S. 38, 118, 156f.
Thon mi Sam bhota, entwickelte unter Songtsen Gampo im 7. Jh. die tibetische Schrift. S. 35, 53, 115, 179.
Trapa (Drā pa, grva pa), etwa «zur Schule gehörig», allgemein: Klosterangehöriger, zur Mönchsgemeinschaft Gehörender. S. 212.
Trisong Detsen (Khri srong lde btsan), tibet. König ca. 755–797. S. 51, 111, 115ff., 120, 154, 157; Farbabb. *63*.
Tsongkhapa bLo gros grags pa (1357–1419), aus Tsong kha («Zwiebel-Land») in Amdo. Begründet mit Kloster Ganden 1409 die dGe-lugs-pa Schulrichtung der «Gelbmützen». Hauptwerk: «Stufenweg der Erleuchtung» (Byang chub lam rim). S. 54, 66, 86, 131, 154, 171ff., 179, 188, 190, 231; Anm. IV 30; Farbabb. *91, 66*.
Tulku (sPrul sku), «Verwandlungs-Leib», «magischer Körper». Inkarnation einer Gottheit, eines Heiligen und berühmter Geistlicher. Eine von Geburt an hoch geachtete Persönlichkeit, inkarnierter Mönch.

Ur-Buddha, s. Ādibuddha, Vajradhara.
Ushnīshavijayā (skr.; tibet. rNam rgyal ma), «Die durch die Ushnīsha Siegreiche». Göttin der Erleuchtungserhöhung. Farbabb. *86, 105*.

Vairocana (skr.; tibet. rNam par snang mdzad), «Der Sonnenhafte». Urbuddha im Zentrum des Mandala. Steht symbolisch für den Ursprung aller Erscheinungen Buddhas. S. 157.
Vajradhara (skr.; tibet. rDo rje 'chang), «Vajra-Träger». Urbild der reinen Buddha-Natur. Höchste, als Ur-Buddha angesehene Gottheit des Vajrayāna-Buddhismus, aus dem alle anderen Buddhas und Bodhisattvas entstehen. S. 40, 157, 159f.
Vajrapāni (skr.; tibet. Phyag na rdo rje), «Der in der Hand einen Vajra Haltende», Bodhisattva. S. 43, 54.
Vajrāsana (skr.; tibet. rDo rje gdan), «Der auf einem Diamantthron Sitzende». Erscheinungsweise des Ākshobhya oder Śākyamuni. S. 157.
Vajrasattva (skr.; tibet. rDo rje sems dpa), «Diamantwesen», «Höchstes Wesen des Vajra». Von den rNying ma pa als Ādibuddha verehrt.
Vajravārāhi: s. rDo rje phag mo.

Vajrayāna (skr.; tibet. rDo rje theg pa), «Diamant-Fahrzeug», tantrische Form des Mahāyāna-Buddhismus. S. 126.

Vāmana (skr., «Zwerg»), aus der hinduistischen Mythologie stammende «Trage-Figuren» (Vishnu-Inkarnationen). S. 73.

Viśvakarman (skr.), göttlicher Schöpfer des Universums, Personifikation der schöpferischen Kraft. S. 70.

Wen ch'eng (Wen cheng kung chu, Wen zheng; tibet. Lha tchig kon gom), chines. Gemahlin von König Songsten Gampo, kam 641 von Chang'an nach Lhasa. S. 51, 63, 70, 83, 87, 105.

Yaksa (skr., «Geistwesen»), niedere Wald- und Berggottheiten. S. 118.

Yama (skr.; tibet. Chos rgyal phyi sgrub oder gShin rje), Herrscher im Totenreich und Dharmapāla. S. 43.

Yamāntaka (skr.; gŚin rje gśed oder rDo rje 'jigs byed), «Bezwinger des Yama». Spezieller Schutzgott der dGe lugs pa.

Yidam (Yi dam), persönliche Schutzgottheit. Meist mit ihrer weiblichen Energie (Śakti) dargestellt. S. 157.

Yi dvags (skr. Preta), Hungergeister.

Yogin (tibet. rNal 'byor pa), gewöhnlich einsiedlerisch lebender Weiser, der einen hohen Erkenntnisgrad erreicht hat.

Yuan-Dynastie (1280–1367), Herrschaft der stark von der Sa-skya-pa-Schule beeinflußten mongol. Khane über China.

Yul lha, «Landesgöttin», d. h. Lokalgottheiten.

Yum chen mo, die «Große Mutter» der transzendenten Weisheit und Verkörperung der heiligen Schriften (prajñāpāramitā); Mutter aller Buddhas, Emanation aller Tathāgatas und Śakti des Ādibuddha Vajradhara; u. a. vier Arme, Rad der Lehre, Buch der Weisheit. S. 157.

Xuan zang (Hsüan tsang), chines. buddhist. Pilger, der in Indien die heiligen Schriften studierte und 645 nach Chang'an zurückkehrte. S. 34.

Zha lu pa (sprich Shalupa), von Bu ston im 14. Jh. in Kloster Shalu gegründete Schule. In der Doktrin zwischen bKa' gdams pa und Sa skya pa stehend, im tantrischen Bereich steht das Kālacakra-System im Vordergrund. S. 145, 151f.

III. Allgemeine Begriffe und Sachregister

Acht Glückszeichen (skr. Ashtamangala, tibet. bkra shis rtags brgyad), Endloser Knoten, Rad der Lehre, Muschel, zwei Fische, Schutzschirm, Siegesbanner, Vase der Schätze, Lotosblüte. Zusammen in Form einer Vase dargestellt.

Altar, mchod khri («Opferthron») oder mchod stegs («Opfergestell»).

Amrita (skr.; tibet. bdud rtsi), Lebenswasser, Symbol langen Lebens.

Appliqué-Technik (gos sku, «Stoff-Bilder»), aus farbigen, metallisch leuchtenden Seidenstücken zusammengesetzte Thangkas und Dekorbehänge.

ba dang, Pfeiler- und Gebälkgehänge aus mehrfarbigem Brokat. Die Farben können die 5 Tathāgatas symbolisieren.

bang so, Grab, Grabkammer, Grabtumulus.

bhavacakra, s. Lebensrad.

Blaue Annalen (Deb ther sngon po), um 1476/78 von 'Gos lo tsā ba verfaßte Geschichte Tibets. S. 45.

Bronzeglocken in Tibet. S. 116, 120.

bum pa (skr. kalāśa), «Vase». Runder, bauchiger Teil des Chörten; auch rituelles Weihegefäß. S. 157.

Butterfiguren, besonders für das Mönlam-Fest. S. 50, 235; Farbabb. *57*.

byams zugs, «Maitreyas Sitz», d. h. seine «europäische» Sitzhaltung. S. 74.

cakra (skr.; tibet. 'khor lo), «Rad», Kreis. Ursprüngliches Symbol für den Weltkreis, die Weltherrschaft von Buddhas Lehre. Als Rad der Lehre (dharmacakra) in Bewegung gesetzt. Der endlose Kreis der Wiedergeburten; acht Speichen als der achtfache Pfad zur Erleuchtung.

chag salwa, rituelle Prostration als Fortbewegung um oder zu einem sakralen Ort. S. 42, 52.

Cham (sprich tscham), getanztes Ritualdrama, die Macht der Religion in siegreicher Aktion zeigend. Meist als Maskentänze ('bag 'cham). Heute in Tibet nur noch im Kloster Kumbum (Amdo). S. 89, 188, 227, 235, 245; Anm. XIII 16.

chattra (skr.; tibet. gdugs), Schutzschirm eines Chörten.

chod pan (skr. mukuta), fünfteilige Maitreya-Krone, die fünf in der Meditation verwirklichten Weisheiten symbolisierend. Der gekrönte Buddha im Sambhogakāya-Aspekt, als Körper der Seligkeit. Im Ritual vom Lama bei Opferhandlungen an die furchtbaren Götter getragen. S. 72; Anm. IV 92.

Chörten (mchod rten), tibet. für skr. Stūpa (s. auch dort); «Opfer- oder Schatzbehälter», symbolischer Reliquienschrein Buddhas.

chos sde (sprich choide), «Sitz oder Gemeinschaft der Lehre», «religiöser Ort». Synonym für dgon pa. Tempelkloster innerhalb einer Stadt oder Siedlung.

Christentum in Tibet. S. 47ff.

chu, tibet. Fluß.

cintāmani (skr.; tibet. yid bzhin nor bu), «Wunschjuwel». S. 72.

dar chog (dar lcog), wörtl. «Fahne am Mast», Gebetsfahnen (s. auch dort); auch Mani-Mast mit Dschaltsan und Gebetsfahnen. S. 49; Farbabb. *14*.

Deb ther sngon po, s. Blaue Annalen.

dgon pa (sprich Gömpa), «Einsame Wohnstätte», Kloster. Sowohl eine winzige Einsiedelei als auch eine große Klosterstadt bezeichnend.

dhārāni (skr.; tibet. gzungs sngags), «Bannungsspruch»; z. B. einem Gebetszylinder oder Gandschir beigegebene Mantra-Texte.

dharma (skr.; tibet. chos), Lehre, Gesetz. (des Buddhismus). S. 45.

dkar chag, «Beschreibung». Klosterführer und Inventar über Baugeschichte, historische und wunderbare Ereignisse, Kultobjekte, Liste der Äbte usw.

dkyil 'khor (sprich tschil khor), Mandala, mystischer Kreis. Auch den rituellen Umwandlungsweg bezeichnend.

dkyil 'khor mthil, atriumartiger, zentraler Hof einer Tempelhalle (auch: khyams ra).

rDo rje (sprich Dordsche; skr. Vajra), wörtl. rDo = «Stein», rje = Herrscher, also etwa «König der Steine», «Edelstein», nämlich der Diamant: Diamantszepter. Wichtigstes Ritualinstrument und Symbol des Lamaismus; s. auch Vajra.

rDo ring («langer Stein»), häufig Inschriften tragende Steinobelisken der Yarlung-Zeit; s. auch Index I: rDo ring und Zhol rDo ring. S. 111, 120; Anm. IV 20.

Drei Kostbarkeiten (Drei Juwelen, skr. triratna), Buddha, seine Lehre,

seine Gemeinde. S. 120.
Dreizack, s. Trishulā.
dril bu (skr. ghantā), Ritualglocke; s. auch Vajra.
Druckereien in Tibet, s. Index I: Choni, Derge, Drepung, Narthang.
Dschaltsan, s. rgyal mtshan.
Dukhang ('du khang, «Versammlungshalle») für den Unterricht der gesamten Klostergemeinschaft. Bei größeren Tempelhallen (gTsug lag khang, Tshogs chen) die eigentliche Große Halle ('du khang chen mo) mit den Sitzbänken für die Mönche; s. auch Lhakhang, gTsug lag khang.
Dzong (rdzong), Festung, Burg; auch der dazugehörige Distrikt. S. 91, 150, 200; Anm. XII 3.

Einwohner in Tibet. S. 34, 58.

Fakultäten der Klöster, s. grwa tshang.

Gandschir (skr. Gañjira;, tibet. mdsod bdang, «Schatzbehälter»), bei der Weihe mit Gebetstexten (dhārāni) gefüllte vasen- oder stupaartige Bekrönungen in der Mitte der vergoldeten Tempeldächer. S. 153; Farbabb. *16, 68*.
Garuda, s. khyung.
Gebetsfahnen, s. dar chog. Farbabb. *14*.
Gebetsschnur ('phreng ba; skr. mālā), unser «Rosenkranz». Die 108 Perlen entsprechen einer im Buddhismus besonders heiligen Zahl.
Gebetstrommel («Gebetsmühle»), ma ni 'khor lo; das Drehen entspricht dem Wesen seines Inhalts.
Gekrönter Buddha, s. chod pan.
Geomantik, der chines. Lehre des feng shui («Wind und Wasser»), folgende Vorherbestimmung eines «günstigen» Bauplatzes. S. 63, 118; Anm. IV 3.
ghantā, s. dril bu.
gling (gLing, sprich ling), «Kontinent», «Insel», auch ein Gebäude oder eine Gebäudegruppe bezeichnend. S. 123.
mGon khang, kleiner Tempel der Schutzgottheiten.
gos sku bgram sa (sprich Gökugamsa), große, eigens für das Aufhängen der großen Fest-Thangkas gebaute Wand, wörtl. «Platz zum Ausbreiten des Stoffbildes». S. 124, 179, 227; Abb. S. 213, 228; Farbabb. *69, 73*.
grwa tshang (sprich tatsang), jeweils von einem eigenen Abt geleitete Fakultät bzw. das Quartier einer bestimmten Mönchsgemeinschaft (und deren Klostergebäude).
gtorma, aus Gerstenmehl und Butter gefertigte bemalte Opferdekorationen auf den Altären.
rGyal rab («Chronik»), sog. Königsannalen. Vollständig: rGyal rab chos 'byung gsal ba'i me long, «Klarer Spiegel der Geschichte des Buddhismus und der königlichen Geschlechter», die angeblich 1327/28 verfaßten, vermutlich aber erst um 1368 vollendeten sog. «Königsannalen» des Sa-skya-pa-Lamas und Abtes von Samye, Sa skya pa Bsod nams rgyal mtshan (1312–1375), 1478 erstmals gedruckt. S. 118.

Harmikā, gewöhnlich quadratischer Block oberhalb des bauchigen Chörten-Körpers. Ehemals der Reliquienbehälter (oft darauf die Augen des Ādibuddha). S. 157f., 160.

Jātaka (skr.), «Geburts-Erzählung»; Leben der früheren Inkarnationen des Gautama Buddha als Bodhisattva. S. 179.

bKa' 'gyur (Kanjur), kanonische Sammlung buddhistischer Texte «des Wortes Buddhas» in 108 Bänden («Dreikorb» des Hīnayāna, Mahāyāna-Texte, Tantras). S. 89, 146, 148, 153, 179, 246f.
Kani-Chörten, Tor-Chörten an Stadt- und Dorfeingängen.
Kashag (bKa' shag), tibet. Staatsrat. S. 49.
Khatag (Kha btags), als Zeichen der Ehrerbietung und Höflichkeit vor allem an geistliche Würdenträger überreichte Glücksschleifen. S. 90.
khor lam (skr. pradaksinā, «rechtsläufig»), «Radweg», Rundweg um einen sakralen Bezirk, d. h. die rituelle Umkreisung. S. 49, 68, 152.
khyung (sprich chhung), der schlangenfressende Garuda, häufig die prabhā (Aureole) großer Buddhafiguren bekrönend. S. 72.
Klöster, Anzahl in Tibet. S. 34, 251.
Königsannalen, s. rGyal rab.
Kumbum, großer, Kapellenräume enthaltender Chörten in Tibet. Zur Bedeutung des Namens s. Index I (Kumbum-Kloster).
dKyil 'khor, s. Mandala.

La, tibet. Paß.
Labrang (bLa brang), «Priesterwohnung», «Haus des (hohen) Lamas». Residenz einer Inkarnation, auch das Verwaltungsgebäude (von wo aus das Kloster «regiert» wird). S 137.
La rtse, Steinhaufen mit Zweigen für Gebetsfähnchen und Stoffbänder auf Pässen und Berggipfeln. Oft auch als Obō bezeichnet. In Form und Funktion meist auch als Lha rtse («Götter-Stein») existent. S. 14, 52, 86; Farbabb. *1*.
Lebensrad (skr. bhavacakra; tibet. srid pa'i 'khor lo), «Rad des Daseins» oder «Weltenrad». Auch: khor ba'i 'khor lo, «Rad des Kreislaufs» und samsaracakra, «Rad der Wiedergeburt».
Lhakhang (lha khang), «Gottes-Haus», Dorftempel, private Hauskapelle, Schrein. Im Vergleich mit dem Dukhang (Versammlungsraum) ein Verehrungsraum.
Lha mtho, wörtl. «Götter-Stein». Kleine, monolithische Chörten. Vgl. auch La rtse und auch Lha rtse. S. 40.
Lha rtse, s. La rtse.
gLing, s. gling.
Lingkhor (gling khor, «Rundweg»), ritueller Umwandlungsweg um sakrale Stätten, z. B. um große Stadtklöster wie Tashilhunpo; s. auch Index I.
Lung gom pa, Tranceläufer. S. 148.

Mahācaityas, die acht (skr.; tibet. mchod rten brgyad), symbolisieren als Gedächtnis-Chörten die 8 großen Ereignisse im Leben Buddhas. S. 236; Farbabb. *96*.
Mahāyāna (skr.; tibet. Theg pa chen po), «Großes Fahrzeug». Der nach 500 Jahren seiner Existenz reformierte Buddhismus. Grundlage für den tibetischen Buddhismus und seiner Weiterbildung zum Vajrayāna.
Makara, rüsselgestaltiges Fabelwesen. S. 72.
Mandala (skr.; tibet. dKyil 'khor, sprich Tschilkhor), zentriertes kreisförmig-quadratisches Meditations- und Verehrungsobjekt, das auch als Opfer, ein Abbild des tibetisch-buddhistischen Kosmos, dargebracht wird. Gemalt, aus farbigem Sand gestreut, als kleiner Schrein oder als monumentale Architektur gebaut. S. 38, 40, 42f., 53, 94, 105, 108ff., 118, 122f., 138, 146, 153, 155f., 160, 162, 188, 245; Abb. S. 154; Farbabb. *33, 34, 48, 54*.
Mani (skr.) «Juwel», «Kleinod».
Mani khang, kleine Kapelle mit großer Gebetsmühle innen und zahlreichen kleineren außen (auch Mani lha khang).
Mani-Mast (dar chog), hohe Holzmasten mit Stoff-Dschaltsan an der Spitze und langer Gebetsfahne. Vor Tempel-Eingängen, an bestimmten Stellen eines gLing khor. Anm. IV 13.
Mani-Mauer (Mendong oder sman thang), 1980 keine mehr in Zentraltibet festgestellt. S. 52.
Mani-Stein, auf Steine gravierte Mantras («Gebete») S. 56, 214.
Ma ni bka' 'bum (sprich Mani kambum, «Geschichte des Mani»), wichtige religionshistorische Textquelle, um 1160/1240. S. 64.
Mantra (skr.; tibet. sngags), mystische Silbe und magische Formel. Wesentlich für die Meditation; Träger geistiger Energien.
mchod pa (sprich tschö), «ehren», «Respekt erweisen», «opfern», s. Pujā.
Mönche, Anzahl in Tibet. S. 34, 58, 251.
Mönlam-Fest (sMon lam), das alljährlich seit 1409 zum Neujahrsfest stattfindende «Große Wunschgebet» (sMon lam chen mo). Ursprünglich ein Fest zum Gedächtnis der Wunder Buddhas. Bis mindestens 1962 durch den dGa ldan khri pa geleitet. S. 50, 66, 68, 172, 175, 177, 184.
Mudrā (tibet. phyag rgya), «Siegel», symbolischer Handgestus.

Namchu wangdan (rnam bcu dbang ldan), mystisches Emblem der «Zehn Silben der Macht», der «Zehn Mächtigen». Eine Art Stenogramm des Mikro- und Makrokosmos: formhafte und formlose Welt, die vier Weltkontinente um den Meru, vier Elemente. S. 153.
Nirvāna (skr.; oder Nirwana), «erloschen»; entspricht etwa tibet. Mya ngan 'das, «vom Leide befreit». S. 160.

Orakelwesen, s. Nechung (Index I).

Parikrama (skr.), heilige Umkreisung. S. 42.
Pho 'brang (sprich Podrang), Residenz oder Palast.
Phur bu (sprich purbu), bei der Dämonenbannung verwendeter Ritualdolch.

Prabhā, prabhā mandala (skr.; tibet. 'Od 'khor). Die Aureole bzw. die reich dekorierte Aureolenrückwand größerer Buddhastatuen.

Pujā (skr.; tibet. mchod), liturgische Handlung generell. S. 69.

rgya phibs, das dekorreiche chines. Satteldach (z. B. Shalu, 14. Jh.); das tibetische Flachdach = nyi 'og. S. 147.

rgyal mtshan, Siegesstandarten als Dachschmuck, Stoffzylinder. S. 153; Farbabb. *68*.

ru, «Horn». Das antike Tibet war zunächst in drei, später in vier «Hörner» geteilt: 1. dbU ru («Haupthron»), Mitte; 2. gYon ru («linkes Horn», Osten); 3. gYas ru («rechtes Horn», Tsang); 4. Ru lag (südwestl. von Tsang). Anm. II 21.

Sambhogakāya (skr.; tibet. longs sku), Bodhisattva-Körper des himmlischen Glanzes und der Seligkeit. S. 72.

Spira (skr.; tibet. chos 'khor), die konische «Spirale» der 7 bzw. 13 Ringscheiben (Erleuchtungsstufen) eines Chörten. S. 157f.

Stūpa (skr.), «Krone», «Gipfel». Ursprünglich der obere Haar-Knoten, später architektonischer Begriff für den Reliquienschrein Buddhas; s. auch Chörten. S. 42, 156.

Śūnyatā (skr.; tibet. stong pa nyid), absolute Leere, weder Sein, noch Nicht-Sein. Durch einen Vajra dargestellt. s. 159.

Suru, oberes Gesimsband aus gestutztem Reisigwerk an Bauwerken.

Sūtra (skr.), allgemein die lehrhafte Unterweisung, die Lehre, Lehrreden des Buddha.

Swastika (svastika, skr.; tibet. gYung drung), Hakenkreuz. Symbol ewiger Schöpferkraft. Im Bön-Glauben: Zeichen der Dauer und Kontinuität. S. 38, 44.

bsTan 'gyur (Tanjur), «die übersetzte Lehre»; meist 225bändiger Kommentar zum bKa' 'gyur und Kompendium von Abhandlungen. S. 146, 148, 246f.

Tanjur, s. bsTan'gyur.

Tantra (skr.; tibet. rGyud), wörtl. «Gewebe», Lehrsystem mystisch-magischer und ritualischer Inhalte.

Thangka (thang ka), «das, was man aufrollt»; religiöses Rollbild auf Stoff. S. 89.

Thangkawand, s. gos sku bgram sa.

Torma, s. gtorma.

Totenkult S. 112f.

Tranceläufer, s. Lung gom pa.

Trishulā (skr.; tibet. chab dar), der Leidenschaft, Haß und Unwissenheit zerstörende und die drei Daseinsbereiche (Begierde, Welt der Formen und des Formlosen) überwindende Dreizack, z. B. auf Dschaltsan-Zylindern. Vgl. auch den Khatvānga-Szepter (rTse gsum). Farbabb. *68*.

Tsha tsha, Votivfigürchen aus Ton; den Chörten auch schon während des Baus beigegeben. S. 160.

Tshogs chen (-'du khang), «Große Versammlungshalle», identisch mit gTsug lag khang, s. dort.

tso (mtsho), tibet. See.

gTsug lag khang, wichtigster Bau für die Mönchsgemeinschaft; die «Große Sutra- oder Versammlungshalle» für den gemeinsamen Vortrag der heiligen Texte, Vorlesungen, Verlautbarungen.

Tushita-Himmel, Aufenthaltsort des künftigen Buddha Maitreya. S. 172.

Vaidūrya (skr.; tibet. be du rya), «Lapislazuli».

Vajra (skr.; tibet. rDo rje), die dem Diamant gleichende Unzerstörbarkeit des zur Erkenntnis gelangten Bewußtseins. Als Ritualgerät (Diamantszepter) vernichtet es Unwissen; s. auch rDo rje.

Weltbild, tibetisches. S. 38ff., 53, 108, 64f.

Yab yum, «Vater und Mutter». Männliche und weibliche Gottheit in der Vereinigung. Verbindung der Polaritäten, der alles Leben unterworfen ist.

Zahlensymbolik. S. 91ff., 159.

Zerstörungen von Bauten nach 1959/66. S. 14, 54, 73f., 83, 87, 106, 114ff., 137, 153, 174, 176, 180, 186, 188, 200, 217, 238, 245, 248; Anm. VI 13.